《逸周書》研究文獻輯刊

第二册

NLCPH
國家圖書館出版社

第二册目録

周書解義十卷（卷四—十） （清）潘振 注

（清）潘振　注

周書解義十卷（卷四—十）

清嘉慶間（1796—1820）刻本

周書解義

仁和潘振芑田註　石門徐珩湘渚訂

卷四

和寤解第三十四

和。順也。寤。覺也。武義深遠。旣稽古以示卿。必敎禮胥順。方可用武。當有以覺之。故次之以和寤。

王乃出圖商至于鮮原。鮮息淺切。乃者。承上篇而見用武之難也。時未遷鄗出豐也。小山別大山鮮。鮮原。在治之陽渭之涘。卽程邑也。。別筆別切召邵公奭畢公高。邵。地名。舊說。扶風雍縣南。有召亭。卽其地。今雍縣爲岐山鳳翔二縣。俱屬陜西鳳翔府。畢。國名。在長安縣西北。今縣屬陜西西安府。奭。食采於邵。高封於畢。皆文王子也。。采音菜王曰。嗚呼。敬之哉。無競惟人。人允忠。惟事惟敬。小人難保。允忠。非詐忠也。國莫強於多賢。賢人之忠。出乎允忠。則思事。事則思敬。小民不可慢也。保之實難。下文遂言保民之事。后降惠于民。民罔不格。惟風行賄。賄無成事。此言保民當去賄也。尊而君之之謂后。君稱臣曰后。與畢命三后同。風。敎也。言后降德于民。民皆變善。時乃風爾。敎民無私。行睹非允忠矣。保民之事無成也。緜緜不絕，蔓蔓若何，豪末不掇，將成斧柯。掇，叕入聲。○此言保民當謹微也。緜緜，微細之辭。蔓蔓，延也。言其長久。豪與毫通。末，木杪也。掇，採也。言草不因其微而斷之，延長久而不可柰何矣。木不因其微而採之，將成爲斧柄而日大矣。不能防患於微，非允忠矣。此禮所以禁於將然之前乎。后其敬哉。王乃厲翼于尹氏八士。

唯固允讓，德降爲則，振于四方。行有令問，成和不逆。加用禱巫，神人允順。乃，繼事之辭。厲者，以爵勉之。翼者，以祿輔之。尹氏，巳姓，黃帝之子玄囂爲少昊金天氏，其子封於尹，因氏焉。八士見論語。允讓，非飾讓也。固允讓，猶云固辭爾。言王命八士。八士固辭其掌教職者，德降於民，以爲法則，感動四方。行有名譽，民成和志而不違。其掌禮典者，正祭之外加用禱，祝史之外加用巫，則神人信順矣。尹氏允忠敬事，而小人可保，教禮胥順。此解所以爲和寤

與。少燒去聲

武寤解第三十五　教與禮既順。可用武矣。又當有以覺之。故次之以武寤。

王赫奮烈。八方咸發。高城若地。商庶若化。八方。四正四隅也。王赫然發威。八方士卒皆起。視高城如平地。商庶順承大化也。約期于牧。案用師旅。商不足滅。分禱上下。約。約信也。期。日期。二月甲子四日也。紂近郊三十里地名牧。案用者。整而用之。商不足滅。言滅之易也。王食無疆。王不食言。庶赦定宗。王食無疆。王享無窮之福也。吐而復吞曰食。孔云。言當赦其罪人。定其宗主。不食言也。尹氏八士太師三公咸作有績。神無不饗。太師。呂尚也。三公。周公召公畢公也。作。起也。孔云。言羣臣皆謀立功。而神明饗其禱。王克配天。合于四海。惟乃永寧。配。對也。合。合人心。惟。是也。王能應天順人。是乃久安也。

克殷解第三十六 克。勝也。和而用武。天人合應。戰無不克。故次之以克殷。

周車三百五十乘陳于牧野帝辛從 乘。乘陳並去聲。乘法。甲士三人。步卒七十二人。輜重二十五人。一乘共百人。三百五十乘。三萬五千人也。整行伍曰陳。孔云。十三年正月紂出朝歌二十里而迎戰也。

武王使尚父與伯夫致師 父同甫。伯夫。百夫長也。致師。挑戰也。

王既誓以虎賁戎車馳商師商師大崩 誓者集將士而戒之。卽牧誓也。虎賁。侍衛之親兵也。不紀其數。蓋在三百五十乘之中。者武順解。三卿。一長曰辟。辟卿領八十一乘。三卿二百四十三乘。今周車三百五十乘。除武順解之數。餘百七乘。一乘甲士三人。虎賁應三百二十一人。書序虎賁三百人。舉大數爾。蓋君統領之兵。二百四十三乘。侍衛之兵。百七乘與。

商辛奔內，登于鹿臺之上。奔內，奔城內也。鹿臺，臺名。大三里，高一丈，在朝歌城中。屏遮而自燔于火。屏遮，自障也。燔，燒也。武王乃手太白以麾諸侯，諸侯畢拜，遂揖之。孔云：太白，旗名。揖，召也。揖諸侯共追紂也。振謂麾。指麾也。畢，皆也。介者不拜，爲其拜而蔓拜，此拜即肅拜，但俯下手，今時撎是也。故王以揖答之。○蔓音挫。商庶百姓咸俟于郊。衆庶，百官族姓，待武王於邑外。時紂已燔，武已成，王及諸侯於是乎釋甲。羣賓僉進曰：上天降休。再拜稽首。被甲則麾之爲諸侯，釋甲則尊之爲羣賓。僉，同也。孔云：諸侯賀武王也。武王答拜，先入適王所，乃剋射之三發而後下車，而擊之以輕呂，斬之以黃鉞，折縣諸太白。射音實。○先諸侯入朝歌城，往商受自焚之處，乃急射之。防姦也。擊，刺也。輕呂，劍名。鉞，斧也。以黃金爲飾。折絕其首也。縣。掛。也。此武王必無之事。論衡會辨之。乃適二女之所旣縊。孔云。二女。妲己及嬖妾。縊。自縊也。王又射之三發乃右擊之以輕呂斬之以玄鉞縣諸小白男左女右。故曰右擊。孔云。玄鉞。黑斧。小白。旗名也。乃出場于厥軍出。出二所也。時武王尚在朝歌城中。除地爲場。軍。郭外軍舍也。凡營軍之壘舍。營中大道縱橫各二。謂之涂。地分爲九。謂之州。前有朝。爲臨衆之地。後有市。爲貿易之所。左祖以行賞。右社以行罰。畧如國中之制。周禮量人爲之軍舍出師時已營。今於軍門內之庭。汜埽之。將告天也。門外則爲聽朝。○縱量並平聲。汜音汎及期百夫荷素質之旗于王前荷胡可切。○期。告天之日期也。荷。負也。孔云。素質。白旗。前。爲王道也。叔振奏拜假叔振曹叔振鐸也。奏。白也。假與格同。白王拜格神祇。下文遂言法駕又陳常車周公把大鉞召公把小鉞以夾王。文陳承兵車而言也。孔云。常車威儀車也。三公夾衛王也。泰顛閎天皆執輕呂以奏王。王入即位于社太卒之左。泰氏顛名。閎氏天名。皆在五臣十亂之中者。天則文王弟也。王入聽朝門。就祭位。社之左。祖之右。謂正中也。王北面。屯兵以衛。尊其名爲太卒。二字當在泰顛之上。與常車相對。羣臣畢從。毛叔鄭奉明水。衛叔傅禮。從去聲。毛叔鄭。衛叔封。皆文之昭也。以方諸取水於月。謂之明水。傳禮。相禮也。召公奭贊采。師尚父牽牲。贊。佐也。采。事也。牲。牛也。尹逸筴曰。殷末孫受德迷先成湯之明。侮滅神祇不祀。昏暴商邑百姓。其章顯聞于昊天上帝。筴音策。○尹氏逸名。即下文史佚也。筴。簡也。成湯。天乙諡也。百姓。百官族姓以及民也。言殷之末世孫。厥名曰受。其凶德迷亂湯之明德、慢絕其神祇而不祭。昏闇暴虐於朝歌之百姓。其罪之著明。上聞於天矣。此筴辭也。武王再拜稽首。乃出。再拜稽首。禮上帝也。禮畢。乃出門。眂聽朝而見諸侯。○眂視通立王子武庚。命管叔相。武庚。紂子祿父也。鮮封於管。故稱管叔。相。助也。孔云。爲三監。監殷人。○下監平聲乃命召公。釋箕子之囚。命畢公衞叔出百姓之囚。百官族姓。爲紂所囚者。乃命南宮忽振鹿臺之財巨橋之粟。南宮。指所居之地言。孔云。忽。即括。振。謂忽即論語仲忽。振散之以施惠也。巨橋。倉名。鉅鹿水之大橋。有漕粟也。乃命南宮百達史佚遷九鼎三巫。百達。即論語伯達也。九鼎。夏禹鑄。王者所傳寶。三巫。地名。乃命閎夭封比干之墓。孔云。益其塚也。乃命宗祝崇賓饗禱之于軍。宗。宗伯。祝。太祝。崇。尊也。賓。敬也。所過名山大川。皆所禱之神。命宗祝饗之于軍。乃班。振旅而歸。謂之班。還豐也。克殷之後。乃都鄗。

大匡解第三十七 匡。正也。文王大匡。救民之災。武王大匡。正民之行。殷民染紂之惡已久。克殷之後。宜選舉封建。以大正之。作此解以命管叔。故次之以大匡。

惟十有三祀。王在管。管叔自作殷之監。東隅之侯咸受賜于王。王乃旅之以上東隅。初有天下。未改商正。故不稱年而稱祀。管。地名。括地志。鄭州管城縣外城。古管國城。今鄭州屬河南開封府。自。率也。上與尚通。言管叔率作殷監。自殷以東。諸侯皆朝。受錫予於王。王乃旅見而嘉尚之。東隅咸慶。則作監者之受錫。必更隆矣。予音與。

用大匡順九則八宅六位。以下皆命管叔之辭。則法也。宅指所居之地。位指見在之職。寬儉恭敬。夙夜有嚴。寬。宏裕也。儉。節制也。嚴與儼同。言量不可不宏。度不可不謹。貌不可不恭。而其要總歸乎敬。夙夜儼然而思所順。此爲用大臣者端其本也。昭質非樸。樸有不明。明執於私。私回不中。中忠於欲。思慧醜詐。昭。曉也。質。性也。樸。素也。指氣稟而言。執。持守也。忠於欲。忠於絕私欲也。思。願也。慧。智也。醜。惡也。言曉乎本然之性。非樸素之謂。蓋樸素者。爲氣稟所拘。則有時而昏。雖其本體之明。仍有未嘗息者。亦必持守其私見。私則邪曲而不中矣。欲得其中。必盡心於絕私。此非不明之樸。斯可謂之慧智。以其出於性成也。欺僞則非自然之性矣。是故願慧而惡詐也。○惡爲並去聲昭信非展。展盡不伊。伊言於允。思復醜譖。展。適也。得自申展適意也。揚子方言。荆吳淮汭之閒。謂信曰展伊。是也。譖與僭通。失踐言之信者也。言曉乎一定之約信。非可以申展自適也。凡事之可以申展者。皆不是信也。所謂是信者。言必誠實不欺。是故願踐言而惡不信也。昭讓非背。背黨維德。

德讓於敬。思賢醜爭。背音旆雍音壅○言曉乎謙遜之禮。非背棄而故讓也。背棄朋輩。則壅塞其讓德。惟有德者。能敬故能讓。豈虛讓哉。可謂賢矣。反是則爭。是故願賢而惡爭也。昭位非忿。忿非口直。直立於衆。思直醜比。比音避○君子素其位而行。所謂昭位也。在上位。不陵下。在下位。不援上。正己而不求於人。則無怨。故曰非忿。忿則曲而不直矣。惟直可特立於衆人之中。否則有偏黨之私。是故願直而惡比也。昭政非閑。閑非遠節。節政於進。思止醜殘。遠去聲○政者。正也。節者。制度之名。進。自勉強也。心之所安爲止。止於至善也。殘。殺也。言曉乎正人之政。非防閑之也。閑非遠其制度。終不可謂之政。蓋制政在乎能自勉強。靳止於至善。己正而物自無不正。否則殺無道以就有道。民能善乎。徒閑之已耳。是故願止而惡殘也。○靳音其昭靜非窮。窮居非意。意動於行。思靜醜躁。靜。安也。事盡理屈爲窮。居。亦安也。意者。志之發也。言曉乎靜安之故。非事盡理屈而然。因窮而後安。非志之發也。志之所發。時行則行。動不失其正。此之謂心不妄動。昭而靜矣。妄動則躁。能無窮乎。是故願靜而惡躁也。

潔非爲爲窮非涓涓潔於利思義醜貪窮。困屈也。如楚文王謂申侯。女專利而不厭。後之人將求多於女。求多。以禮義大望責之。其困屈可知矣。涓。亦潔也。言曉乎廉潔之道。無爲其所不爲。如爲所不爲。則困屈而非涓矣。涓潔於利。斯謂之義。爲則貪矣。是故願義而惡貪也。○女汝同

昭因非疾疾非不貞貞固於事思任醜誕因者。仍襲之謂。固。固守也。仔肩謂之任。誕。妄也。言曉乎仍襲舊政。非可變革。以望其速成。速非不正。而要其所謂正者。固守其事而仍之。斯仔肩爲得其當。否則妄矣。是故願任而惡誕也。

昭明九則九醜自齊齊則曰知悖則死勇勇如害上則不登于明堂

知智同。九當作八。齊。辨也。如與而同。明堂。太廟。所以策功序德之地也。大抵周初名太廟爲明堂。後武王克商。雖另有明堂。太廟之名。仍襲舊與。言昭明質信讓位政靜潔因之八法。則詐諧爭比殘躁貪誕之八醜自辨。辨八醜。謂之智。逆八法。死於勇。勇而害上。不得配享於太廟。不智孰甚焉。惟智可以全勇。是故願勇而惡害上也。不言思醜。可知。至此則九則備矣。明堂所以明道。明道惟法。法人惟重老。重老惟寶。嗚呼。在昔文考戰戰惟時祗祗。汝其夙夜濟濟。無競惟人。惟允惟讓。不遠羣正。不邇讒邪。汝不時行。汝害于士。士惟都人孝悌子孫。承上文明堂。而言九則之所由順也。法。卽九則也。時。指順則之老人。祗祗。敬也。濟濟。多威儀也。指敬而言。讒邪佞也。言明堂所以明道。道以法而明。其可以盡法於人者。惟老者爾。老者能順九則。故重之。重老乃國之寶也。昔在文考。懼道之不明。惟以老人之能順九則者是敬。汝其夙夜宜敬。國莫強於有人。惟誠信而任之。惟退讓以禮之。可謂重老矣。老能進賢退不肖。故羣正不遠。而讒邪不近也。汝不以文考重老之道是行。佞人日進。則正士日遠。是汝害之也。此士惟都人孝悌者之子孫。皆能知九則者。非老者不能進之。不可以知九則之所由順哉。**不官則不長官戒有敬官□朝道舍賓祭器。曰八宅。**此言宅有由順而遂分其目也。不官之官。官屬也。長。謂統率之者。朝廷治事處曰官。脫文疑是府。文書藏。又寶藏財賄之處也。朝。謂燕朝治朝外朝也。道。路也。如夏官司險達其道路。候人各掌其方之道。秋官野廬氏。掌達國道路是也。舍。息也。官所居寺。賓。客也。秋官有掌客。祭。際也。人神交際也。春官掌之。成形曰器。冬官掌之。今其存者考工記爾。以上八者。各有所居之地。故曰宅。言有官必有長。所戒惟敬。則宅順矣。而其目則有八也。**綏比。新故外內貴賤曰六位大**

官備武小官承長此言位有由順分其目以驗其順也新臣舊臣遠官近官貴職賤職爲六武所以示威軍旅會同六卿皆有事焉故曰備承奉也言安之以官祿親之以官聯其位有六大官備武小官奉長則皆順矣大匡封攝外用和大中匡用均勞故禮新小匡用惠施舍靜衆勞去聲○承上文而言大匡之用也大匡二句當云大匡用封攝外和大攝管束也均謂遇待均平故故舊及寓公之類新新進之臣及新至之賓施舍當作弛舍謂息繇役也言大匡用封建之制管束畿外綏和大國因大匡而推言之則中匡用均平之禮慰舊而接新小匡用惠愛之政弛力以安衆蓋八宅六位無不具則用無不周矣禁請無怨順生分殺不忘不憚此申言齊九醜也請干請也順從也生被宥也忘遺忘也司刺三宥之一憚勞病也司寇八辟有議勤之辟言此九醜有齊之於未然之先者禁止其干請彼知在上之公而無恨

也。有齊之於已然之後者。罪輕則從而生之。罪重則分別而後殺之。順生。故不加罪於遺忘。分殺。故不誅及於勞病也。

俾若九則。生敬在國。國咸順。順維敬。敬維讓。讓維禮。此申言順九則之在敬也。俾若。使順之也。承上文。言九醜既齊。使順九則。而其本在乎能敬。故上之人。生敬在國。國人皆順之以敬讓之禮也。辟不及。寬有永假。辟音壁。假與格同。辟。法也。指禁請三句而言。假。至也。承上二節言九則既若此。此法之所不及者。寬裕以待之。有長至於道而已矣。八宅六位。無非能順九則之人。九則順。斯宅位順矣。順不外乎敬。而大匡可用也。

文政解第三十八

匡世須文。非虛文也。有政事焉。亦在管時所作。故次之以文政。

惟十有三祀。王在管。管蔡開宗循王。管叔鮮。蔡叔度。開導殷之宗族率從王化也。禁九慝。昭九行。濟九醜。尊九德。止九過。務九勝。傾。九戒。固。九守。順。九典。以下文政。所以命管蔡也。禁制也。制之使不得行也。慝。惡也。德見諸事爲行。有成曰濟。尊貴也。重也。德惠也。止。已也。勝者負之對。又優過之義也。傾。空也。順。循也。九慝。一不類。二不服。三不則。四□務有不功。五外有內通。六幼不觀國。七閭不通徑。八家不開刑。九大禁不令路徑。不類。不肖似也。如行僞而堅。言僞而辨。學非而博。順非而澤。皆是。不服。不服從也。如變禮易樂。革制度衣服之類。不則。不法也。如析言破律亂名。改作之類。務。事也。不功。不功緻也。如用器兵車不中度。布帛廣狹不中量。皆是。外內。男女也。通。私通也。幼不觀國者。不帥教。不能觀國之光也。閭不通徑。蹊徑也。刑。即刑于寡妻之刑。如公愼氏妻淫不制。此家不開刑也。大禁。關市之禁。有所執而宜告於路徑。謂之令。指節而言也。無節者有幾則不達。此九惡所當禁也。九行。一仁。二行。三讓。四信。五固。六治。七義。八意。九勇。全乎天理之謂仁。本於敬德之謂行。讓者。禮之主也。信者。心之實也。固者貞固而不移也。安靖之謂治。廉潔之謂義。意者。意於道而始終不改也。勇者。勇於行而念釋在茲也。此九行所當明也。九醜。思勇醜忘。思意醜變。思義醜口。思治醜亂。思固醜轉。思信醜奸。思讓醜殘。思行醜頑。思仁醜疊。疊音覺。○忘者。心怨而不勇。變者見異而思遷。脫文疑是貪。貪者見利而遺義。亂者悖逆而不靖。轉者轉移而不固。奸者詐僞而不信。殘者賊害而無禮讓。頑者愚鈍而無敬行。隙鏬爲疊。非渾全之仁矣。此九者有以惡之。則彼知自返。不負我之所思矣。所以成之也。九德。一忠。二慈。三祿。四賞。五民之利。六商工受資。七祗民之死。八無奪農。九足民之財。忠者待之誠。慈者施之愛。祿以養其身。賞以嘉其績。此指勸士而言也。民之利。如五地之物生。十有二壤之名物。皆是。賚財也。散死。勸葬也。無奪農時使也。足民財。薄斂也。此九者惠下之道。當貴重之也。九過。一視民傲。二聽民暴。三遠慎而近頻。四法令□亂。五仁善是誅。六不察而好殺。七不念□害行。八□思前後。九偷其身不路。而助無漁。頻蘋同。視民傲。莅民而不莊也。聽民暴。法令亂。號令不時也。仁善是誅。刑濫也。指殺士大夫而言。不察其罪而嗜殺。指戮民而言。不念。不念德也。害忌也。人之彥聖。而違之俾不達也。思。不思也。所惡於前。毋以先後。所惡於後。毋以從前。不思前後。非絜矩之道也。不路。不道也。漁。所以得魚。無漁。喻無德也。言薄其身爲不道。而助無德之人。則比黨也。九者之慾。當已之也。九勝。一□□□□二□□□□三同惡潛謀四同好和因。五師□征惡。六迎旋便路。七明賂施舍。八幼子移成。九迪名書新。同惡而潛謀共伐。同好而和睦相依。此二者。以助勝也。師征無道。此以戰勝也。迎戰還師。皆由便路。不以走險。明白敵情。賂用財貨。施之於敵。舍之於已。此二句。以算勝也。移成。易子而教成之。此嗣續之勝於人者。迪蹈也。書策命也。蹈名之子。書而新用此賢能之勝於人者。二者優過之義也。皆所當專力者也。九戒。一內有柔成。二示有危傾。三旅有罷寘。四亂有立信。五教用康經。六合詳毀成。七邑守維人。八飢有兆積。九勞休無期。朝內有小人善柔而成人之惡。外君子也。以事告人曰示。傾覆也。如梁伯好上功。民罷而弗堪。則曰某寇將至。乃溝公宮。曰秦將襲我。民懼而潰。此示之以危傾也。罷寘。休廢也。商旅不通之義。信盟詛。君子屢盟。亂是用長也。教者導之使效。康經遶樂有常。是敎遶欲有邦也。合詳衆謀以毁其成。謀夫孔多。是用不集也。守邑惟恃人衆。無備。雖衆不可恃也。兆者衆數。年飢而有兆積。不發倉廪也。或勤勞於外。或休息於家。無更調之期。不均甚矣。此九者之戒。當空之而不可有也。○民罷音皮更音庚

九守。一仁守以均。二智守以等。三固守以典。四信守維假。五城溝守立。六廉守以名。七戒守以信。八競守以備。九國守以謀。

均各得其分也。固筋骸之固。指禮而言也。信約信。假謂至於義也。廉有分辨不苟取也。周禮六計皆廉名也。言各得其分而無覬覦。故仁可守。皆知等級而不侵官。故智可守。勑我五典。無不惇也。故固可守。信近於義。言可復也。故信可守。立將帥而得人。故城池可守。慕榮名而自潔。故廉可守。有如期更調之信。故戒備可守。能完備技強可守。有謀慮。故國可守。此九守者。當堅固之也。

九典。一祗道以明之。二

稱賢以賞之三典師以教之四四戚以勞之五位長以遵之六羣長以老之七羣醜以移之八什長以行之九戒卒以將之

將音醬○九之字指民舉人曰稱四戚一宗族二母黨三妻黨四婚姻遵行也將之率之也言敬道以明民德民賢矣舉之以賞其行其所以賢者有常師以教之也教莫先於親親故戚有四焉勞民以孝弟睦婣任卹之事鄉大夫書而獻之位之為長以行其道與賢能者有鄉老故羣以為長而尚其年書既獻退而以鄉射之禮詢衆庶其有不帥教者衆惡而移之教民而戎可卽故士為什長以行兵命卿誓卒以率衆其序如此經之有九不可以不循也○行一去聲

嗚呼充虛為害無由不通無虛不敗

充塞也由行也通明也而虛充則害道虛則害國未有行道而道不明者未有空虛而國不敗者欲明道以得人尚其行上文禁

昭以及固順之道哉。

大聚解第三十九大聚。所集者大也。管蔡監殷。既告之以文政。而民猶未和也。當有以大集之。故次之以大聚。

維武王勝殷撫國綏民乃觀于殷政。告周公旦曰。嗚呼。殷政總總若風草。有所積。有所虛。和此如何。撫安也。國諸侯之國。民殷民也。殷政。殷先王之政也。總總。聚也。謂政多也。風中之草。離披委靡。混亂也。積。積聚。君富也。虛。空虛。民貧也。上有所。指鹿臺鉅橋也。下有所。指民閒也。和此。謂順民心。如何商之也。周公曰。聞之文考。來遠賓。廉近者。道別其陰陽之利。相土地之宜。水土之便。來招之也。廉。察也。未來則遠。可廉則近。土地之土字衍。言聞諸文考云。欲來遠賓。在察近者之利病。使之各得其所而已。天道不外乎陰陽。所以利人者。則別之。地宜各因其水土。所以便人者。則度之也。營邑制命之曰大聚。先誘之以四郊。王親在之賓大夫免列以選赦刑以寬復亡解辱削赦□重皆有數。此謂行風。邑。都邑。聚。邑落也。萬二千五百家爲鄉聚。大聚則家多矣。外來爲賓。賓大夫。猶云外大夫。亡。亡在此邑者。辱受欺侮於此邑者。承上文。言既別之相之。乃謀爲邑之制度。名其邑爲大聚。先引遠人以近郊之政。王親察其制焉。治四郊者。謂之賓。大夫。其處官屬也。或免其職。或列之位。以選擇而不差。其用邢刑也。或赦之。或殺之。以寬裕而不迫。其待賓旅也。亡者復之。辱者解之。其於田宅也。或削而不赦。或赦而不削。罪之輕重皆有一定之條例。廉近如此。古語行風化。此之謂也。乃令縣鄙商旅曰。能來三室者。與之一室之祿。闢開脩道五里有郊。十里有井。二十里有舍。遠旅來至。關人易資。舍有委。市有五均。早暮如一。送行逆來。振乏救窮。令。告戒也。二千五百家爲縣。五百家爲鄙。郊者。交也。有人可接。井者。清也。有水可汲。舍者。息也。有室可宿。來者。來於彼。至者。至於此。委。牢米薪芻也。多則稱積。均市之官五。葢五市與早暮如一。無二價也。承上文。言風化既行。四郊察矣。乃布令於郊外曰。能來三室者。以一夫之耕祿之。關開長道。道分里數。有郊有井有舍。所以延商旅者。有其地矣。舍供其委。所以禮來至者。有其物矣。市均其價。所以定易資者。有其信矣。將行則授節而送之。方來則委積以迎之。其閒有旅而不商者。願留於邑。非易資於市。暫無則拯之。常無則救之。此一節四郊待賓之制也。○積音恣。老弱疾病孤子寡獨。惟政所先。以下之制。承上文待賓而悉數之。此言卹民之制也。疾。殘疾。病。催也。民有欲畜發令。此言畜牧之制也。富民有欲養牛馬以助軍政者。發令而使牧之。大傳云。古之帝王。必有命民。民能舉事力者。命于其君。周亦有命民與。以國爲邑。以邑爲鄉。以鄉爲閭。禍災相卹。資喪比服。爲去聲。比與庀同。○此言救助之制也。爲。助也。邑。大聚也。鄉。小聚也。二十五家爲閭。則更小矣。人禍天災。相憂卹也。資。助喪家。供具喪事。服之爲言事也。五戶爲伍。以首爲長。十夫爲什。以年爲長。合閭立教。以威爲長。合旅同親。以敬爲長。飲食相約。興彈相庸。首音狩。○此言約束之制。後世保甲之所由昉也。有告自陳及告人罪曰首。飲食。如春秋祭酺之類。約。期約也。功作則勸之。謂之興。游惰則糾之。謂之彈。庸。用也。言伍以敢於首事者爲長。什以久於練達者爲長。聚二十五家而立教。教由威立。故以威嚴者爲閭胥。聚五百人而同親。親由敬同。故以恭敬者爲黨正。民知有伍什閭旅也。故飲食相期。民知有長也。故與彈互用。耦耕□耘。男女有婚。墳墓相連。民乃有親。此言親民之制也。耕。起土。耘。去草。墳。土高者。墓。地平者。言並耕耦耘。鄉里之井同。男娶女嫁。二姓之好合。墳連墓接。葬埋之事共。民乃相親睦也。六畜有羣。室屋既完。民乃歸之。此言歸民之制也。獸三爲羣。室屋。五畝之宅。言教之畜而六畜成羣。與之廛而室屋堅好。民乃歸此邑也。以上皆郊制也。鄉立巫醫。具百藥以備疾災。畜五味以備百草。以下皆鄉制也。承上近郊之制。而遂詳之。鄉。遠郊之地。近於郊外遂地之縣鄙也。巫醫。醫官。上古移精變氣。祝由而已。巫能祈祝。冠醫以名官。不忘古也。疾。衆疾。災。時疫。百草。兼木。言立巫醫具百藥以防疾災。藥有五味。而草居多。聚其味以備其物。斯藥無不具矣。立勤人以職孤。立正長以順幼。立職喪以卹死。立大葬以正同。勤人。

恤孤之官。職主也。孤。孤子。其祖父死王事者。正長。慈幼之官。幼。收養者。職喪見周禮春官。大葬。掌墓地之官。古者萬民墓地同處族葬分昭穆之位。故立官以正之。立君子以脩禮樂。立小人以教用兵。君子。鄉老也。禮。鄉飲酒禮。樂。工歌。閒歌。合樂。賓出奏陔也。小人。鄉勇也。立鄉射以習容。春和獵耕耘以習遷行。鄉射見儀禮。賓賢能之後。用此禮以諭衆。和。軍門。以旌爲左右和之門也。言立鄉射以習揖讓之容。則禮樂益脩矣。春立軍門。旣獵而後耕耘以習其坐作進退之節。則用兵可教矣。教芧與樹藝。比長。立職與田疇皆通。芧同苧。可爲繩。取根和米粉爲餅。禦飢。味甘美。樹藝種也。指五穀。職。如鄉大夫以下諸官穀田曰田。麻田曰疇。言教下民。芧與五穀。並宜生長。立之官職。與穀田麻田皆通達。而上下之情不隔也。立祭祀。與歲穀登下厚薄。祭祀。山川社稷之祭祀也。與。以也。登下。猶言高下。指豐儉也。如其常數謂之厚。減其常數謂之薄。言立祭祀。而其所用禮數。以歲穀之豐儉而厚薄之。此以上皆鄉制也。至此而邑制大備矣。此謂德教。此。指邑制而言。德教。疑當作教德。總承上文。言此邑制。凡所以教民者。上之德也。教德之謂其以此夫。若其凶土陋民。賤食貴貨。是不知政。山林藪澤以因其□。工匠役工。以攻其材。商賈趣市。以合其用。外商資貴而來。貴物益賤。資賤物。出貴物。以通其器。夫然。則關夷市平。財無鬱廢。商不乏資。百工不失其時。無愚不教。則無窮乏。此謂和德。此下二節言相地宜也。工。衆工。匠。木工。役工之工。工匠之副貳與其弟子也。鬱。滯也。廢。止也。承上文。言教德之相地宜。固可知矣。若其凶惡之土。鄙陋之民。賤本逐末。此不知農政者。於是爲之立制。表其山林藪澤。以因其自然之利。生利惟材。工匠役工以治之。治材成用。商賈向市而合之。制既行矣。外商聞其合用。皆藉貴物、而來。貴物益賤。其貨多也。取外商之賤物。出內商之貴物。以通其器之有無。其利溥也。夫然。則關平其稅。市平其價。外商益來。內土之中。財通而不滯止。商贏而不少財。其所易者。百工之器。攻材各有其時。不可失也。失時則愚。無不斅之材既合用。內外皆通。則不至常無爲窮。暫無爲之。貴貨而食即得之。斯已矣。其賤食不可柰何也。此制隨其人 若有而立之。無所乖戾者也。和德之謂。其以此夫。

不言乃政其凶。陂溝道路。藂苴丘墳。不可樹穀者樹以材木。春發枯槁。夏發葉榮。秋發實蔬。冬、發薪烝。以匡窮困。揭其民力。相更爲師。因其土宜。以爲民資。則生無乏用。死無傳尸。此謂仁德。藂即叢苴音樝。陂澤鄣。溝其上有畛者。

澮上有道。川上有路。木灌曰蘩。草枯曰萁。材。木梃也。葉當作華。木謂之華。草謂之榮。薪。烝。所以爨燎者。粗曰薪。細曰烝。揖與輯同。集也。傳。轉也。傳。尸。謂死於道路。轉相傳聞者。承上文。言和德之制。既無愚不敎矣。若有不言。乃政之惡。彼夫平地則有陂溝道路。山地則有蘩萁丘壙此地不可種穀者。種之材木。隨時起發之。取利以救窮困。木必有養而後長。故民力宜集樹必得法而可移。故師資互陳。因其土之所宜木。以爲民財。則養生送死無憾。此制隨其地而立之。無不覆被者也。仁德之謂。其以此夫。旦聞禹之禁。春三月。山林不登斧。以成草木之長。夏三月。川澤不入網罟。以成魚鼈之長。且以并農力執。成男女之功。夫然。則有生而不失其宜。萬物不失其性。人不失其事。天不失其時。以成萬財。萬財既成。放此爲人。此謂正德。爲去聲。此因文考別天道之利。而引禹以註之也。并農耦耕耦耘也。力執致力於所執。如曲植籧筐是也。放散供人用也。爲與也。言旦聞禹之禁。春不登斧。夏不入罟。不惟成潛植之長大。且以之耕桑。成男女衣食之功。所以別天道也。長可成。則孕育不失其宜。不登不入。則咸若不失其性。并農力執。則男女不失其事。要之天不失陰陽之時。以成萬財。既成而散供與人。利莫大焉。蓋春德主生。夏德主長。逆之不正。禁之所以正之也。古云正德。此之謂矣。泉深而魚鼈歸之。草木茂。而鳥獸歸之。稱賢使能。官有材。而士歸之。關市平。商賈歸之。分地薄斂。農民歸之。水性歸下。農民歸利。王若欲求天下民。先設其利而民自至。譬之若冬日之陽夏日之陰。不召而民自來。此謂歸德。此因來遠之先廉近。而廣言之也。稱者舉之於鄉賢。有德者。使者。使之在位。能有才者。官者。任之以事。材。技藝也。言物之歸必有由。士商賈農皆然。即水性以況農民。見自然之至。其餘可例觀焉。王若欲求天下民。則不止於縣鄙。先設其利於近。而遠民自集。試譬之。而見來之甚易也。古云歸德。此之謂矣。

五德既明，民乃知常。此言民之和也。言五德既明。民知常制。知則和矣。

武王再拜曰：嗚呼允哉。天民側側，余知其極有宜。側側，多也。言五德和民，信哉。天民甚多。余今知至善之道，有時宜之制也。

乃召昆吾冶而銘之金版，藏府而朔之。昆吾掌冶。世官。銘謂書之刻之以識事者也。鉼金謂之版。府。天府。朔之者。每月朔旦省之也。○識音志

世俘解第四十

世。生也。軍所獲爲俘。既觀殷政以和民。於是還豐而獻俘。故次之以世俘。

維四月乙未日，武王成辟，四方通殷命有國。辟音璧。○首節

用夏正。四月。正陽之月也。綱鑑。是年爲己卯十三年。竹書。爲辛卯十二年。乙未。四月七日也。在周正則爲六月。言是日武王即天子位。以成天下君。四方惟一通道而來朝。下車而投殷之後於宋。命有國也。月丙午。旁生魄。若翼日丁未。王乃步自于周。征伐商王紂。以下二十有四節。用周正。皆四月以前事。追敘之。一月。周正建子之正月。夏正十一月也。丙午。十六日也。在邊曰旁。望後月邊生魄也。翼日。明日也。丁未。十七日也。周。岐周也。謚法。殘忍捐義曰紂。越若來。二月。既死魄。越五日甲子。朝至。接于商。越若來。古語辭。言迤邐而來也。周二月。夏十二月也。死魄。晦也。曰既則晦後也。越。於也。甲子。周二月五日也。朝至。晨至牧野也。接。兵刃接也。○迤同迆。音以。又音移。邐音里。則咸劉商王紂。執矢惡臣百人。商王紂下。當有于商郊三字。咸劉。皆殺也。執。捕也。矢。嚆矢。嚮箭也。見莊子在宥篇。射者必先以

嚻矢定其遠近。諭爲惡者必先有人導之也。孔云。矢惡臣。崇侯之黨。○嚻音虓太公望命禦
方來。丁卯望至告以馘俘。馘音虢。○太公受命。追禦紂方來。丁卯。周二月八日
也。馘死而截耳者。俘生擒者。戊辰。王遂禦循追祀文王時日王立
政。戊辰。周二月九日也。禦循追禦而撫安商衆也。文王木主在車。追王而壇帷祭之。以剋紂告。是日立
王政布天下。○追王去聲呂他命伐越戲方。壬申荒新至告以馘
俘。戲音羲。○呂他將氏名也。越戲方。紂邑名。孔云。紂三邑也。壬申。周二月十三日也。荒氏新名。將佐也。
侯來命伐靡集于陳。辛巳至告以馘俘。侯氏來名。亦將也。靡集于
陳。紂二邑也。辛巳。周二月二十二日也。甲申百弇以虎賁誓命伐衛告
以馘俘。弇古南切。○甲申。周二月二十五日也。百弇亦將氏名也。能左右之曰以。誓宣號令也。衛。

邑名。在朝歌之東。朝歌。今河南衛輝府。辛亥。薦俘殷王鼎。辛亥。周三月二十二日也。周三月。夏正月也。薦。進也。進之於廟也。鼎。三足兩耳。和五味之寶器也。武王乃翼矢珪矢憲。告天宗上帝。憲音顯。翼。敬也。矢。陳也。珪。禮天之玉。考工記所謂四圭尺有二寸也。憲。興盛貌。指德而言。矢憲者。如稱有道曾孫是也。天宗。日月星也。上帝。天帝也。此剋紂而告天於郊。尚末柴也。王不革服。格于廟。秉語治庶國。籥人九終。廟。太王廟也。太王於廟序爲穆。秉。持也。語。策辭也。籥。如笛三孔而短小。舞羽歛籥。言王不改告天之服。至于廟。持策命功臣。統治庶國。奉祖命而不自專。斯時籥人舞九變也。○歛吹同王烈祖自太王。太伯王季虞公文王邑考以列升。維告殷罪。王去聲。虞公。仲雍也。伯邑考。文王長子也。言追王烈祖。自太王始。廟位東向自如。太伯王季虞仲居昭。文王居穆。邑考附昭。

以次序而進。維告殷罪。子無爵父之禮。況由父而上乎。以告天之服臨之。旣王其號。而王其享者附焉。似天已命之。故卽以天事之也。**籥人造。王秉黃鉞。正國伯。**造。進也。言籥人進舞九終而旣追王。於是杖黃鉞以爲儀。秉語命八伯二伯。其位有左右之分。所以正之也。**壬子。王服袞衣。矢琖。格廟。籥人造。王秉黃鉞。正邦君。**壬子。周三月二十三日也。袞衣。衣裳九章者也。凡圭剡上寸半。琖圭剡半以上。又半爲瑑飾。正者。正其位也。大抵與明堂位同。**癸丑。薦殷俘王士百人。**癸丑。周三月二十四日也。王士。紂之士。非矢惡臣也。進之於廟。所謂殷士膚敏。祼將于京也。**籥人造。王矢琖。秉黃鉞。執戈。王奏庸大享一終。王拜手稽首。王定。奏庸大享三終。**定。音訂。戟偏距爲戈。執之以衞王也。庸。大鐘也。大享。大祫也。於太廟行之。昭穆及祧主皆升。一終。一成也。定。

熟肉。王定者。王薦熟也。三終。三成也。甲寅謁戎殷于牧野。王佩赤白旂。籥人奏武。王入。進萬。獻明明三終。甲寅。周三月二十五日也。謁。告也。武。指象舞與肆夏與。象舞即維清。白虎通以爲大武也。肆夏即時邁。左傳以爲大武也。周禮鍾師。王出入則奏王夏。豈王夏一名武與。不可的指矣。萬。舞總名。明明。樂章名。言告大廟。克商于牧野。王佩赤白二旂。武奏王入。乃進于羽之舞。獻爵奏明明三成也。此大享之後。因告而繹祭始祖也。夏上聲。乙卯。籥人奏崇禹生開。三終。王定。乙卯。周三月二十六日也。崇禹生開。皆樂篇名。此大享之後。因告而繹祭昭穆之廟也。上言獻。此言定。互文爾。庚子。陳本命伐磿。百韋命伐宣方。新荒命伐蜀。此下三節。閏二月事。庚子。閏二月十一日也。在周正則閏四月矣。陳本。將氏名也。磿當作磨。國策。黃歇云。割濮磨之北。濮。今山東曹州府濮州。古帝北。磨近濮。在商

畿內可知。百氏韋名。亦將也。宣方。國名。新氏荒名。亦將也。蜀。國名。○曆音歷

乙巳。陳本命新荒蜀磨至。告禽霍侯艾侯。俘佚侯小臣四十有六。禽禦八百有三百兩。告以馘俘。兩去聲。○乙巳。閏二月十六日也。命字當移在新荒下。言二人奉命伐國而至也。霍侯。磨國君也。左傳註。永安縣東北有霍太山。山在今霍州。艾侯蜀國君也。春秋註。泰山牟縣東南有艾山。山在今沂水縣。二侯皆淫佚也。禦。犬臣也。一車兩輪。故謂之兩

百韋至。告以禽宣方。禽禦三十兩。告以馘俘。百韋命伐厲。告以馘俘。漢志。厲鄉。故厲國也。戰國時。爲隨國地。今隨州也。屬湖廣德安府。

武王狩。禽虎二十有二。猫二。麋五千二百三十五。犀十有二。犛七百二十有一。熊百五十有一。羆百一十有

八豕三百五十有二。貉十有八。麈十有六。麝五十。麋三十。鹿三千五百有八。氂音釐。○狩，獵也。虎，山獸之君。猫，似虎淺毛者。麋當作麇。鹿屬。澤獸也。犀出南徼外。似水牛。豬頭。大腹。庳腳。三蹄。黑色。三角。一在頂。一在額。一在鼻。鼻上食角。小而不楕。好食棘。亦有一角者。犛，旄牛屬也。黑色。出西南徼外。熊似豕。山居冬蟄。爾雅云。熊虎醜。羆似熊而長頭高腳。憨悍多力。能拔樹木。爾雅翼云。羆則熊之雌者。力尤猛。豕，彘也。竭其尾。故謂之豕。貉似貍。銳頭尖鼻。斑色。毛深厚溫滑。可爲裘。麈，麋屬。似鹿而大。其尾辟塵。麝如小麋。臍有香。一名射父。麋當作麇。麇，麞也。麇性驚。又善聚散。難獲。故少於麋。鹿，解角獸。羣萃善走者也。○徼音叫。楕音妥。辟擗通。

武王遂征四方。凡憝國九十有九國。孔云。憝，惡也。馘磨億有十萬七千七百七十有九。俘人三億萬有二百三十。億於力切。磨陳本所伐者。億數不定。少數以十爲等。十萬爲億。大數以萬爲等。萬萬爲億。孔云。武王以不殺爲仁。俘馘之多。大言之也。凡服國六百五十有二。凡服國。國之服紂者。故當征之也。時四月既旁生魄越六日庚戌武王朝至燎于周維予沖子綏文。此四月。用夏正也。時武王已成辟矣。庚戌四月二十二日也。至。自宮至廟也。燎。燒也。所燒之物見下文。周。周廟也。維予小子弔民伐罪以安文考之心。此告禰廟之冊辭也。孔云。先廟後天者。言功業已成故也。武王降自東乃俾史佚繇書于天號繇音冑。繇。冊辭也。書。錄之也。天號。若云昊天上帝是也。孔云。使史佚用書重薦俘於天也。武王乃廢于紂矢惡臣人百人伐右厥甲小子鼎大師伐厥四十夫家君鼎帥司徒司馬初厥于郊號廢者。廢其人也。臣人之人衍。置諸上位謂之右。推爲第一謂之毋。小子。小人也。鼎。鼎食。大師。大衆也。大家。猶言人家。指庶民之豪右而言。言紂之矢惡臣百人。武王廢之。其小人之鼎食者大衆。紂右之甲之。武王伐之。夫家僭食君鼎。結黨連羣。多至四十。人所素聞者。武亦伐之。此廢伐之武事。當克紂商郊之初。領率司徒司馬而號令之也。

王乃夾于南門用俘。皆施佩衣。衣先馘入。佩。小旂也。以馘入者執之。衣。罪人之衣。言武王於文廟南門。夾道陳列囚俘。施旂於馘。施衣於俘。衣先馘入。執旂者尚未以馘入也。

武王在祀。太師負商王紂縣首白旂。妻二首赤旂。乃以先馘入燎于周廟。在祀。在廟爲祭主也。白旂著尚白之朝亡也。赤旂明嬖妻之嬖處也。先馘燎首周廟。文王廟也。此武王必無之事。況負縣首。太師爲之不類。姑釋之。若翼日

辛亥祀于位。用籥于天位。祡也。辛亥。四月二十三日也。位。郊兆也。兆於南郊。就

陽位也。禘祭圖。譽東向。稷南向配之。郊天之位。莕天
帝東向而稷南向。與籥舞羽所執者。舞羽於阼階。舞
于於西階。皆籥師所教。故統謂之籥。舞以樂音節之。
苑洛志。樂琴瑟有雲門譜。周禮。雲門之舞。所以降天神
者。

越五日乙卯。武王乃以庶祀馘于國周廟翼予沖
子斷牛六。斷羊二。斷音短。乙卯。四月二十七日也。
庶祀。衆祀也。如社祭七祀皆是。周
廟而冠以國。宗廟皆在其中也。言武王乃以庶祀燎
馘於國周廟之屋榮下。斬牛六。斬羊二。意祭社用牛
七祀之中。豈司命中霤國門國行
泰厲皆用牛。而戶竈皆用羊與。

庶國乃竟告于周
廟曰。古朕聞文考。脩商人典。以斬紂身。告于天于稷。
用小牲羊犬豕于百神水土。于誓社。竟。畢也。周廟。文考廟也。古當作
告。聞字衍。百神。衆神。小祀不一也。水土。如衆小山川
是也。社。衆社。誓師必於社。故即名社爲誓社。言告我

文考脩成湯放桀之典。以斬獨夫。既告于天于稷。又用小牲于衆神水土社焉。此庶國從王郊天庶祀之後。至文王廟而畢告之。曰。惟予沖子綏文考。至于沖子。用牛于天于稷。五百有四。用小牲羊豕于百神水土社。二千七百有一。言予小子伐罪救民。以安文考心。至于小子所用之牛。所用之小牲。其數如此也。此武王告文廟之辭。所謂大告武成也。商王紂于商郊。商王紂三字衍。于商郊商郊三字。移在上文則咸劉商王紂向下。下五節追敘伐紂時也。時甲子夕。商王紂取天智玉琰五環身厚以自焚。天智。玉之上美者。玉而刻上乃圭也。縫環其身以自厚也。凡厥有庶告焚玉四千。孔云。衆人告武王焚玉四千也。五日武王乃俾于千人求之。四千庶玉則銷。天智玉五。在火中不銷。

于字疑衍。孔云：紂身不盡。玉亦不銷。凡天智玉，武王則寶與同。孔云：言王者所寶不銷也。凡武王俘商舊玉億有百萬。

箕子解第四十一　亡。箕國名。左傳註。太原陽邑有箕城。漢志。琅琊有箕縣。陽邑今太谷縣。屬山西太原府。琅琊今沂州府。隸山東。未知箕國的在何處。河南河南府登封縣。即古陽城。東南有箕山。豈即以山名國與。子爵也。武成既告。遂釋箕子之囚。且訪焉。故次之以箕子。

耆德解第四十二　亡。耆德。即洪範三德也。德非老者不備。咈其耆長。舊有位人。殷所以亡也。武戒之。故次之以耆德。

周書解義

仁和潘振芑田註　石門徐珩湘渚訂

卷五

商誓解第四十三　誓。戒也。殷人初服。非耆德不足以固其心。爰往商邑。呼耆舊而戒之。故次之以商誓。○呼去聲王若曰。告爾伊舊何父。□□□□幾耿肅執。乃殷之舊官人序文。□□□□及太史比。小史昔。及百官。里居獻民。□□□□來尹師之敬。諸戒疾聽朕言。用胥生蠲尹。伊。語辭。舊。耆舊。何氏。父。字。乃。汝也。序氏。文名。太史名。比。小史名。昔。皆商舊臣也。尹。誠也。信也。戒。諭也。疾。惡也。用。使也。胥。皆也。蠲。潔也。尹。進也。正也。言告爾耆舊何父。爾智足以明察幾微。仁足以光被世宙。有禮而心常敬。有義而事可持。汝殷之舊官。如文與比昔。及在朝者。在家者。賢者。皆來誠信而效法之。何父可不敬哉。諭之以勸其善。惡之以懲其過。聽我之言。使之遷善改過。皆生於天地之間。其誠信者。爾當與其潔而進正之也。王曰。嗟。爾衆。予言若敢顧天命。予來致上帝之威命明罰。今惟新誥命。爾敬諸。朕話言。自一言至于十話言。其惟明命爾。爾衆指何人也。顧眷戀也。天命神器也。詁言善言也。一者數之始。十者數之終。言嗟乎爾衆。我言何敢眷戀神器。予來傳致上帝可畏之命。至公之罰。今惟新出誥文以命爾。爾其敬諸。我之善言。自始至終。其惟明白告爾也。王曰。在昔后稷惟上帝之言。克播百穀。登禹之績。凡在天下之庶民。罔不維后稷之元穀用蒸享。在商先誓王。明祀上帝。□□□□亦維我后稷之元穀用告和。用胥飲食。肆商先誓王。維厥故。斯用顯我西土。今在商紂。昏憂天下。弗顯上帝。昏虐百姓。奉天之命。上帝弗顯。乃命朕文考。曰。殪商之多罪紂。肆予小子發。弗敢忘天命。

朕考胥翕稷政肆上帝曰必伐之予惟甲子剋致天之大罰□帝之來革紂之□予亦無敢違大命敬諸

殪壹計切　元善也冬祭曰蒸享追享朝享禘祫也言此以該諸祭誓作哲飲食如九獻旅酬燕毛之類肆故也斯指元穀百姓民庶也殪殄絕也剋卽剋期之剋謂約定也言后稷惟帝之命能種百穀成禹治水之功天下無不維元穀以蒸享在商先哲王明潔祀上帝亦維元穀以告民和以相飲食故商先哲王維明祀之故爲此元穀以明西土后稷之德今紂昏棄后稷爲天下憂不明上帝率育之道昏暴民庶以此奉天命爲天子上帝不以爲明命我文考殄絕之故予小子常念天命我文考治岐皆合稷政故帝命必伐紂予惟甲子之日約定傳致天罰是上帝來攺紂之暴政予亦無敢逆天命而不伐也可不敬哉

昔在我西土我其有言胥告商之百無罪其維一夫

予既殛紂承天命。予亦來休命。爾百姓里居君子其

周卽命。□□□□□□□□□□□□□□

□□□□□□□□□□百下當有姓字。亦總也。百姓。百官也。君子。謂獻民也。卽。就也。言在西土時。我曾有言。謂皆告商之百官族姓無罪。罪在獨夫。旣而誅紂奉有天命。予總來告爾美命。俾效法耆舊胥生於世。今而後。百官里居獻民。惟周就廢置予奪之命也。爾冢邦

君無敢其有不告見于我有周。其比冢邦君。我無攸

愛上帝曰必伐之。今予惟明告爾。予其往追□紂。遂

⿺辶秦集之于上帝。天王其有命。⿺辶秦。臻同。冢。大也。告者。達其事。見者。至其朝。攸。所也。⿺辶秦。至也。之。指命而言。王字衍。言爾大君。無敢不告見於我周。其所以親邦君者。我非愛天下也。帝命

必伐紂耳。今予明告爾。予往商追紂。遂至成命于上帝。此天之命也夫。時諸侯在商。故并誓之。爾百姓獻民。其有綴芀。夫自敬其有斯。天命不令。爾百姓無告。西土疾勤。其斯有何重。天維用重勤。興起我罪勤我。無克乃一心。芀音仍。仍爲芀。絲相連續爲綴。自由也。草相因言爾百姓獻民其命之連續而不絕。因仍而常生者。夫由敬其有此元穀也。若天命不善。饑饉荐臻。爾百姓窮而無告矣。我西土之人。速而不遑勞而不逸。其元穀之有何重如此。天維以重民者勤民耳。故后稷以播穀興基。起我之王業。商紂以棄稷見罪。勤我之征伐率育之心。上下同之。無去汝之一心也。爾多子。其人自敬助天。永休于我西土。子者。有德之稱。獻民非一。故曰多子。言在官之人。由能敬元穀。助天率育。長有休美于我西土也。獻民即後日之百官。故丁寧之。爾百姓。其亦有安處在彼宜在天命。□及惻興亂。予保奭其介有斯勿用天命。若朕言在周曰。商百姓無罪。朕命在周。其乃先作。我肆罪疾。予惟以先王之道御復正。爾百姓越則非朕負亂。惟爾在我。復音伏。在彼者。在商邑也。介。辨別之意。言爾百姓。其總有久居暫處而自適者。在商邑。宜察天命而速勤。及傷作亂之獲罪也。予太保奭循行。其辨別有亢穀者。與勿用天命者。若朕言於在周之時。謂商百姓無罪。朕命在周。其於汝先作此言。我故有罪者惡之。復正者。惟以先王之道御之。倘爾百姓踰法。不察天命。非我負爾。爾實自亂也。惟爾有罪。罪在朕躬。此我之所以敬也夫。王曰。百姓。我聞古商先誓王成湯克辟上帝。保生商民。克用三德。疑商民弗懷。用辟厥辟。今紂棄成湯之典肆上帝命我小國曰革商國肆予明命汝百姓其斯弗用朕命其斯爾家邦君商庶百姓予則□劉滅之辟音璧。三德說見寤儆解。疑慮也。商庶商之庶姓也。言成湯能法上帝率育之道。愛護生養商民。既富然後可教。能以三德乂之。慮商民之弗念稷功。以重穀而爲君盡君道矣。今紂棄成湯之法則。故上帝命革商國。故予明命汝百姓者。惟此元穀也。弗用我命者。在此元穀也。邦君商庶百姓。予則殺而滅之。王曰靃予天命維既咸汝克承天休于我有周斯小國于有命不易昔我盟津帝休辨商其有何國命予小子肆我殷戎亦辨百度□□美左右予予肆劉殷之命今予維篤祜爾予史太史違我寔視爾。靖疑胥敬請其斯一話。敢逸僭。予則上帝之明命予爾拜拜。□百姓。越爾庶義庶刑。予維及西土。我乃其來即。刑乃敬之哉。庶聽朕言。罔胥告。靃音霍。寔音室。盟當作

孟。美善也。指十亂而言。左右。助也。親其人曰予史。稱其官曰太史。朝廷授官曰拜。庶。衆也。及。至也。言忽然不常者。予天命也。維既與成湯皆盛。汝能奉天休命于我周。周小國耳。有命甚難也。昔我出師孟津。帝休美之。辨商之亂政。其有何國與紂乎。因降命于小子。故我於殷用戎。亦辨百事之法度。無關而後動。又有善者助予。予故殺取殷命。今予維厚其福於爾予太史辭而去之。我惟爾是效。凡事之可安及義之可疑。皆敬而請問之。其元𣪊一言。不敢安逸。不敢僭差。予法上帝率育之顯命。此汝奉天休于周也。予將以爾之官。授之又授。以統百官族姓。至於爾兼司寇。例有權衡之衆義。律有一定之衆刑。予思歸至西土。使告

之我既惟汝處來就。刑其汝宜敬哉。敬則權衡得宜。庶幾聽依朕言矣。例無定而律有定。無須歸西土後相告也。

度邑解第四十四

武王誓商而歸。欲營雒邑。於天下之中。定朝聘之度。道路均也。故次之以度邑。

維王克殷國。君諸侯。乃厥獻民。徵主九牧之師見王于殷郊。徵。召也。主。守也。師。衆也。言王克商。君天下。殷之獻民。王召之。使守九牧下之衆職。於是獻民見王于商郊也。王乃升汾之阜。以望商邑。汾。水名。襄城有汾丘。城在今河南南陽府裕州南。土山曰阜。望朝歌也。永歎曰。嗚呼。不淑兌天對。遂命一日。維顯畏弗忘。天對。天所以答人者。命也。言商紂暴虐不善。和天命。我之成命。在甲子之一日。維天道甚明。天威可畏。予常念之也。王至于周自鹿至于北中。周鎬京也。鹿北中。自汾至周所經歷之地名也。元城縣有五鹿。開州名帝北。俱屬直隸大名府。具明不寢。王小子御告叔旦。叔旦亟奔即王。王曰。久憂勞問害不寢。亟音棘。○具明質明也。小子。內豎。御。直日也。大路謂之奔。久憂殷民。慰勞而存問之。害與曷同。何也。曰。安予告汝。王曰。嗚呼。旦。惟天不享于殷。發之未生。至于今六十年。夷羊在牧。飛鴻滿野。天不享于殷。乃今有成。維天建殷。厥徵天民名三百六十夫。弗顧。亦不賓滅。用戾于今。嗚呼。于憂茲難。近飽于卹。辰是不室。我未定天保。何寢能欲。賓音殯。近音記。○安。坐也。使坐而告之。夷羊。土神。竹書帝辛四十八年。夷羊見。郊外謂之牧。飛鴻蠛蠓也。小蟲似蚋而亂飛。滿野。亂之象也。牧外謂之野。進。已也。辰。時也。不室。不居也。天保。天所以保王者命也。言天不饗殷祭。發未生時已然矣。自受辛即位。至于今六十年。神監其惡物。兆其亂。天不佑殷。乃今有成命於周。維天建立殷命。其召獻民。名有二百六十。獨夫弗眷顧之。我總不棄滅之。用定于今。嗚呼。于憂此天命之難。已厭足于憂。時是不能安居也。我未定天之所以保我者。欲寢何能乎。王曰。旦。予克致天之明命。定天保。依天室。志我共惡。俾從殷王紂。日夜勞來。定我于西土。我維顯服。及德之方明。叔旦泣涕于常。悲不能對。俾古貺字。致。深審也。明命。即天之所以與我。而我之所以爲德者也。依。言安居也。志。意慕也。俾。傾覆也。方。明。染惡而初明也。無聲出涕曰泣。目出汁曰涕。言予能深審天之明命。永定天保。安居王室乎。衆意慕乎我同惡乎商。傾覆之。追躡之。予日夜慰慰其勞者。撫其來者。定我于西土。我維明顯其服我者。以及德之初明者。不知何日可定也。於是叔旦泣涕。甚于平常悲痛而不能對。王曰口口傳于後。王曰

旦汝維朕達弟。予有使汝。汝播食不遑暇食。矧其有乃室。今維天使予。惟二神授朕靈期。予未致予休。予近懷于朕室。汝維幼子。大有知。昔皇祖厎于今。勖厥遺得顯義。告期付于朕身。肆若農服田。饑以望穫。予有不顯。朕卑皇祖。不得高位于上帝。汝幼子庚厥心。庶乃來班朕大環。茲于有虞意。乃懷厥妻子。德不可追于上。民亦不可答于朕。下不賓在高祖。維天不嘉。

于降來省。汝其可瘳于茲。乃今我兄弟相後。我並龜其何所卽。今用建庶建。叔旦恐泣涕共手。知智通 共恭上聲。

傳于後者。傳于武王之後。兄終而弟及也。史敘其意。下文遂述王言。多材多藝。故稱達弟。皇祖。大祖。遺遺體。班。列也。大環。宮衞之官。追。上及之意。荅。感應也。言汝維我之達弟。予使汝循行商邑。汝勸農播穀。旦夕憂勞。食且不暇。况其有爾室乎。今惟天使予輔我。惟王季文王二神。授我之善。所以期望予者未極。予之休美。予已思念予於朕室之中。汝幼子大有明智。昔大祖后稷至于今。王季勉文考文考得顯明義方之告。期望委付于我身。故若農力田。饑以望稷。圖功必終也。若使予德不明。是卑視皇祖所傳之業。不能得天位于上帝矣。汝幼子更變在外之心。庶幾汝來列我大環之職。輔王室。佐明德。若虞機張。往省括于度。此有虞意乎。汝若思念在家。不出而圖君。使朕德不追蹤于皇祖。民亦不感應于朕。不惟不可追上也。自后稷以下。高祖如組紃耆其所垂之業。是我卑之而不敬也。天不善之降來察我德之不明。如疾之不愈汝其可瘳予之疾于此乎。今兄弟彼此相後於汝。我筮龜何所就而傳位乎。今用立汝。庶幾能建國家與。周公恐泣。涕而拱手。王曰。嗚呼。旦。我圖夷茲殷。其惟依天。其有憲命。求茲無遠。天有求繹。相我不難。自洛汭延于伊汭。居陽無固。其有夏之居。我南望過于三塗。我北望過于有嶽。鄙顧瞻過于河宛。瞻于伊洛。無遠天室。其曰茲曰度邑。宛音鴛。洛水出今陝西西安府雒南縣冢嶺山。一名讙舉山。至河南府鞏縣東北入河。水北曰汭。延。及也。伊水出熊耳山。山在河南陝州之東。一在盧氏縣西南。兩峰相並如熊耳。至河南府偃師縣南入洛。地南爲陽。有夏指太康也。曾獵於洛水之南。三塗山在今河南府嵩縣西南。即漢渾陸縣也。嶽華山也。在陝西同州府華陰縣。鄗邑名。左傳太叔命西鄙北鄙貳于已。顧地名。左傳公及齊侯邾子盟于顧。此顧或齊地與。宛本申伯國。春秋時屬晉。今南陽縣也。屬河南南陽府。言我謀平此殷。其惟紹上帝而依天。其有作大邑之法。命求此商邑。無遠鎬京。天求民主。繹思我周。助我甚易。自洛北及于伊北。居其南而無險固。此雖有夏之居乎。我南巡望祭。過于三塗。北巡望祭。過于華嶽。巡行鄗顧。瞻過黃河。巡行宛地。瞻過伊洛。洛陽爲天地之中。道里甚均也。無遠鎬京之天室。命雒爲度邑可矣。○鞏音拱

武儆解第四十五

武。寧王之謚也。傳位旦不從。於是立誦爲太子。武有以戒之。故次之以武儆。

惟十有二祀四月。王告夢。丙辰。出金枝郊寶。開和細書。命詔周公旦立後嗣。屬小子誦文及寶典。立太子。當在十

有二祀之後。竹書。十七年。命王世子誦于東宮。出之也。金枝。以金爲枝者。如兌之戈是也。言此以該諸器。郊寶。郊天之寶。四圭尺有二寸以祀天。言此以該諸玉。開氏和名。掌天府之藏者。細書。細錄之也。命。策命也。史爲之。屬連也。誦成王名也。文。詔太子之策書也。寶典。先王所寶之典。顧命所謂大訓也。王曰。

嗚呼。敬之哉。汝勤之無蓋。口周未知所周不知商口無也。朕不敢望。敬守勿失。所處所。天子以四海爲家。故曰所。所言敬天命哉。汝勤勉小子誦。有過則規。無有掩護。周未知天下。不知商紂自無之也。朕初意欲傳位於汝。不敢望此小子。今詔汝立之。敬守天命而勿失也。此詔曰策命之辭以詔宥小子。曰。允哉汝夙夜勤心之無窮也。宥。勸也。周公以王之告文勸小子。其文曰。誠信天命哉。汝夙夜勤。心不困於物欲也。

五權解第四十六周公輔小子。武又告之。其所以權輕重而合中道者有五。故次之以五權。

維王不豫。于五日召周公旦。曰。嗚呼。敬之哉。昔天初降命于周。維在文考。克致天之命。汝維敬哉。先後小子。勤在維政之失。政有三機五權。汝敬格之哉。克中無苗。以保小子于位。不豫。不悅。王有疾也。初降命者。肇基王迹也。先後者。在前在後而教諭之也。勤在。勤察也。機。關機也。動於近。成於遠。格。窮究也。草初生曰苗。無苗者。去始萌之惡也。保者。愼其身以輔翼之。而歸諸道者也。三機。一疑家。二疑德。三質士。疑家無授衆。疑德無舉士。質士無遠齊。吁。敬之哉。天命無

常敬在三機。此言三機之目。而并詳其事也。可疑之家。不軌之臣也。可疑之德。謂比德也。質

質僕。言家可疑。無授以兵衆而致亂。德可疑。無舉其所薦而成黨。士質僕。無與之遠辨而貽誤。反是則政

失矣。可不敬哉。天命無常。敬察三機爲要矣。

五權。一曰地。地以權民。二曰

物。物以權官。三曰鄙。鄙以權庶。四曰刑。刑以權常。五

曰食。食以權爵。此列五權之目。而各言其事也。言地有高下。宜山宜澤。以稱民之居。事有

大小。職要職煩。以稱官之職。鄙家五百。可謂庶矣。不增不益以稱之。五刑三千。自有常矣。適輕適重以稱

之。祿之厚薄。視爵之尊卑。所以稱之也。

不遵承括。食不宣。不宣授臣。極

賞則淈。淈得不食。淈音骨。括法也。矢末曰括。必合于度。然後釋淈亂也。言士出於農

論定然後官之。任官然後爵之。位定然後祿之。此權爵之法也。不遵奉其法。而別有所舉。祿不宣明其德。

以不宣之祿授臣。是謂僭賞。則法亂矣。法亂。則得不墾耕之人而用之。是壞鄉舉里選之法也。此言食不權爵之失。極刑則仇。仇至乃別。至。亦極也。別。離也。濫刑則民讎之其極也。則民離。此言刑不權常之失。鄙庶則奴。奴乃不滅。奴。罪人。滅。沒也。言鄙多人。則田里不足授。小人窮斯濫。必爲奴。男子入於皋隸。女子入於舂槀。不能沒其罪也。此言鄙不權庶之失。國大則驕。驕乃不給。官庶則荷。荷至乃辛。物庶則爵乃不和。荷與苛同。細也。辛當作丵。草木叢生。丵叢雜煩瀆也。言國大易於奢夸。用度靡費。而官不暇給矣。官多不攝。各任一職。其細甚矣。細之極。則叢雜煩瀆。而不堪事多而專任其人。所謂大夫不均。我從事獨賢也。則爵乃不和。此言物不權官之失。。丵音浞地庶則荒。荒則聶。人庶則匱。匱乃匿。荒。蕪穢不治也。聶。動貌。言地多。則耕種無人。爲敵所窺。則搖動矣。人多。則財用不足。爲勢所迫則逃藏矣。此言地不權民之失。嗚呼敬之哉。汝慎和稱五權維中。是以以長小子于位。實維永寧。之。指天命。思患豫防之謂慎。剛柔相濟之謂和。多寡適均之謂稱。所以格五權也。五權格而中。是以長保小子于位。實維久安也。

成開解第四十七舊有成事曰成。武王崩。周公輔成王。以舊之成事開導之。故次之以成開。

成王元年。大開告用。元年。首年也。天子踰年改元。諒闇三年。百官總己以聽於冢宰。孔云。周公大開告道。成王用之也。周公曰。嗚呼。余夙夜之勤。今商孽競時逋播以輔。余何循何循何慎。王其敬天命。無易天不虞。逋。博孤切。孽。餘也。競。求也。言余夙夜惟政是勤。今商餘紂子祿父。求是逋逃播遷之人以自輔。余何以撫安逋播乎。何以撫安商孽乎。何以謹慎而備之乎。王其敬天命。無易視天命。而不虞度商孽也。

在昔文考躬脩五典勉茲九功敬人畏天教以六則四守五示三極祗應八方立忠協義乃作。五典者官之常經有五也。茲。指躬而言。九功者。去敗事而成之者有九也。極者。標準之義。至極之名。應。酬酢也。言在昔文考。其躬脩典勉功。一則敬人事。一則畏天理也。其教用則守示極。敬應八方。立誠和義。乃作此教也。

三極。一天有九列。別時陰陽。二地有九州。別處五行。三人有四佐。佐官維明。五示。顯允明所望。九列。四方經星及五緯也。九州。揚荊豫青兗雍幽冀并也。五行分屬五方。四佐。前疑後丞左輔右弼也。言九列。天之標準也。分別十二時之陰陽。九州。地之標準也。分別人所處之五方。四佐。人之標準也。佐官維明曉五示。以明信之德。明示世所期望之事於民也。此言三極之道。

五示。一明位示士。二明惠示衆。三明主示寧。四安宅示孥。五利用示產。產足不竆。家懷思終。主爲之宗。德以撫衆。衆和乃同。

孥。即帑。懷安也。宗尊也。撫猶有也。言士欲在位。明表賢人之位以告之。衆皆懷惠。以仁政之惠告之。人欲求寧必先有主。以共戴之主告之。民孥欲求宅之安。以安宅告之而使之安。民業欲利人之用。以利用告之而使之作。產足則人皆交易而不竆。家安則人思終身於樂土。主則爲民之尊。德則撫有其衆。衆必有在位之士和之。衆和。乃同心同德矣。此言五示之事。而并言其效也。

四守。一政盡人材。材盡致死。二土守其城溝。三障水以禦寇。四大有沙炭之政。

大有言無敢不供也。言軍政任人盡其材。材盡則人効死力。所以將將也。築土爲壘。勿使敵至城下。保其城池。所以衛國也。以陂蓄水。資灌溉以屯田。所以禦寇也。無敵不供壅水之沙起火之炭。此行軍之政。所以攻敵也。此言四守之事。六則。一和衆。二發鬱。三明怨。四轉怒。五懼疑。六因欲。和衆。和兵衆也。發鬱。發滯積之穀帛也。明怨。明表其怨也。泰誓云。獨夫受。洪惟作威。乃汝世讎。轉怒。轉士卒之怒也。懼疑。懼敵人之有疑兵也。因欲。因勝國之欲。如武稱之號令。允文之昭告。皆是此言六則之事。九功。一賓好在笥。二淫巧破制。三好危破事。四任利敗功。五神巫動衆。六盡哀民匱。七荒樂無別。八無制破敎。九任謀生詐。和集。集以禁。實有離。莫遂通其。其音姬。笥竹器之方者。盡哀。送終過制也。荒樂。過於樂也。無別。亂同也。其語辭。言國賓交好。在實笥之多幣有節制。則成柔遠之功。百工淫巧。破省試之舊制。按度程。則成勸工之功。兵危事而好之。是破農民之事也。去此則成養民之功。捂克事利而任之。是賊廉吏之功也。去此則成益下之功。神巫惑衆。去此則成務義之功。盡哀財竭。去此則成節用之功。荒樂亂同。去此則成養性之功。無制度而尚異端。破先王之教。去此則師道成功矣。任謀夫而求奇計。生變詐之心。去此則王道成功矣。有此九功。民心和而聚矣。聚則用禁。蓋名曰九功。實有與九功離者。莫暢遂其志。通行其事。所以保其終也。此言九功之事。而終勉之也。

五典。一言父典祭。祭祀昭天。百姓若敬。二顯父登德。德降爲則。則信民寧。三正父登過。過慎於武。設備無盈。四機父登失。脩□□官。官無不敬。五□□□□制哀節用。政治民懷。五典有常。政乃重開。

之守。內則順意。外則順敬。內外不爽。是曰明王。父尊稱宗伯詔大號。詔相王之大禮。故稱言父。司徒周知地數。辨其名物。故稱顯父。司馬以九伐之灋正邦國。故稱正父。司寇詰姦慝。知發動之由。故稱機父。之守二字衍。言。五典者。一宗伯主祭。祭祀明報本之天理。百官族姓順敬也。二司徒登記六鄉之德行。德降爲法。法信於人。則民寧也。三司馬登記過人之勇力。過必謹愼武事。設備無自滿也。四司寇登記官府之失。以官刑治官。官無不敬也。五家宰制哀喪之期。節喪祭之用。政治民安也。五典有恆。政乃甚通。內有志之發。順而不違其理。外有德之輿。順而不碍。其內行內外不差。是謂明德之王。此言五典之事。勸之以脩驗之於躬。而遂美其稱以贊之也。王拜曰允哉

維予聞曰。何鄉非懷。懷人惟思。思若不及。禍格無日。式皇敬哉。余小子思繼厥常。以昭文祖。定武考之列。

嗚呼。余夙夜不寧。鄉。向也。願望之意。言何所願望。非人之歸乎。歸來之人。惟心之誠服。

心若不逮。禍至甚近。此古語也。用大敬哉。余小子思繼行五典以至三極之常道。昭明文祖治躬用教之事。定武考相傳之位序。余夙夜不安也。

作雒解第四十八 祿父叛周。叔旦平之。於是作雒以爲王都。故次之以作雒。

武王克殷。乃立王子祿父。俾守商祀。紂都朝歌。漢爲縣。屬河內郡。今河內爲縣。郡爲懷慶府。隸山西。克殷克朝歌也。盤庚以殷爲號。子孫仍之。故曰克殷。其實殷在河南府偃師縣。所謂西亳。湯之舊都。盤庚遷焉。武王立武庚於此。使守商祀也。建管叔于東。建蔡叔霍叔于殷。俾監殷臣。鮮封管。在殷之東。度封蔡。卽今上蔡縣。屬河南汝寧府。處封霍。卽今山西平陽府霍州。皆殷地也。使監察殷臣。助武庚理治之。孔云。東。謂衞。殷。鄁鄘。武王旣歸。乃歲十二月崩鎬。肂于岐周。肂音四。乃謂乃後之歲也。肂。埋棺坎下。

謂欑塗也。岐周，在今鳳翔府岐山縣。周公立，相天子。三叔及殷東徐奄及熊盈以略。徐奄，二國，皆嬴姓。括地志：兗州曲阜縣奄里，即奄國之地。徐，徐戎也。今徐州府，隸江南。熊盈，殷諸侯。言周公立爲太宰，輔相天子。王幼不能踐阼。三叔連結殷東，徐奄連結熊盈，用謀略叛周，欲立祿父爲王也。周公召公內弭父兄，外撫諸侯。元年夏六月，葬武王於畢。弭，安也。畢，終南山道名。其邊若堂室之牆。爾雅所謂畢堂牆也。山在今陝西西安府長安縣南，即舊說京兆長安東社中也。二年，又作師旅，臨衛政殷，殷大震潰。政與正通。潰，民逃其上也。降辟三叔，王子祿父北奔。管叔經而卒，乃囚蔡叔于郭淩。降辟，猶言施法。郭，虢也。東虢國，今滎陽縣，屬河南開封府。淩，水名。泗水郡淩縣有淩水。今泗水爲縣，屬山東兗州府。滎陽有汳水，東入於泗。豈淩水

亦經流於郭與。故名其地爲郭淩。不言凡所征熊盈霍叔者降爲庶人。其罪輕也。○汳音卞

族十有七國俘維九邑。孔云俘因爲奴十七國之九邑罪重故囚之。俘殷獻民遷于九畢。孔云獻民士大夫也九畢成周之地近王化也。俾康叔宇于殷俾中旄父宇于東。武王時康叔已封於衛在朝歌之東使之居殷代霍叔也中旄父代管叔居東皆所以監殷也蔡不代後封仲於此也成王封微子啓於宋以代祿父今河南歸德府即南亳也。周公敬念于後曰予畏同室克追俾中天下。周公敬念于東征之後言予畏同室流言之禍能追武王度邑之命使嗣王中天下而治蓋欲作雒邑也。及將致政乃作大邑成周于土中。及逮也逮將還政於王乃作大邑命曰成周于天下土爲中視岐周則此爲下都也。城方千七百二十丈郛方七十

里。南繫于洛水。北因于郟山。以爲天下之大湊。郭謂之郛。外城也。繫因。皆連接也。郟郟山。北邙山也。在河南府北。綿亙四百餘里。湊會也。邙音忙。制郊甸方六百里。國西土爲方千里。國水經注作因。西土岐周也。王畿之制。百里內爲郊。五百里內爲甸。禹貢甸服。四面各五百里。今雒方六百里。不足四面四面之數。因岐周爲方千里。絕長補短。則四面皆五百里矣。周之王畿如此也。分以百縣。縣有四郡。郡有四鄙。大縣城方王城三之一。小縣立城方王城九之一。此體國之事。縣。懸也。懸係於大邑也。郡。羣也。人所羣聚也。郡小於縣。鄙。否也。小邑不能遠通也。鄙小於郡。立字衍。方。比也。孔云。三分九分居其一。都鄙不過百室。以便野事。此經野之事。都。公卿大夫之采地。王子弟所食邑。都之所居曰鄙。便。利也。宜也。野事。耕桑之事。農居鄙。得以庶士。士居國家。得以諸公大夫。此鄉舉之事。居。治也。農治鄙。得用爲庶士。士治國家。得用爲諸公下之大夫。凡工賈胥市臣僕。州里俾無交爲。以下五節。營國之事。此言正市位也。工。工師。賈。胥。市。皆官名。賈師定物價。胥師領羣胥。胥給市中繇役。司市爲市官之長。臣僕。謂征伐所得。及諸侯所獻之俘。臣僕於周者。如周禮五隸是也。國中九經九緯。所謂州也。里。居也。交。共也。雜處之意。爲語辭。言工有造作之處。賈胥市有貿易之所。臣僕有給役之地。州里異居。使無雜處。以致奪利也。

乃設丘兆于南郊。以祀上帝。配以后稷。此下二節。言正郊位也。土高曰丘。壇也。兆。壇域塋界也。上帝。天也。國有內城。然後有近郊。五十里。近郊有外城環之。是之謂郭。壇兆設于城之外。郭之內。南郊之地也。上帝東向。而稷南向。配之與。

日月星辰。先王皆與食。日月星辰。皆有丘兆于南郊。祭法。王宮。祭日也。夜明。祭月也。幽宗。祭星也。

先王。指太王以下也。與食。配享也。其位蓋與稷配帝同。以上二節。言郊祭也。封人社壝諸侯受命於周。乃建大社于國中。其壝東青土。南赤土。西白土。北驪土。中央亹以黃土。將建諸侯。鑿取其方一面之土。燾以黃土。苴以白茅。以爲土封。故曰受列土於周室。大音忲。壝音唯。亹音釁。燾音導。此言正社位也。社。五土總神也。壝。邊低垣圍繞者爲壝。所謂埒也。受命。受封也。大社。在王宮之右。庫門內之西。王宮在國之中。故曰國中。中央。社之壇也。天子之社稷廣五丈。諸侯半之。亹。冒也。將立東方諸侯。鑿取東方一面之土。覆以黃土。包以白茅。以爲侯國之社土而封之。將立南與西北之諸侯。各鑿取其方土。而燾苴亦如之。故周初時人語曰。受分解之土於周室也。○埒音劣。乃位五宮。大廟。宗宮。考宮。路寢。明堂。此言正朝廟路寢明堂位也。位之也宮當作官。五官。官府寺也。大廟。后稷。宗宮。文廟。考宮。武廟。在王宮之左庫門內之東。其七廟蓋在鎬京與路寢在路門之內。所謂內朝也。明堂。在國之南。丙巳之地。三里之外。七里之內也。

咸有四阿。反坫。重亢。重郎。常累。復格。藻梲。設移。旅楹。春常。畫旅。重平聲。上言朝廟路寢明堂之位此下三節言其制也。宮廟四下曰阿。坫堂角門側之堂謂之塾。堂角內向故曰反坫。重亢。累棟也。重郎。兩廡也。常累。柱頭斗栱。栱。即柄也。倍尋曰常。丈六尺。度也。十黍曰累。量也。度十尺為丈。量十升為斗。餘六尺。蓋其柄與復格。即複笮。複。重也。笮。屋上板在瓦之下。棼之上也。藻梲。畫藻於短柱也。移。即簃。堂邊小屋也。旅楹。列柱也。春常者。謂於棟下承之以板。另削木橫格之。形如井幹。畫水中物以厭火。如水衡斗栱然。即藻井也。畫旅。畫列柱為文也。笮音窄。幹音寒。厭入聲。

內階。玄階。堤唐。山廧。廧同牆。內。門內。朝則路門內。廟則廟門內。階者。阼階一。西階一。側階各一。北階一也。明堂九階。東南西北各二階。南堂又有中階也。孔云。以黑石爲階唐。中庭。堤。謂高爲之。應門庫臺玄閫。孔云。門者皆有也。山廧。謂廧畫山雲。臺於庫門見之。從可知也。又以黑石爲門限也。振謂天子五門。皋庫雉應路。此言路寢應門庫臺。豈五門惟鎬京備之與。

皇門解第四十九 皇。大也。大門。路門也。竹書。成王元年。周公誥諸侯於皇門。敘在作雒之後者。以作雒追武王之命。不可以不先之也。故次之以皇門。

維正月庚午。周公格左閎門會羣門。左。闑東也。閎。大也。閎門。卽皇門也。羣門。族姓之正室。代父當門。或繼有采地。或繼有守土者也。曰嗚呼。下邑小國克有耇老據屏位。建沈人。罔不用明刑。維其開告于予嘉德之說。命我辟王。小至于大。此一節。周公之言也。耇老。面凍黎若垢老人也。據。杖持也。屛內見君之位。在路門外者。沈人。隱士。維。專辭。其。指國邑。嘉德。指賢人。言下邑小國。能有耆老杖朝見君者乎。能有隱士建立正長者乎。其人無不用明法者。招賢人。開言路也。維國邑開之。告我以善德之說。此我辟王之命。自小邑小國。傳至于大邑大國可耳。以下遂述王命。

我聞在昔。有國誓王之不綏于䘏。乃維其有大門宗子勢臣。罔不茂揚肅德。訖亦有孚。以助厥辟。勤王國王家。乃方求論擇元聖武夫。羞于王所。其善臣以至于有分私子。苟克有常。罔不允通。咸獻言在于王所。以下皆成王命辭。周公述之也。此下五節。言成湯之事。古曰在昔。指成湯也。有國。正室之封於畿內者。不言邑。省文也。大門宗子。適長也。勢臣。顯仕也。訖。盡也。方。旁也。言我聞在昔成湯。有國之臣。戒王之不安于憂。乃維湯有族姓之適長爲顯仕者。無不勉稱敬德，盡有孚信，以助厥君。外而勤勞王國，內而勤勞王家。正室可謂賢矣，乃爲王旁求賢人之言論於國邑。選其中大聖武夫，而進于王所，由其邑長家臣之善者。推而至于有職分之庶孽。誠能有常德，正室無不信其善而通達之。皆獻言在于王所也。**人斯是助王恭明祀，敷明刑。王用有監，明憲朕命，用克和有成，用能承天嘏命。**斯，語辭。憲，表也。朕，我也。代湯言之也。承上文。言賢人既招至矣，是助王敬奉明潔之祀，布用明顯之法。人之益如此也。明法出於賢人之言。王以之有所監視，明表朕命於人，言乎其效。以能和人心而治功成，以能受天福命於明祀也。非正室之開言路，不能及此。**百姓兆民用罔不茂在王庭。**承上文。言言路開而愈廣，斯時百官族姓以及兆民，無不勉在王庭，獻言于王所，蓋不徒善臣庶孽之有言。元聖武夫之有論矣。**先用有勸，永有口于上下。人**

斯既助厥勤勞王家。先人神祇報職。用休。俾嗣在厥家。王國用寧。小人用格。口能稼穡。咸祀天神。戎兵克慎。軍用克多。咸。感也。戎兵。見大明武。軍用。楨幹芻茭之類。承上文。言言路之廣。有開之者。先以其開也而有勸焉。長有福命於天地之間。而效斯久矣。所謂勸者何也。正室之人。既開言路之助勤勞王家。人鬼天神地祇報其職。王以美其功。俾子孫嗣續厥家。正室勸。斯無不勸。永承福命。王國以安矣。司寇助王。小人至善而刑措。司徒助王。民能春種秋斂而無間。宗伯助王。感祀天神而無慝。司馬助王。戎兵慎而不黷。軍用多而不乏之效。之可久如此也。王用奄有四鄰遠土丕承萬子孫。用末被先王之靈光。奄。大有餘也。末。終也。被。荷負也。承上文。言效既可久。斯時王以天下爲一家。中國爲一人。奄有四鄰遠士大進言於王所。又不惟百姓兆民矣。言路愈廣。非一士

世之福也。萬子孫以此之故。終、荷負成湯之善德光輝。以承福命。明刑之效。豈不極其久哉。○荷上聲

至于厥後嗣。弗見先王之明刑。維時及胥學于非夷。以家相厥室。弗卹王國王家。維德是用。此下七節言商紂之事。厥後嗣。指紂也。家。卿大夫也。言自湯以來。被靈光者。二十七王。至于商紂。弗見先王之明法。維是及盡效于匪彝。其故有由然矣。以私家輔相王室。弗外憂王國。內憂王家。維德之是以。視湯時之宗子勢臣。勤王國王家。茂揚肅德者。異矣。此紂所以弗見明刑也。

以昏求臣。作威不詳。不屑惠聽無辜之亂辭。是羞于王。王阜良乃惟不順之言。于是人斯乃非維直以應。維作誣以對。俾無依無助。譬若畋犬驕用逐禽。其猶不克有獲。詳通祥。凡遇事物。輕視不加意曰不

胥。亂。理也。驕。謂不習也。猶與由同。承上文。言以私家之昬亂。求助紂爲虐之臣。作威不善。不加意順聽無罪之理辭。是進于王。王之所大善者。乃惟不順之言。則順理之言。反不善矣。昬臣乃非惟順理之直言以應。惟作不順理之誣辭以對。使無賢人之依。無明刑之助。譬如畋獵。犬不習而以之追禽。所由不能有得也。

是人斯乃讒賊媢嫉。以不利于厥家國。譬若匹夫之有婚妻。曰。予獨服在寢。以自露厥家。服。事也。寢。正寢。謂堂也。露。彰也。厥家。其妻也。承上文。言昬臣譖害人之彥聖。忌妒人之有技。以不利于其家國。而獨夫反阜良之譬如匹夫有昬亂之妻。間離其賢友。匹夫曰。予獨事在堂。無依無助。反自彰著其妻於外。而阜良之也。

媢夫有邇無遠。乃食蓋善夫。俾莫通在于王所。事君容悅。故稱媢夫。卽昬臣也。食。如日月之食。掩也。承上文。言媢夫見近利。無遠慮。不惟害在位之賢。卽未進之善夫。亦掩蓋之。使莫通達在於王所也。乃維有奉狂夫。是陽是繩。是以爲上是授司事于正長。心不能審得失之地謂之狂。指高明也。指德而言。繩。法度也。陽才而言。授。付也。正。謂官府之正。長。謂都鄙之長。承上文。言善夫莫通。維有承奉狂夫。是爲高明。是爲法度。是以爲上人。是正是長。付所主之事于其位也。命用迷亂。獄用無成。小民率穡。保用無用。壽亡以嗣。天用弗保。率。皆也。穡。儉嗇也。保民之用。指六軍也。凡年齒皆曰壽。承上文。言狂夫司事。王命迷惑而不治矣。司寇不助王。則攘竊用容。而獄事不得其情實。司徒不助王。則康食不有。而小民皆苦於儉嗇。司馬不助王。則六師不張。而保國之用。廢弛而無用。宗伯不助王。則祭祀不修。六沴用戾。民壽無以續。天弗保其命也。媢夫先受殄罰。國亦不寧。承上文。言媢夫之不助王。應殄絕其世。殺罰其身。禍已先受。辛而兆之。國亦不安矣。以上言紂事也。

嗚呼。敬哉。監于茲。朕維其及。以下戒羣門也。茲指媚夫言。明刑當敬哉。視此媚夫之奉狂以害國。我恐害將及身也。朕蓋臣。夫明爾德。以助予一人憂。無維乃身之暴皆卹。爾假予德憲。資告予元。譬若衆畋。常扶予險。乃而予于濟。汝無作。假格同。蓋進也。忠愛之篤。進進無已。故稱蓋臣。以知帥人謂之夫。無維。猶言不但。皆卹。疑當作是卹。而與能同。承上文。言我之蓋臣夫。明爾德。以助予一人憂。視湯時之宗子。茂揚肅德。以助厥辟者。同矣。不惟汝身之昏亂是憂。爾格予以休休有容之德。旁求允達之法。藉賢人之善言。告予大德。視湯時之宗子。擇元聖武夫。善臣私子。進言于王所者。同矣。譬如衆人畋獵。常扶我於險。是汝能予助也。汝無爲商紂之私家。可矣。

大戒解第五十

大。大君。戒。謂有以警之也。進賢由乎臣。馭士在乎君。爲政在人。其人亡。則其政息。所警匪小也。故次之以大戒。

維正月既生魄。王訪于周公曰。嗚呼。朕聞維時兆厥工。非不顯。朕實不明。時指政而言。顯達也。謂富貴之。知微之謂明。言我聞古語。維政始於官。今賢人非不富貴之。我實不知其微耳。維士非不務。而不得助。大則驕。小則懾。懾謀不極。懾之涉切。此節申言不明也。大小。猶言過不及也。驕。馬驟逸不受挫制也。喩才之壯。言於士非不專力求之。而不得其助。太過者。失之壯。不及者。失之怯。怯則謀不能得中而立極。驕可知矣。我將何以明之哉。驟卽驃予重位與輕服。非共得福。厚用遺。遺去聲。此節申言顯義也。服。五服。福。卽皇門解所謂嘏命也。以物予人曰遺。言我重其位而置之。與輕其服而予之。非欲共得嘏命於天。所以厚遺之乎。庸止生郄。庸行信貳眾。輯羣政。不輯自匿。嗚呼。予夙勤之。無或告余。非不念。念不知。輯音集。此節言不明極之失。庸常也。止容止也。貳讒閒也。輯和也。言不明極。雖得極而失之。彼庸止不驕。可謂極矣。反生鏬隙而議之。庸行不懾。可謂極矣。反信讒閒而遠之。眾賢和羣政。不和。必自隱匿也。予嘗勤政。無或告余以極。非不念極。念極而不知。又安能得極乎。周公曰。於。敢稱乃武考之言曰。微言入心。夙喻動眾。大乃不驕。行惠於小。小乃不懾。稱述也。夙早敬也。惠恩惠。如周禮予以馭其幸。是也。言微妙之言入於心。早敬而曉諭之。以感動眾人。太過者知言可爲法。必顧行而不失之。壯矣。行賜予之惠於不及之人。不及者。知進言見賞。必敢言而不失之怯矣。夫是之謂極。武考之言。其可述者如此。連官集乘。同憂若一。謀有不行。予惟重告爾。重平聲。乘當作眾。重猶多也。承上文。言驕懾既去。連合其大官。集聚其衆職。大官同憂而能其官。衆職同憂而盡其職。且大官憂衆職之憂。衆職憂大官之憂。上下一體。無二心也。謀得其極。有不行者乎。予惟多告爾。如下文所陳是也。

庸厲□以餌士。權先申之明約。必遺之。餌。啗魚具。餘引進也。約。期約。言用賢惟爵。勉賢惟祿。所以引進士也。權官事之輕重以任士。因而重之。其難其慎。務使宜輕者任輕。宜重者任重。用士者所當先也。於是表明其約信。其日拜官。必如期而予之。無所吝。此言馭衆士之當慎也。○啗。徒濫切。

其位不尊。其謀不陽。我不畏敬。材在四方。陽。揚也。畏者。畏其才。敬者。敬其德。材者。有用之通稱。在四方。去此邦也。此言待國士之宜重也。

無擅于人。塞匿勿行。惠戚咸服。孝悌乃明。戚。近也。言選賢在人。無自專擅。使賢士塞而不得通。隱而不得見。勿能行其言矣。加恩於近者。則遠者皆服。興賢莫近於鄉。習鄉尚齒。父事三老兄事五更孝弟乃宜明也。此言教士以成賢也。明立威恥亂使衆之道撫之以惠內姓無感外姓無讁感古憾字。讁咎也。言官法貴嚴故威宜立。官事當治。故亂可恥。官役有常故衆可使。此三者皆有當然之道。明以示之。而又慰勉之以恩。無論親疏。故同宗無有憾上者。異姓無有咎上者。此言勸士以勉官也。人知其罪上之明審教幼乃勤貧賤制口審詳究也。言在鄉者不孝弟。在官者失其道。則上罪之。人自知已罪。上之明白詳審如此。奈何違其教乎。於是教幼乃勤願孝弟也。貧賤自制悔失道也。此言紬惡以戒賢也。設九備乃無亂謀設立也。備戒備也。亂紊也。言既得賢。又立九者之戒。乃不紊其謀矣。九備。一忠正不荒美好。乃不作惡。四口說聲色憂樂盈匿。五碩信傷辯日費口口。六出觀好怪。內乃淫巧。

七□□謀躁。內乃荒異。八□□好威。民衆日逃。九富寵極足。是大極。內心其離。說。悅通。荒一同慌。○此言九備之事。美。美酒。好。好飾惡。沈酗也。文脫二三段無考。碩。大也。辯。利口也。費。損也。怪。奇技奇器也。荒。惚也。好威。喜飾尊嚴以懼衆也。富。貨之也。上極。甚也。下極。窮也。言盡已而忠。無邪而正。上不荒湛于酒。下不作沈酗之惡。戒酒則謀不亂也。若夫悅淫聲女色。不憂民之憂。而憂以隱匿。獨樂已之樂。而樂以滿盈矣。大信傷於利口。則日損其信矣。出遊好異物。則宮內之人。僞飾不如法矣。謀躁急。則朝內之人。乃恍惚而駭異之矣。好威以懼衆。則民衆多逃矣。此不戒之。謀必亂也。至若貨變寵而甚足。是大窮賢人也。則國內之賢。心其離矣欲與異謀得乎。此尤不可以不戒也。○湛音躭。酗音煦。九備既明。我貴保之。應協以動。遠邇同功。明者。知其理也。貴者。重之而不敢輕。保者。守之而不敢失。應。合也。協。和也。動。謂謀也。

言九備既明。我重守之。合賢人之和衷以謀之。謀和施諸遠近。皆有功績矣。此言既戒而得謀也。適用覆以觀之。上明仁義援貢有備。適用。合用也。覆。詳審也。援引也。貢。薦也。言謀和合用。詳審以視之。必仁義而後可。上明如此。下引賢而薦之。爲其有九備耳。此言得謀而愈戒也。聚財多口以援成功。克禁淫謀。衆匿乃雍。謀不得其中。謂之淫謀。匿。陰姦也。雍。和也。言聚財多。有養士之資。以之引賢。成謀國之功。能禁止其不中之謀。則衆姦不敢作而乃和矣。上言謀與戒相因。此言又當戒謀也。順得以動人以立行。輯佐之道。上必盡其志。然後得其謀。道。猶方也。言雍和則有得而無失矣。順其得以謀之。人以立謀而謀可行。凡和集輔助之方。上必戒九事。戒淫謀。盡其戒備之志。然後得其和協之謀也。無口其信。雖危不動口口以昭。其乃得人。危。傾危也。

動。轉移也。其乃。語辭。言既得謀。當信用之。雖衆姦傾之而不轉移。賢謀于以昭著。則得人也。此申言淫謀當戒也。上危而轉下乃不親。言上傾賢謀而轉移之。在下之賢。乃不親矣。極言之。以見淫謀之當戒。其反覆丁寧之意。至深切矣。王拜曰。允哉允哉。敬行天道。言九者之當戒。淫謀之當戒。信有之哉。吾當深信之哉。信則敬而行之。上無九失。下無淫謀。此無私之天道也。

周書解義

仁和潘振芑田註　石門徐珩湘渚訂

卷六

周月解第五十一　周月者。周正朔之月也。得賢所以爲政。而改朔乃政之首務也。故次之以周月。

惟一月。既南至。昏昴畢見。日短極。基踐長。微陽動于黄泉。陰降慘于萬物。一月。周正月也。南至者。自秋分日行南陸。冬至日南極也。昴。白虎中星。畢。星狀如掩兎畢。昏見南方中也。日短。四十刻也。基。始也。踐。行也。陰慘降落。而萬物將舒也。此節專言冬至。是月斗柄建子。始昏北指。陽氣虧。草木萌蕩。建者。柄所豎也。北指。指大火辰。虧。氣損也。萌。蕩。芽始動也。此節專言斗柄。日月俱起于牽牛之初。右回而行。月周天。進一次而與日合宿。日行月一次而周天。歷舍于十有二辰。終則復始。是謂日月權輿。周正歲首。數起于時一。而成于十。次一爲首。其義則然。牽牛。星紀也。進。前進也。星之躔舍爲次。宿。宿也。言星各止住其所也。舍。次舍。權輿見文酌。

數始於一。終於十。次一之一。謂一陽也。言一陽之月。日月俱起于星紀右旋而行。月麗天而比日尤遲。一日常不及天十三度十九分度之七。積二十七日月行一周天。又二日彊半。進一次而與日合宿。彊半者。九百四十分爲一日。四百七十分爲半也。日麗天而少遲。天體至圓。周圍三百六十五度四分度之一。繞地左旋。常一日一周而過一度。日行一日。亦繞地一周。而在天爲不及一度。積三百六十五日九百四十分之二百三十五。而與天會。每月行一次而周天。在天爲次。在地爲辰。是經歷次舍于十二時矣。析木爲終。則星紀復始。牽牛之初。是謂日月運行之始。周正歲首。數起于是。因始而成終。次敘一陽以爲歲首其取義如此。此節專言日月。

凡四時成歲。歲有春夏秋冬。各有孟仲季。以名十有二月。中氣以著時應。春三月中氣驚蟄春分清明。夏三月中氣。小滿夏至大暑。秋三月中氣處暑秋分霜降冬三月中氣小雪冬至大寒閏無中氣斗指兩辰之閒萬物春生夏長秋收冬藏天地之正四時之極不易之道夏數得天百王所同中當也言當其氣候也如立春爲正月節驚蟄爲正月中氣餘倣此時應天時合節也古法立春之後先驚蟄而後雨水春分之後先穀雨而後清明驚蟄者蟄蟲驚而走出春分者日夜分清明者物生清淨明潔小滿者物長於此小得盈滿也夏至者日短至大暑者大熱也處暑者暑既將退伏而潛處秋分者亦日夜分也霜降者霜下也小雪者以霜雨凝結而雪十月猶小也冬至者日長至大寒者對小寒而言月初寒爲小月半寒爲大也正以氣言極以德言道以理言得天得天時之善也此節專言夏正其在商湯用師于夏除民之災順天革命改正朔變服殊號一文一

質示不相沿以建丑之月爲正易民之視若天時大變亦一代之事除民災去虐政也正者年之始朔者月之初夏尚忠殷尚質以之相較則夏質而商文沿因也亦越我周王致伐于商改正異械以垂三統至於敬授民時巡狩祭享猶自夏焉是謂周月以紀于政越及也致會也械軍旅之器垂布也敬授者欽定而頒之也民時謂耕穫之候凡民事早晚之所關也祭祭地祇享人鬼不言祀天神可知自從也紀治理也

時訓解第五十二時四時古言可法者曰訓夏數得天時依古訓驗氣候察物異導君脩德也故次之以時訓

立春之日東風解凍又五日蟄蟲始振又五日魚上

冰。風不解凍。號令不行。蟄蟲不振。陰奸陽。魚不上冰。甲冑私藏。奸姦同。○此解正月節也。春。蠢也。產萬物者也。東風。條風。象號令也。五日爲候。二十四氣。有七十二候也。振。乘陽動也。魚有鱗甲。上冰者。魚陟負冰也。宣於人爲號。本諸律爲令。陰。謂小人。姦詐也。陽。謂君子。私。卿大夫也。上三句解時候。下六句解變異。時物之異。兆人事之變。人君當脩德以解免也。後放此。驚蟄之日。獺祭魚。又五日鴻鴈來。又五日草木萌動。獺不祭魚。國多盜賊。鴻鴈不來。遠人不服。草木不萌動。果蔬不熟。此解正月中氣也。獺。獸。西方白虎之屬。似狐而小。青黑色。膚如伏翼。取鯉於水裔。四方陳之。進而弗食。世謂之祭魚。不祭。則形似竊矣。鴻。鴈之大者。來。自南而北。象遠人也。竊賄爲盜。殺人爲賊。果。木實。不萌動於始。故不熟於終。雨水之日。桃始華。又五日倉庚鳴。又五日鷹化爲鳩。桃不始華。是謂陽否。倉庚不鳴。臣不□主。鷹不化鳩。寇戎數起。數音朔。此解二月節也。雨水者。雪散爲雨水也。桃能祛邪。陽木也。倉庚鸝黃。象爲君勸農桑也。鷹鷙鳥。象寇戎也。感氣而變成異質曰化。或反歸舊形。或不復本形。槪謂之化也。鳩布穀。生育氣盛。鷙鳥感之而變也。春分之日玄鳥至。又五日雷乃發聲。又五日始電。玄鳥不至。婦人不娠。雷不發聲。諸侯失民。不始電。君無威震。娠音申。震音眞。此解二月中氣也。玄鳥燕也。陰陽薄動而成雷。發聲者。四陽之月。雷在天上。大壯也。電是陽光。陽微則光不見。此月陽氣漸盛。以擊於陰。其光乃見。故曰始電。娠孕也。震怒也。雷電君象。穀雨之日。桐始華。又五日田鼠化爲鴽。又五日虹始見。桐不華。

歲有大寒。田鼠不化鴽。國多貪殘。虹不見。婦人苞亂。苞通包。此解三月節也。穀雨者。雨以生百穀也。桐。榮木。知歲正閏。生於朝陽。此時葉始華美也。田鼠。鼸鼠。頰裏藏食。貪殘者也。鴽。鶉也。十二支神。子水位。鼠屬水。午伏。乃鶉火之次。三月大辰候。當出火。故田鼠至建辰月化鴽。九月當納火而鴽於建酉月爲鼠者。八月辰巳伏也。子午陰陽之極。神交爲變化如此。虹。天地訌潰之氣。陽至辰則過中。故陰干之而見。苞。包藏淫亂也。○鼸下忝切

清明之日。萍始生。又五日鳴鳩拂其羽。又五日戴勝降于桑。萍不生。陰氣憤盈。鳴鳩不拂其羽。國不治兵。戴勝不降于桑。政教不中。此解三月中氣也。萍。柳絮入水所化者。其大者曰蘋。陰氣從陽浮也。鳴鳩。似山雀而小。青黑色。短尾多聲。飛而翼拍身。象兵衛身也。戴勝。織紝之鳥。一名戴鵀。即頭上勝。曹風謂之鳲鳩。

飼子均平象政教也憤盈鬱積而怒滿也中當作平

立夏之日螻蟈鳴又五日蚯蚓出又五日王瓜生螻蟈不鳴水潦淫漫蚯蚓不出嬖奪后王瓜不生困於百姓此解四月節也夏假也寬假萬物使生長也螻蟈蝦蟇陰而伏者乘陽而鳴蚯蚓土龍其螻如北其行引而後申陰而屈者乘陽而出王瓜瓠瓤實如瓟瓜正赤味苦感火色而生潦道上無源之水淫漫水多貌言夏令火王螻蟈不鳴兆水勝火也蚯蚓乘陽不出者兆陰專寵於內也瓜瓞象民生不生故爲困窮之兆。○螻音簍瓠音鉤瓤郎豆切瓟音雹

小滿之日苦菜秀又五日靡草死又五日小暑至苦菜不秀賢人潛伏靡草不死國縱盜賊小暑不至是謂陰慝此解四月中氣也苦菜荼也象賢人苦節也不榮而實曰秀感火之味而成靡草草之枝

葉靡細者陰類陽盛則死小暑小小有暑一陰將來也潛伏藏隱也縱肆行也盜賊陰險人也陰慝謂小人匿惡也芒種之日螳螂生又五日鵙始鳴又五日反舌無聲螳螂不生是謂陰息鵙不始鳴令姦壅偪反舌有聲佞人在側此解五月節也芒種者有芒之穀可稼種也螳螂螵蛸母陰類感微陰而生鵙博勞司至者也陰類感微陰而鳴反舌者能辯反其舌效百鳥之鳴謂之百舌以陽歟而作故春始鳴以陰收而止故鳴而無聲息塞滿也阻令不行曰壅撟令迫人曰偪言螳螂陰類不生者小人塞滿之兆伯趙司至象邦令也從中有姦詐者阻令撟令其事於鵙不鳴兆之反舌之變易佞人之譸張也有聲者在側之兆螵蛸音飄消譸音輈夏至之日鹿角解又五日蜩始鳴又五日半夏生鹿角不解兵革不息蜩不鳴貴臣放

逸。半夏不生，民多厲疾。解音蟹。逸佚通。○此解五月中氣也。鹿，陽獸，有角，象兵甲。感陰生而角解。蜩，蟬也。兩翼象長在腹下，以脅鳴。蜋蜩者，五彩具。螗蜩者，蝘。感陰生而始鳴，清高象貴臣。半夏，葉三三相偶，白花圓上，根辛平，有毒，感陽盛故生，藥可以治惡疾者也。逸，遺佚也。厲，惡也。

小暑之日，溫風至。又五日，蟋蟀居辟。又五日，鷹乃學習。溫風不至，國無寬教。蟋蟀不居辟，急迫之暴。鷹不學習，不備戎盜。此解六月節也。小暑者，對大暑而言。月初為小，月半為大也。溫，厚之風。景風也。象教之寬。景風至以夏至而言，於季夏者，陽饒之意也。至，到也。蟋蟀，似蝗而小，正黑，有光澤如漆，有角翅。一名青蛚。辟當作壁，牆也。季夏羽翼稍成，未能遠飛，宜居壁之穴，不急迫也。學習者，化鳩之鷹感陰氣，學數飛以攫搏，象預戒也。暴，暴殄。

大暑之日，腐草化為螢。又五日，土潤溽

暑，又五日大雨時行。腐草不化爲螢，穀實鮮落。土潤不溽暑，物不應罰。大雨不時行，國無恩澤。此解六月中氣也。螢一名即炤。一名夜光。一名熠燿。腐草得濕暑之氣，故化螢。土氣潤而爲濕暑，大雨亦時行。六月建未，未位井，井生水故也。鮮落，鮮潔而墮落也。言得濕暑之氣，穀實茂密而牢固，腐草不化螢，故知其鮮落也。物當罰則罰之，惟秋爲然。土潤不溽暑，是行秋令所致，故知不當罰也。君之恩澤猶大雨，不時行，故知其無也。

立秋之日涼風至，又五日白露降，又五日寒蟬鳴。涼風不至，國無嚴政。白露不降，民多邪病。寒蟬不鳴，人皆力爭。此解七月節也。秋，愁也。涼者，寒之漸，西南風也，象嚴政。露者霜之始，秋露殺，故言白，祛邪熱也。寒蟬，蜺也。啞蟬得秋而鳴，在人得金而樂，否則爭也。愁音揫。

處暑之日鷹乃祭

鳥。又五日天地始肅。又五日禾乃登。鷹不祭鳥。師旅無功。天地不肅。君臣乃□。農不登穀。暖氣爲災。此解七月中氣也。鷹欲食鳥之時。先殺鳥而不食。似人將食而祭先代爲食之人也。其行戮象師旅。肅。嚴急也。禾。嘉穀也。指稷。脫文疑是訌。亂也。暖氣。春氣也。孟秋行春令。陽氣復還。五穀無實。災當作凶。

白露之日。鴻鴈來。又五日玄鳥歸。又五日羣鳥養羞。鴻鴈不來。遠人背畔。玄鳥不歸。室家離散。羣鳥不養羞。下臣驕慢。背。蒲昧切。○此解八月節也。白露者。陰氣漸重露濃色白也。鴈從北漠來。南過周雒。到彭蠡也。歸。去蟄也。凡鳥隨陰陽者。不以中國爲居。羞。謂所美之食。養羞者。藏之以備冬月之養也。反面曰背。離去曰畔。驕者矜高。慢者放肆。羣鳥象下臣。失含藏之義。故兆驕慢也。

秋分之日。雷始收

聲。又五日蟄蟲培戶。又五日水始涸。雷不始收聲。諸侯淫佚。蟄蟲不培戶。民靡有賴。水不始涸。甲蟲爲害。此解八月中氣也。雷震百里。當收則收。有節也。培。益其蟄穴之戶。使通明處稍小。至寒甚。乃墐塞之。有藉賴以存身也。涸。竭也。八月宿直昴畢。雨氣未止。九月初。辰角見而雨畢。九月末。天根見而水涸。肇端於八月也。淫。樂之過也。佚。疑當作泆。奢之甚也。水不始涸是水泉滋發。類仲冬矣。介蟲水族屬冬。故爲害也。

寒露之日。鴻鴈來賓。又五日爵入大水化爲蛤。又五日菊有黃華。鴻鴈不來。小民不服。爵不入大水。失時之極。菊無黃華。土不稼穡。此解九月節也。寒露者。露氣寒。將欲凝結也。鴈以仲秋先至者爲主。季秋後至者爲賓。爵。雀也。大水。海也。見國語。蛤。蚌也。小於蜃。陰陽變化。得其時矣。菊。治蘠也。萬物皆華於陽。獨菊華於陰。故特言有。秋令在金。金有五色。而黃爲貴。故菊色不一。以黃爲正。土色也。霜降之日。豺乃祭獸。又五日草木黃落。又五日蟄蟲咸俯。豺不祭獸。爪牙不良。草木不黃落。是爲愆陽。蟄蟲不咸俯。民多流亡。此解九月中氣也。豺。狼屬。狗聲。有爪牙者也。祭獸者。祭之於天也。俯。垂頭也。前月但藏而培戶。至此月既寒。故垂頭向下。以隨陽氣。蒙安身也。爪牙。喻軍士。愆。過也。不黃落。則冬暖矣。此爲愆陽也。流。流離。亡。逃亡。立冬之日。水始冰。又五日地始凍。又五日雉入大水爲蜃。水不冰。是謂陰負。地不始凍。咎徵之咎。雉不入大水。國多淫婦。蜃。音腎。此解十月節也。冬。藏也。孟冬。重陰之始。故冰凍皆於此始。雉有十四種。見爾雅。大水。淮也。見晉語。蜃。大蛤也。雉。火屬。蜃。水屬。陽不勝陰。而並與還焉。故化。飛物化潛物。與爵同。皆不復本形者。惟鷹與田鼠能復之。負。失也。陰失其道。古語謂之陰負。咎徵。災証也。咎。愆也。大傳厥罰有六。此咎徵。謂恆暘也。厥咎有六。此謂僭也。雉屬離。離爲中女。入水。則水上火下。既濟而定也。未嫁爲女。已嫁爲婦。婦人不定。則淫矣。故國多淫婦。

小雪之日。虹藏不見。又五日天氣上騰。地氣下降。又五日閉塞而成冬。虹不藏。婦不專一。天氣不上騰。地氣不下降。君臣相嫉。不閉塞而成冬。母后淫佚。此解十月中氣也。虹。陰陽之交氣。陰壯則不見。專一之理也。十月地氣六陰俱升。天氣六陽並謝。陽氣上歸於天。故曰上騰。陰氣下連於地。故曰下降。天地定位也。閉塞成冬。象后正位乎北也。志不紛曰專。心不二曰一。相嫉。交惡也。母儀天下曰母后。

大雪之日。鶡鳥不鳴。又五日虎始交。又五日荔挺生。鳴鳥猶鳴。國有訛言。虎不始交。將帥不和。荔挺不生。卿士專權。此解十一月節也。大雪對小雪而言。十一月始大也。鳴鳥陰類。夜鳴求旦。感微陽而不鳴。交猶合也。虎陰物而交。亦感陽生也。荔挺。香草也。言鳴鳥得所求而不鳴。在民得所求而無僞言也。猶鳴者。訛言之兆。虎象將帥。不交者。不和之兆。荔挺從陽而生。象卿士從君也。不生者。專權之兆。

冬至之日。蚯蚓結。又五日。麋角解。又五日。水泉動。蚯蚓不結。君政不行。麋角不解。兵甲不藏。水泉不動。陰不承陽。此解十一月中氣也。蚯蚓在穴。屈首下向陽氣。氣動則宛而上首。故結而屈。陽動。象政行也。麋是澤獸。冬至得陽氣而解角。解則藏矣。水者。天一之陽所生。陽生而動。枯涸者漸滋發也。不動。是陰不順陽而反畜之也。○畜音觸

小寒之日。鴈北向。又五日。鵲始

巢。又五日雉始鴝。鴈不北向。民不懷主。鵲不始巢。國不寧。雉不始雊。國大水。鴝音冓。此解十二月節也。鴈在彭澤。是月北向。將歸北漠。象懷主也。鵲。大如鴉。而長尾。尖觜。黑爪。綠背。白腹。陽鳥隨陽而動。故始巢。象有寧宇也。雉屬火。感於陽而鳴。火爲水剋者也。大寒之日雞始乳。又五日鷙鳥厲疾。又五日水澤腹堅。雞不始乳。淫女亂男。鷙鳥不厲。國不除兵。水澤不腹堅。言乃不從。此解十二月中氣也。雞知時畜也。乳。卵也。雞屬木。麗於陽而有形。鷙鳥。鷹隼之屬。時殺氣盛極。故其取鳥猛厲而迅疾也。水澤。水之在澤中者。腹。猶內也。水之初凝。惟水面而已。至此則徹上下皆凝。故云腹堅。言男女構精。致一則乳。亂則否。雞不乳者。淫女亂男之兆。鷙鳥嚴厲。象國修兵也。不厲者。不修兵之徵。兌爲澤爲口舌。順時腹堅。順理爲從。澤不腹堅者。言不順理之微也。

月令解第五十三 呂氏十二紀首盧氏抱經補。月令者。十二月所行之令也。時訓勉君德。此行王政。故次之以月令。

孟春之月。日在營室。昏參中。旦尾中。孟長也。孟春。夏正斗柄建寅之月也。營室。北方火宿。二星。上有離宮六星。此星昏而正中。可以營建宮室。營室在亥。娵訾之次。月建寅而日在亥。寅與亥合也。參。西方水宿。七星。三心。二肩。二足。乃虎之身。其前有觜觽。卽虎之口。尾。東方火宿。九星如鉤。乃蒼龍之尾。每方七宿。以七政。木金土日月火水爲序。中。南方中也。其日甲乙。日行青道。發生萬物。月爲之佐。萬物皆解孚甲。抽軋而出。因以以爲日名焉。乙不爲月名者。君統臣功也。○軋乙點切

其帝太皞。其神句芒。句音溝。○東方元氣盛大。木帝也。人帝伏羲配之。木生句

屈芒角木神也人官少皥氏之子重配之其蟲鱗其音角律中太蔟其數八其味酸其臭羶其祀戶祭先脾東方七宿有龍之象故鱗屬木雜比曰音角觸也觸地而出戴芒角也三分羽益一生角數六十四清濁中民象也律者候氣之管竹不可久以銅爲之中猶應也太蔟者陽氣大湊地而出也林鍾之所生三分益一寅律長八寸陰陽之氣距地面各有淺深故律之長短如其數律管入地以葭灰實其端其月氣至則灰飛而管通是氣之應也天三生木地八成之曲直作酸故味酸物以木化故臭羶春陽氣出祀之於戶內陽也陽主生故內之祭先脾者木克土也凡祭五祀於廟用特牲有主有尸皆先設席於奧祀戶之禮南面設主於戶內之西北向乃制脾及腎爲組奠於主北又設盛於組西祭黍稷祭肉祭醴皆三祭肉脾一腎再旣祭徹之更陳鼎俎設饌於筵前迎尸略如祭宗廟之儀振意廟之奧有主後寢之奧藏衣冠不可設神席也蓋廟有東西門堂是

謂兩塾。塾皆有室有戶有牖。室中有奧。奧爲牖下。五祀之祭。大抵在西門堂與。一說。周祭五祀於宮。甚當

東風解凍。蟄蟲始振。魚上冰。獺祭魚。候鴈北。此解寅月之候說見時訓。鴈隨陽。知時候。故曰候鴈。**天子居青陽左个。**居處也。暫時爾。青陽等。說見明堂。四面旁室。謂之个。朱子曰。論明堂之制者非一。竊意當有九室。如井田之制。東之中爲青陽太廟。東之南爲青陽右个。東之北爲青陽左个。南之中爲明堂太廟。南之東。卽東之南。爲明堂左个。南之西。卽西之南爲明堂右个。西之中爲總章太廟。西之南。卽南之西。爲總章左个。西之北。卽北之西。爲總章右个。北之中爲玄堂太廟。北之東。卽東之北。爲玄堂右个。北之西。卽西之北。爲玄堂左个。中爲太廟太室。凡四方之太廟異方所。其左右个。則青陽左个。卽玄堂之右个。青陽右个。卽明堂之左个。明堂右个。卽總章之左个。總章右个。乃玄堂之左个也。但隨其時之方位開門耳。太廟太室。則每季十八日。天子居焉。古人制

事。多用井田遺意。此恐然也。振意明堂在國之南。總言之。則曰明堂。分言之。則四隅爲个。四正爲太廟。有青陽明堂總章玄堂之名。中央爲太廟太室。蓋謂爲四正太廟之太室也。閉其西南北之戶。則爲青陽太廟之太室。開青陽太廟。則向東之左右个亦閉。孟春玄冕聽朔於太室。居青陽左个。乃歸。月祭七廟。二祧不與。旋即更皮弁服。視朝路門外。若大裘而冕。迎春於東郊。還於明堂。亦居青陽左个。然後歸而視朝也。仲春聽朔於太室。居青陽太廟。季春聽朔於太室。居青陽右个。仲季兩月。有聽朔。無迎氣。聽朔之後。皆月祭視朝也。夏秋冬各開其三戶。聽朔迎氣亦然。

乘鸞輅。駕蒼龍。載青旂。衣青衣。服青玉。食麥與羊。其器疏以達。

此聽朔之車馬衣服食器也。迎氣同。鸞輅。輅有鸞鈴。有虞氏之車。夏秋冬。皆鸞輅也。春輅青。馬八尺以上爲龍。青旂。交龍旂也。天子玄冕聽朔。祭服玄衣纁裳。迎氣祀五帝。祭服亦玄衣纁裳。青衣非祭服。乃中衣也。其制與深衣同。周禮弁師。五冕皆五采繅十有二就皆五采玉十有二惟玉笄玉瑱不言色天子聽朔糸冕三旒迎氣祀五帝皆用大裘之冕無旒無無瑱青玉指冕之玉笄玉瑱其無瑱者專指玉笄而言至於佩玉天子佩白玉而糸組綬無異色也麥實有孚甲屬木羊火畜時尚寒食之以勝寒氣所以安性也其器所以盛麥與羊者籩豆鼎俎之屬春物將貫土而出故器之刻鏤者使文理麤疏直而通達也舊說凡此車馬衣服取於殷時非周制也振謂五輅即周禮之金路象路大路革路木路也五旂即周禮之大旂大赤太常大白大麾也古人衣服必中外之色相稱先以明衣親身次加中衣冬則次加袍繭次加裘裘上加裼衣次加祭服天子聽朔於明堂中衣用青與袍繭之外麤裘裼素衣以稱之上加糸衣裳之祭服夏則中衣之外不加袍繭而加葛裼衣祭服同春秋二時大抵以明衣親身中衣外加袷褶裼衣祭服同迎氣則大裘而冕大裘黑羔裘裼緇衣以稱之祭服同至於不服大裘之時裼衣祭服仍不異其冕則聽朔用糸冕三旒旒玉皆五采或玉笄

玉瑱。可專用時色與。迎氣祀五帝。寒時則大裘而冕
無旒無瑱。其玉笄可順時與。時若不服大裘。仍用大
裘之冕也。天子聽朔。朝食而往。麥羊疏達。其朝食之
食器乎。還反。舉月祭。釋祭服。服皮弁。視朝路門外。退
適路寢。日中舉饌。奏而食。日少牢。朔月太牢。以麥羊
爲食之主也。迎氣則不月祭。後放此。○祫褶音夾牒

是月也。以立春。先立春三日。太史謁之天子曰。某日
立春。盛德在木。天子乃齊。立春之日。天子親率三公
九卿諸侯大夫。以迎春於東郊。還乃賞公卿諸侯大
夫於朝。還音旋。○凡言是月。謂是月節氣。不謂日也。謁。白也。散齊二日。致齊一日。迎春者。迎青帝配以太皡。從以句芒。東郊去邑八里。因木數也。朝在寢門外。命相布德和令。行慶
施惠下及兆民。慶賜遂行。無有不當。相。謂三公。德善敎。令。時禁。慶。休

其善也。惠恤其不足也。遂達也。通達施行厚薄多寡得其宜也。迺命太史守典奉法。司天日月星辰之行宿離不忒無失經紀以初爲常。典。六典。法。八法。天左旋。日月五星右行。辰有二十八星。循天左行。一日一夜一周天。一周天之外更行一度。計一年三百六十五周天四分度之一。宿。謂守其次。離。謂去其次。占候躔次。不可差貸。經紀者。天文進退遲速之度數。初者。推步之舊法。以此爲占候之常也。

是月也天子乃以元日祈穀于上帝。乃擇元辰。天子親載耒耜措之參于保介之御閒。率三公九卿諸侯大夫躬耕帝籍田。天子三推。三公五推。卿諸侯大夫九推。反執爵于太寢。三公九卿諸侯大夫皆御。命曰勞酒。元日。善日。謂上辛也。郊祭有四。圜丘於冬至。祈穀於孟春。大雩於龍見。皆於南郊。配以后稷。尊尊也。明堂於季秋。配以文王。親親也。正月亥爲天倉。元辰。亥日也。耒耜上曲也。耜者耒頭金。措置也。參于應作于參。保介。農官之副。以祈穀得參車右與御。齊僕也。天子在左。御者居中。車右在右。帝藉田。爲上帝借民力所治之田也。九推之後。甸師徒三百人終之。執爵。天子宴飲也。太寢。路寢也。御。侍也。命勞羣臣以酒。士賤不與耕。故燕不與。飲酒有坐。燕之禮。但一節而已。

是月也。天氣下降。地氣上騰。天地和同。草木繁動。此言可耕之候。王布農事。命田舍東郊。皆脩封疆。審端經術。善相丘陵阪險原隰。土地所宜。五穀所殖。以教道民。必躬親之。田事既飭。先定準直。農乃不惑。田。田畯也。周禮六遂中。鄰里鄙酇縣遂之長。通稱爲田畯。蓋農田之俊也。封疆。田首之封境界域。經術。當作徑遂。遂。小溝也。深二尺。廣二尺。徑容牛馬。高曰丘。平而可陵曰陵。陂而不平曰阪。水所行曰險。教之使能其事。道之使達其理。準。謂各適其平。直。謂各得其正。田事既脩。既端既相而整飭矣。封疆徑遂宜殖之準直先定。農乃因教道而不惑。可以一於耕也。是月也。命樂正入學習舞。樂正。樂官之長。習羽舞。爲仲春將釋菜。乃脩祭典。重祭禮。歲始省録也。命祀山林川澤。犧牲無用牝。色純曰犧。將用曰牲。其祀既卑。餘月皆用牝。惟此月不用者。爲傷妊生之類也。○妊如林切禁止伐木。以盛德在木也。無覆巢。無殺孩蟲胎夭飛鳥。無麛無卵。夭。方生者。麛。獸子之通稱。禁之。爲傷萌幼之類也。無聚大衆。無置城郭。爲妨農之始也。揜骼霾髊。霾音埋髊齒同音漬。○骨枯曰骼。肉腐曰髊。覆藏之。順布德而尚仁恩也。是月也。不可以稱兵。稱兵必有天殃。兵戎不起。

不可以從我始。為逆生氣也。為客不利。主人則可。無變天之道。無絕地之理。無亂人之紀。此三句總結上文也。天道。即上文春氣時令之類。當奉若而不違。地理。即上文農田土地之類。當經理而無失。人紀。即上文禮樂賞賜之類。當循行而無悖。孟春行夏令。則風雨不時。草木旱槁。國乃有恐。行秋令。則民大疫。疾風暴雨數至。藜莠蓬蒿竝興。行冬令。則水潦為敗。霜雪大摯。首種不入。此論失政致災之事。當此月之中。行彼三時之令。則變天道。絕地理。亂人紀矣。故三者之災。以類應焉。行夏令。則巳氣乘之。孟春宿直箕。星好風。而行夏令。寅氣不足。則風少。純陽來乘。則雨少。故不得應時也。木德用事。而行火令。故草木旱槁也。國乃有恐者。巳火來乘寅。寅為天漢之津。畏水不來。但訛言道火。相恐動也。行秋令。則申氣乘之。七月建申。殺氣乘寅故大疫也。箕屬木好風。畢屬金好雨。申金來逆寅木。風被逆。故爲疾風。寅木往破申金。雨被逆。故爲暴雨。相感不已。故數至也。藜草似蓬。莖葉似王芻。可爲杖。莠草似稷而無實。蓬。草之不理者。蒿。蘩之醜菈興者。生氣亂。惡物茂也。行冬令。則亥氣乘之。春爲陽。冬爲陰。陰乘陽。亥水氣淫。故水潦也。摯傷折也。百穀稷先種。故曰首種。冬陰勝春陽。故霜雪大摯。春寒傷稷種。故不收也。疏曰。孟月失令。則三時孟月之氣乘之。仲月失令。則仲月之氣乘之。季月失令。則季月之氣乘之。所以然者。以同爲孟仲季。氣情相通。如其不和。則迭相乘之。

仲春之月。日在奎。昬弧中。旦建星中。仲。中也。仲春建卯。奎西方木宿。十六星。如破鞋。奎宿在戌。降婁之次。卯與戌合也。餘月昬旦中星。皆舉二十八宿。此云弧與建星者。弧矢九星。形如弓矢。近井。建六星。如舟。近斗。井斗度多。星體廣。不可的指。故舉弧建。以定昬旦之中。

其日甲乙。其帝太皥。其神句芒。其蟲鱗。其音角。律中夾鍾。其數八。其味酸。其臭羶。其祀戶。祭先脾。夾助也。鍾種也。言陰夾助太蔟。宣四方之氣。而出種物也。夷則所生。三分益一。卯律長七寸四分三釐七毫三絲。始雨水。桃李華。蒼庚鳴。鷹化爲鳩。此解卯月之候。說見時訓。周以驚蟄爲正月中。雨水爲二月節。漢初猶如此。後人事稍變。故雨水爲正月中。驚蟄爲二月節。由氣有參差故也。李性難老。亦陽木也。故與桃並華於二月。記作桃始華。天子居青陽太廟。乘鸞輅。駕蒼龍。載青旂。衣青衣。服青玉。食麥與羊。其器疏以達。青陽太廟。東堂當太室。謂之太廟者。以其常饗帝於此也。是月也。安萌牙。養幼少。存諸孤。皆助生氣也。草木始茁爲萌。浸長爲牙。弗摧折之。人始生爲幼。未壯爲少。則衣食之。諸孤。尤幼少中之宜恤者。則存問之。擇元日。命民社。郊特牲言祭社用甲日。召誥社用戊日。社。后土也。使民祀焉。神其農業也。祭社而稷必從之。其社則置社也。竊意建國之制。左廟右社。天子大社。在庫門內之西。白虎通大社惟松是也。王社在籍田。籍田四郊皆有之。合千畝之數。白虎通東社惟柏。南社惟梓。西社惟栗。北社惟槐。是也。諸侯國社。亦在庫門內之西。侯社亦在籍田。大夫以下。有廟無社。觀郊特牲家主中霤可知矣。其成羣立社曰置社者。州社里社皆是也。州長里宰主之。民得與焉。郊特牲唯社北乘供粢盛。推而至於大都小都家邑三等采地。皆有社。周禮地官封人令社稷之職。皆非王命不敢祭也。命有司省囹圄。去桎梏。無肆掠。止獄訟。○省生上聲。皆順陽寬也。有司。司寇也。省。減也。囹圄。獄名。言領錄囚徒禁禦也。桎在足。梏在手。械也。死刑陳尸曰肆。捶治曰掠。止。謂諭使息爭也。獄。謂相告以罪名者。訟。謂以財貨相告者。是月也。玄鳥至。至之日。以太牢祀于高禖。天子親往。后妃率九嬪御。乃禮天子所御帶以弓韣授以弓矢于高禖之前。至之日。謂春分也。牛羊豕皆備曰太牢。祭天特牲。用太牢者。因有配祭之人也。古以伏羲爲先禖。以其制儷皮嫁娶之禮也。媒氏祓除之祀。位在南郊。禋祀上帝。配以先禖。是謂郊禖。後因簡狄從高辛祈于郊禖而生契。後王以爲媒官嘉祥。立帝嚳祠。是謂高禖。而先禖伏羲之祀廢。九嬪。六宮之女官。御。從往侍祠也。禮天子所御者。祭畢而祝官酌酒。以飲其先所御幸而有娠者。顯之以神賜也。韣。弓衣也。弓矢者。男子之事也。高禖之前。禖下也。禮之禖下。其子必得天材。

是月也。日夜分。雷乃發聲。始電。蟄蟲咸動。啓戶始出。先雷三日。奮鐸以令于兆民曰。雷且發聲。有不戒其容止者。生子不備。必有凶災。震氣爲雷。激氣爲電。春分後六日。其候曰雷乃發聲。先雷三日。春分後四日與。容止。猶言動靜。不戒容止。謂房室之事。褻瀆天威。生子不備。謂形體有損缺。凶災。謂父母。日夜分。則同度量。鈞衡石。角斗桶。正權槩。因晝夜等。而平所當平也。度。五度。分寸尺丈引也。量。五量。龠合升斗斛也。稱上曰衡。百二十斤曰石。斗容十升。桶當作甬。斛也。容十斗。權。五權。銖兩斤鈞石也。槩。所以平斗斛者。同則齊其長短小大之制。鈞則平其輕重之差。角。則較其同異。正則矯其欹枉。是月也。耕者少舍。乃脩闔扇。寢廟必備。無作大事。以妨農功。少舍。暫息也。門戶用木曰闔。用竹葦曰扇。兼城郭宮室諸門。凡廟。前曰廟。後曰寢。是月也。無竭川澤。無漉陂池。無焚山林。竭漉。皆盡取之謂。火弊獻禽。因而焚萊除草。蒐時爲然。常時則否。三者逆生氣爲甚。故禁之。天子乃獻羔開冰。先薦寢廟。獻羔祭司寒。玄冥水神也。羔。小羊。非重祭。不用牛。天神不可過卑。故不用特豚也。寢廟。七廟也。以人道事之則有寢。

以神道事之。則有廟。先薦者。不敢以人之餘奉神也。上丁。命樂正入舞舍采。天子乃率三公九卿諸侯大夫親往視之。中丁。又命樂正入學習樂。用丁者。爲文明故也。舍采當作釋菜。親往視之。順時達物也。習樂。習歌與八音。爲季春將合樂也。是月也。祀不用犧牲。用圭璧。更皮幣。祀。謂祈禱小祀也。時尚生育。故不用犧牲。但用圭璧。更皮、幣以代牲。若大祀則依常法。故高禖用太牢也。仲春行秋令。則其國大水。寒氣總至。寇戎來征。行冬令。則陽氣不勝。麥乃不熟。民多相掠。行夏令。則國乃大旱。煖氣早來。蟲螟爲害。行秋令。則酉氣乘之。八月宿值昴畢。畢好雨。故大水。水氣寒。故寒氣總至。金氣動。畢又爲邊兵。故寇害之兵。來伐其國也。行冬令。則子氣乘之。十一月爲大陰。故陽不勝。

麥。火穀。陽不勝。故不熟。民飢。故掠。行夏令。則午氣乘之。火氣勝。故旱煖。蝨螟。暑氣所生。爲災害。螟食心。夏德在火。而心屬焉。其害亦以類也。

季春之月。日在胃。昏七星中。旦牽牛中。季。少也。季春建辰。胃。西方土宿。三星鼎足。胃宿在酉。大梁之次。辰與酉合也。七星。星也。南方陽宿。七星如鉤。牛北方金宿。六星。二角。三腹一尾。河鼓三星。直建牛上。若牽之者。故曰牽牛。牛星稍細。牽牛明大。易見也。其日甲乙。其帝太皞。其神句芒。其蟲鱗。其音角。律中姑洗。其數八。其味酸。其臭羶。其祀戶。祭先脾。洗。蘇典切。○姑。故也。洗。新也。言陽氣養生。物皆去故就新也。南呂所生。三分益一。辰律長七寸一分。桐始華。田鼠化爲鴽。虹始見。萍始生。此解長月之候。說見時訓。天子居青陽右个。乘鸞輅。駕蒼龍。載青旂。衣青衣。服青玉。

食麥與羊。其器疏以達。青陽右个。東堂南偏。是月也。天子乃薦鞠衣于先帝。鞠衣。衣色黃如鞠塵。象桑葉始生之色也。先帝。黃帝也。祭在明堂。天子薦此衣于神座。以祈蠶事。黃帝之妃西陵氏始蠶。後世祀爲先蠶。后祀西陵於北郊。與命舟牧覆舟。五覆五反。乃告舟備具于天子焉。天子焉始乘舟。薦鮪于寢廟。乃爲麥祈實。舟牧。主乘舟之官。覆以視其表。反以視其裏。備。完備。具。苟具。告備具。見精粗無不至也。焉始之焉。猶於此也。鮪。似鱣而長。鼻口在頷下。體無鱗甲。大者爲王鮪。小者爲鮛鮪。必乘舟而後薦鮪。示親漁也。○鮛音叔是月也。生氣方盛。陽氣發泄句者畢出。萌者盡達。不可以內。內同納。○布於萬物曰生氣。原於造化曰陽氣。順生道之宜泄。不可吝嗇閉藏。下文布德行惠。皆其事也。天子布德行惠。命有司發倉窌賜貧窮振乏絕開府庫出幣帛周天下勉諸侯聘名士禮賢者窌音教此申明不內之事德惠如下文所云有司倉人太府行人之屬方者曰倉穿地曰窌無財曰貧無親曰窮振救也暫無曰乏不續曰絕府庫所以藏幣帛者幣金玉齒革泉布之總名帛繒也周天下言聘名士禮賢者之廣勉諸侯則又欲諸侯之致力焉名士人所共推賢則確見其實聘以問之禮以體之輕重之別也

是月也命司空曰時雨將降下水上騰循行國邑周視原野脩利隄防導達溝瀆開通道路無有障塞時雨或淫則趨下之水反騰上而為災故命以豫備之術也循行行之有序周視視之無遺隄以蓄水防以障水脩而利之使無害溝以通水瀆以受水導而達之使無壅道在澮上洫由以入澮路在川上澮由以入川開而通之使無阻內而國邑外而原野皆疏

通之。無有障顯以爲隱。塞虛以爲實。所以備潦也。而疏通之中。寓瀦蓄之法。備旱亦不外此矣。田獵罼弋罝罘羅網餧獸之藥。無出九門。田獵所用之物有七。小網長柄謂之罼。似畢星之形。用以掩兎也。弋。以生絲繫矢而射也。罝罘皆捕獸之罟。羅網皆捕鳥之罟。餧。啗之也。藥。毒藥也。無出九門。以其逆生道也。天子十二門。通十二子。南三門爲正門。平日此等之物。皆不得出。餘門則出。此月則皆禁之。。射音實

是月也。命野虞無伐桑柘。鳴鳩拂其羽。戴任降于桑。具挾曲蒙筐。后妃齊戒親東鄉躬桑。禁婦女無觀。省婦使。勸蠶事。蠶事既登。分繭稱絲效功。以共郊廟之服。無有敢墮。共供同。。野虞。主田及山林之官。禁止伐桑柘。愛蠶食也。鳴鳩飛且翼相擊。戴勝時在桑。言降者。若始自天來。重之也。此蠶將生之候也。挾當作機。

架之横木。禮記所謂植者。架之直木。有横有直。可加曲於上矣。曲。薄也。所以藉蠶。圓底曰籧。方底曰筐。皆受桑器。齊戒以神明其事。東鄉以迎時氣。其餘夫人等當養蠶者。無定面。后親采桑。以示帥先天下也。婦指外内命婦。謂世婦及卿大夫士之妻也。女。指女御及内外子女。甥之女。爲外子女。同姓女。爲内子女。周禮稱内宗外宗。未嫁者不與。禁止容觀之飾。省減縫線之事。使盡力於蠶事。蠶畢而旣成其數。分繭使之繅。稱絲使之織。效。呈也。以多寡爲功之上下。墮惰同。無有敢惰。勸戒也。○栚音朕 植音緻

是月也。命工師令百工。審五庫之量。金鐵。皮革筋。角齒。羽箭幹。脂膠丹漆。無或不良。百工咸理。監工日號。無悖於時。無或作爲淫巧。以蕩上心。工師司空之屬官。視諸物之善惡。皆有舊法。謂之量。一說。多寡之數也。金鐵一庫。皮革筋一庫。角齒一庫。羽箭幹一庫。脂膠丹漆一庫。百工皆治其造作

之事。工師監臨之。每日號令。以二事爲戒。一是造作器物。不得悖逆時序。如爲弓。必春液角。夏治筋。秋合三材。寒奠體之類。是也。二是不得爲淫過奇巧之器。以搖動君心。使生奢侈也。是月之末。擇吉日。大合樂。天子乃率三公九卿諸侯大夫。親往視之。末。下旬也。吉日。丁也。前既習舞習樂。此又大合之。則聲容皆備。歌舞相成。助陽達物。風化天下。不特國子民後已也。是月也。乃合纍牛騰馬。游牝于牧。犧牲駒犢。舉書其數。纍同累。纍負而上。騰躍而起。皆牡欲就牝之形。合而遊縱之。使牡者就牝者于芻牧之地。欲其孳生之蕃也。犧牲。體全而色純者。駒馬新生。犢牛新生。統所生息者而言。皆書其數者。一則明出時無他故。一則至秋當錄內。且以知生息之多少也。命國儺。九門磔禳。以畢春氣。此儺。儺陰氣也。日月比天爲陰。故云陰氣。月初至中。日從胃歷昴。大陵八星在胃北。主死喪。昴中有大陵積尸之氣。氣佚。則厲鬼隨之而行。故命方相氏帥百隸。索室驅疫以逐之。又磔牲以禳於四郊之神。所以畢止其災也。南三門爲王正門。不敢斥言之。故但言九門也。行之是令。而甘雨至三旬。是此也。令。春令。總孟仲季而言也。氣候不爽。甘雨閒至。約計之。則三十日也。雨甘則氣和可知。穀雨清明之候。來年將熟。而穀種盡發生矣。季春行冬令。則寒氣時發。草木皆肅。國有大恐。行夏令。則民多疾疫。時雨不降。山陵不收。行秋令。則天多沈陰。淫雨早降。兵革竝起。行冬令。則丑氣乘之。故寒氣早發。草木枝葉減縮而急栗。國以水訛相驚。冬氣來乘。水欲至。季春屬土。水不來也。行夏令。則未氣乘之。六月宿直鬼。鬼爲天尸。時又有暑。故多疫。火干木。故雨澤不降。山陵所殖不收。高者暵於熱也。行秋令。則戌氣乘之。金者水之母。故多沈陰。爲淫雨。又金爲兵。故兵竝起。一說。行冬令。爲丑土所應。夏令未土所應。秋令戌土所應也。孟夏之月。日在畢。昏翼中。旦婺女中。孟夏建巳。畢。西方陰宿。八星。狀如掩兎之畢。旁一星爲耳。白虎性猛。故以畢制之。畢宿在申。實沈之次。巳與申合也。翼。南方火宿。二十二星。或爲朱鳥之翼。婺女。北方土宿。四星如箕。唐月令。曉須女中。婺須。皆女賤者之稱。其日丙丁。日行赤道。長育萬物。月爲之佐。時萬物皆炳然著見而強大。炳。明於丙。大成於丁也。其帝炎帝。其神祝融。火性炎上。火帝也。人帝神農配之。祝融。明貌。火神也。人官顓頊氏之子黎配之。一說顓頊氏後老童之子吳回也。爲高辛火正。死爲火官。其蟲羽。其音徵。律中仲呂。其數七。其性禮。其事視。其味苦。其臭焦。其祀竈。祭先肺。徵音止。南方七宿。有鳥之象。故羽屬火。徵祉也。物盛大而繁祉也。三分宮音。去一以生徵。數五十四。徵清事象也。呂。拒也。仲呂者。陽氣將極。陰始自中拒難之也。無射之所生。三分益一。巳律長六寸五分八釐三毫四絲六忽。地二生火。天七成之。其性二句衍。炎上作苦。故味苦。物以火化。故臭焦。夏祭竈。火之養人者。祭先肺。火克金也。竈在廟門外之東。祀竈之禮。先席於門堂奧。東面設主於竈陘。乃制肺及心肝爲俎。奠於主西。又設盛於俎南。亦祭黍三。祭肺心肝各一。祭醴三。亦既祭徹之。更陳鼎俎。設饌於筵前。迎尸。如祀戶之禮。○陘音刑

螻蟈鳴。蚯蚓出。王瓜生。苦菜秀。此解巳月之候。說見時訓。**天子居明堂左个。乘朱輅。駕赤騮。載赤旂。衣赤衣。服赤玉。食菽與雞。其器高以觕。**觕粗同。○明堂左个。明堂之南。堂東偏也。朱輅。象路也。象路朱繁纓。騂馬黑尾曰騮。赤旂。鳥旟大赤也。菽實孚甲堅合。屬水。雞木畜。水剋火。木抑土。時熱。食之亦以安性也。高以觕者。用器高而觕。大象物之盛長也。三夏聽朔皆如此。迎氣同。○繁音盤

是月也。以立夏。先立夏

三日。太史謁之天子曰。某日立夏。盛德在火。天子乃齊。立夏之日。天子親率三公九卿大夫以迎夏於南郊。還。乃行賞封侯。慶賜無不欣說。不言諸侯者。或在或否。不可必同。故略之也。迎夏者。迎赤帝。配以炎帝。從以祝融。南郊去邑七里。因火數也。賞。謂有功德者有以顯揚之。所謂發爵賜服。順陽義也。封侯。謂加勞賜級。亦發爵之義。舊說賞以茅土。振謂開有之也。乃命樂師習合禮樂。禮樂不可一日廢。以時習合。非有所爲也。於此命之。亦以順陽義耳。一說。爲將飲酎。○酎音胄命司馬贊傑儁。遂賢良。舉長大。行爵出祿。必當其位。贊者。出也。引而升之之謂。才過萬人爲傑。千人爲儁。遂者。進也。使之得行其道也。賢良。以德言。舉。謂選而用之也。長大。以力言。助長氣也。爵必當有德之位。祿必當有功之位。使順義也。是月也。

繼長增高無有壞墮無起土功無發大衆無伐大樹壞音怪墮許規切。長者繼之。而使益長。高者增之而使益高。分壞是繼之分。墮是增之。象陽長養物也。起土功。發大衆。皆妨蠶農之事。故禁止之。伐樹則傷條達之氣。亦在所禁。此三句申足無有壞墮之義。所以順陽氣也。是月也天子始絺。孟夏暑之始也。故言始絺。命野虞出行田原勞農勸民無或失時。重敕之。野虞外官。故曰出。其位卑。故命之出行勤者勞之。惰者勸之。失時。謂失農時。命司徒循行縣鄙命農勉作無伏于都。急趨於農也。司徒內官。故曰循。其位尊。故命之循行縣鄙。遂地舉遂以包鄉也。勉其農作於田野之內。禁其匿藏於都邑之閒。皆恐其失農時也。○趨音促是月也驅獸無害五穀無大田獵夏獵曰苗。驅獸之害禾苗者耳。與三時之大獵不同。蓋不敢多殺以傷長氣也。農乃升麥。天子乃以彘嘗麥。先薦寢廟。升進也。彘水畜。麥始熟。故言嘗麥之新氣尤盛。以彘食之。水勝火。散其熱也。先薦寢廟。孝之至也。是月也。聚蓄百藥。靡草死。麥秋至。斷薄刑。決小罪。出輕繫。陽氣極。故藥草成。可采者多也。柔靡之草。至陰所生。故不勝至陽而死也。舊說薺葶藶之屬。凡物生於春。長於夏。成於秋。而麥獨成於夏。故言麥秋。是時天氣始炎。恐罪人之繫於圜土者。或以鬱蒸而生疾。故刑之薄者。即斷決之。罪之小者。即決遣之。繫之輕者。即縱出之。此恤刑之事。因時順氣。亦仁義所以繼長增高也。○薺在禮切

蠶事既畢。后妃獻繭。乃收繭稅。以桑爲均。貴賤少長如一。以給郊廟之祭服。獻繭於天子。以告成功。此夫人九嬪及世婦女御之繭也。乃收繭稅者。外命婦外宗內宗兄弟之妻。既就公桑養蠶。繭當悉輸於公。所以惟稅其繭。餘得自入者。使供造

其夫祭服以助王祭也。公桑在國北近郊。收以近郊什一之稅。以受桑多寡爲賦之均。桑多稅多。桑少稅少。所征者地守。而人功之至不至。不爲增損。此勸其勤而督其情之術也。貴謂公卿大夫之妻。賤謂士之妻。少長謂婦老少。如一謂皆什一也。

是月也。天子飲酎。用禮樂。酎醇也。謂重釀之酒也。春酒至此始成。與羣臣以禮樂飲之於朝。正尊卑也。孟冬云大飲蒸。此言用禮樂。互其文。釀汝亮切

行之是令。而甘雨至三旬。是令孟夏令也。甘雨亟至。三十日內。非日日雨也。立夏小滿甘雨足。則芒種不憂旱矣。亟去吏切

孟夏行秋令。則苦雨數來。五穀不滋。四鄙入保。行冬令。則草木早枯。後乃大水。敗其城郭。行春令。則蟲蝗爲敗。暴風來格。秀草不實。

行秋令。則申氣乘之。申屬金。故苦雨殺穀而不滋。四面邊鄙之邑。畏寇賊。入依小城。象秋氣之斂藏。保與

堡同。小城也。行冬令。則亥氣乘之。草木感肅殺之氣。故早枯。大水。冬之盛德所在。敗其內城外郭也。行春令。則寅氣乘之。寅有啓蟄之氣。行於初暑。則當蟄者大出矣。故蟲蝗敗穀。先言蟲。後言蝗。蟲類多。不止蝗也。木氣多風。故暴疾之風至。當秀之草。氣更生之。不得成也。

仲夏之月。日在東井。昏亢中。旦危中。仲夏建午。東井。一名天井。南方木宿八星。狀如井字。東井在未。鶉首之次。午與未合也。亢。東方金宿。四星。狀如彎弓。危。北方陰宿。三星。中曲而東。其日丙丁。其帝炎帝。其神祝融。其蟲羽。其音徵。律中蕤賓。其數七。其味苦。其臭焦。其祀竈。祭先肺。蕤。萎蕤。柔貌。陰氣萎蕤在下如主人。陽氣尊重在上如賓客也。應鍾所生。三分益一。午律長六寸二分八釐。小暑至。螳蜋生。鵙始鳴。反舌無聲。此解午月之候。說見時訓。天子居明堂太廟。乘朱輅。

駕赤騮載赤旂衣赤衣服赤玉食菽與雞其器高以
觕。明堂太廟。南堂當太室。養壯狡。壯謂容體盛大。狡當作佼謂形容佼好。以盛夏長養之時
故養壯佼之人。助長氣也。佼古卯切是月也命樂師脩鞀鞞鼓均琴
瑟管簫執干戚戈羽調竽笙壎篪飭鐘磬柷敔凡十九物
皆樂器也。鞀鞞鼓皆革音。有倕作鞀。小鼓持柄搖之。旁耳還自擊。鞀導也。以導樂作震之氣也。帝嚳作鞞。
裨助大鼓節也。伊耆土鼓。後世冒皮鼓。廓也。其中空廓。春分之音也。琴瑟皆絲音。伏羲作琴。禁也。禁止淫
邪。長三尺六寸六分。五絃。瑟。嗇也。懲忿窒欲。雅瑟長八尺一寸。廣一尺八寸。二十三絃。頌瑟長七尺二寸。
廣一尺八寸。二十五絃。管簫皆竹音。有虞氏作管長尺圍寸。併漆之。有底。如篪六孔物開地牙。十一月之
音也。簫二十四管。小者十六管。長尺四寸。肅肅而清夏至之音也。干盾也。戚斧也。戈鉤孑戟。三者武舞也。

羽。雉羽。文舞也。竽笙皆匏音。隨作竽。形參差象鳳翼。長四尺二寸。三十六簧。汙也。其中汙空。冬至所吹。女媧作笙。十三簧。大者十九簧。象物貫地生。正月之音也。壎。土音。暴辛公善壎。形似稱錘。銳上平底。六孔。大如鴈卵者曰雅塤。如雞卵者曰頌塤。陽氣熏蒸於黃泉。亦十一月之音。篪。竹音。蘇成公善篪。長尺四寸。圍三寸。一孔上出。寸三分。橫吹之。小者尺二寸。八孔。篪。嗁也。聲如嬰兒。亦春分之音也。鐘。金音。垂作鐘。鐘。空也。內空受氣多。磬。石音。無句作磬。聲堅罄罄然。柷。敔皆木音。有虞氏作柷。始也。如漆桶。方二尺四寸。深一尺八寸。中有椎柄連底撞之。令左右擊。所以鼓柷謂之止。敔。終也。如伏虎背有二十七鉏鋙刻。以木長尺櫟之。所以鼓敔謂之籈。脩者。理其弊。均者。平其聲。執者。操持習學。調者。調和音曲。飭者。整治之也。以將用盛樂雩祀。故謹備之。還音旋。汙雲俱切。句音衢。鉏牀呂切。命有司爲民祈祀山川百原。大雩帝。用盛樂。乃命百縣雩祭。祀百辟卿士有益於民者以祈穀實爲民祈者爲民禱雨也。山者川之源，川者海之源，泉源所出非一，故言百。山川百原能興雲雨，雨之本也，故先祀之。此爲將雩之漸。雩者，吁嗟求雨之祭。四月純陽用事，雖不旱亦雩。左傳龍見而雩，不在五月也。既祈祀之後，大雩昊天上帝於南郊之圜丘，配以后稷。用盛樂者，自鞀鞞至柷敔皆用也。百縣，畿內之邑也。古者句龍、后稷之類，封上公，故曰百辟。爲帝臣，故曰卿士。曾有功德於民也。以祈穀實，申祈雨之故也。天子禱九州山川，諸侯禱封內山川，大夫禱所食邑山川。凡雩必先禱，天子先禱後雩，百縣亦然。但舞雩而已，不用盛樂也。句音鉤。是月也，農乃登黍，天子以雛嘗黍，羞以含桃，先薦寢廟。黍以暑得名。雛，新雞也。木畜。黍，火穀，氣之主。以雛食之，木生火，所以養人之氣也。羞，進獻也。含桃，櫻桃也。此果先成，故特記之。其實諸果亦時薦。令民無刈藍以染。此月藍始可別，使稀散，無刈以染青，未成爲傷。

長氣也。無燒炭，無暴布。無燒炭，不伐薪也。草木未成，不欲夭物。是月炎氣盛猛，布暴則脃傷之。脃音毳。門閭無閉，關市無索。門，城門。閭，里門。民順陽氣布散於外，不必閉藏於内也。旦晚仍有開閭。關，要塞。市，人所聚。索者，搜索商旅匿稅之物。當時氣盛大之際，人君亦當體之，而行寬大之政也。挺重囚，益其食。挺者，拔出之義。重囚禁繫嚴密，故特加寬假，且加其養，無令瘐死獄中。順長氣也。瘐音庾。游牝別其羣，則縶騰駒，班馬正。季春游牝，妊孕已遂，故別其羣而不使之同處。拘縶騰躍之駒，毋使得近母馬，防踶齧以傷妊也。馬二歲曰駒，言駒不言犢，牛性順，無事乎縶也。正當作政。馬政，若周官趣馬簡其節，巫馬治其疾，校人辨其屬庾，人掌其閑，以及圉師之所教，圉人之所養，皆是。趣此苟切。是月也，日長至，陰陽爭，死生分。君子齊戒，處必揜身，欲靜無躁，止聲色，無或進。薄滋味。無致和。退嗜慾。定心志。百官靜事無刑。以定晏陰之所成。至。極至。晝六十五刻。夜三十五刻。晝長極矣。陰氣始起於下。盛陽強蓋於上。故爭。陽主生。陰主死。微陰既生。則萬物向乎死矣。故死生之理。於是分也。君子。謂人君已下。至在位士也。湛然純一之謂齊。肅然警惕之謂戒。所以敬道蒙陰也。以下言齊戒之事。處不顯露。恐干陰。欲其靜也。又無躁動則愈靜矣。歌樂之聲。華麗之色。爲助陰靜。故止之而無或進御。厚味恐傷人。故薄之而無極致其和調。嗜發乎外。慾動乎內。皆主於心。聲色滋味爲嗜慾。退之。則心志定而靜矣。刑爲陰事。舉之則助陰而抑陽。故百官府刑罰之事。皆止靜而不行。以上齊戒事也。晏。安也。陰道靜。故云晏陰。內而靜身靜心。外而靜事。皆順時保養。以定安靜之陰。使漸至完成。無所虧傷。蓋天地不能純陽無陰。惟人亦然。陰陽所以當交養也。

鹿角解。蟬始鳴。半夏生。木堇榮。堇音謹。又解午月之候三句說見時訓。木菫主蒸也。或呼日及。其樹如李。朝榮暮落。郎爾雅之椵與櫬也。詩鄭風謂之舜。雜記謂之朝生。感微陰。故華。○椵音段。櫬音襯。是月也。無用火南方。離爲火。在四時爲正夏。在四方爲正南。無用火南方。猶言無用火於夏耳。治疾無用火炙。驅獸無用火弊。相時之義也。五月爲正夏。故特解之。○一說陽氣盛。又用火於其方。害微陰也。可以居高明。可以遠眺望。可以登山陵。可以處臺榭。積土四方而高曰臺。加木曰榭。居高明乃可遠眺望。山陵自然高明之所。臺榭人爲高明之所。臺榭亦必升而言處。不若山陵之不可久居也。順陽在上。故如此。言可以者。惟仲夏爲宜。仲夏行冬令。則雹霰傷穀。道路不通。暴兵來至。行春令。則五穀晚熟。百螣時起。其國乃饑。行秋令。則草木零落。果實早成。民殃於疫。雹霰音僕線螣音特

○雹。雨冰。陽氣在雨，溫暖爲陽，陰氣薄之，不相入，摶而爲雹。陰脅陽之象也。霰，稷雪。陰氣在雨水，凝滯爲雪。陽氣薄之，不相入，散而爲霰。陽脅陰之象也。行冬令，則子氣乘之。冬寒，故雹霰傷穀。冬陰閉藏，故道路不通，盜賊阻也。暴兵卽盜賊，皆陰氣攻陽之。故食苗葉曰螣。今俗名蟥。雨下日中，附苗成質，絲網葉上食葉盡，而遇西風，則化爲蟲。言百者，明其類衆也。行春令，則卯氣乘之。春生育，故五穀晚熟。卯中房星主蠶，氣亂，故爲螣也。蟲害稼，故國饑。行秋令，則酉氣乘之八月宿直昴畢。爲天獄，主殺，故草木零落。秋氣成物，故果實早成。酉有大陵積尸之氣，故疫也。**季夏之月，日在柳，昏心中，旦奎中。**季夏建未。柳，南方土宿，八星。柳在午，鶉火之次。未與午合也。心，東方陰宿，在天爲大辰，三星。中星高起，爲帝座。左一星爲太子，右一星爲庶子，皆稍卑。明堂之位也。奎見仲春。**其日丙丁。其帝炎帝。其神祝融。其蟲羽。其音徵。律中林鐘。其數七。其**

味苦。其臭焦。其祀竈。祭先肺。林。衆也。林鍾者。萬物成熟。種類多也。黃鍾所生。三分去一。未律長六寸。其變律五寸八分二釐四毫一絲一忽三初。涼風始至。蟋蟀居宇。鷹乃學習。腐草化爲螢蚈。蚈音牽。此解未月之候。孟秋涼風至。兆端於季夏之節。故曰始至也。蟋蟀。蛬也。宇。簷下。蟋蟀居宇。陰始矣。而猶未動乎外也。鷹乃學習。則陰浸長而始鷙矣。腐草爲螢。離明之極。幽類變爲明類也。蚈。卽螢火。○蛬。巨容切天子居明堂右个。乘朱輅。駕赤騮。載赤旂。衣朱衣。服赤玉。食菽與雞。其器高以觕。明堂右个。南堂西偏。是月也。命漁師伐蛟。取鼉。升龜。取黿。漁師。獻人也。蛟。鱗蟲。龍之屬也。似蛇而四足。細頸。頸有白嬰。大者數圍。卵生。眉交。故謂之蛟。鼉。介屬。其音鱓。故名鼉。形似蜥蜴。長丈餘。甲如鎧。皮堅厚。可冒鼓。龜。外骨內肉。天性無雄。以虵爲雄。黿。大鼈。

爾雅翼云。天地之初。介潭生先龍。先龍生元黿。元黿生靈龜。靈龜生庶龜。凡介者生於庶龜。然則黿。介蟲之元也。以鼈爲雌。黿鳴則鼈應。言伐者。以其有兵衛。能害人也。言升者。以其可決吉凶。入宗廟。故尊之也。言取者。不害人。且易得。羞物。賤也。命於季夏者。盛暑煖其皮甲。可耐久也。至秋堅成。則獻之矣。○鱓音陀虵卽蛇

乃命虞人入材葦。虞人。掌澤之官。葦。蘆也。澤中大葭可爲器用。故曰材。此時柔韌可取。故入而納之於庫。一說。小荻可緯以爲薄。是月也。命四監大夫。合百縣之秩芻。以養犧牲。令民無不咸出其力。以供皇天上帝名山大川四方之神。以祀宗廟社稷之靈。爲民祈福。四監。遂人之屬官。山虞澤虞林衡川衡也。大夫。其長官也。合。長官合之也。百縣。遂地。有山林川澤者也。秩。常也。謂有常數。芻。草也。無不。統指六遂而言。咸者。概指每遂而言。出力。謂刈芻。四方。指青赤白

黑帝。及所配之人帝而言。不言五方。土寄旺也。言神
者。外事故尊之。言靈者。內事故親之。民。神之主也。先
成民而後致力於神。豈私福哉。
凡以爲民而已。見不虛取也。

是月也。命婦官染采黼黻文章。必以法故。無或差忒。黑黃蒼赤。莫不質良。勿敢僞詐。以給郊廟祭祀之服。以爲旗章。以別貴賤等級之度。

婦官。周禮染人典婦功縫人也。繅既畢。命
染人染之。采既染矣。典婦功須之於外內
工。以兩色間織之。白與黑謂之黼。黑與青謂之黻。青
與赤謂之文。赤與白謂之章。象四隅也。恐其過巧。故
必用舊法故事。無或參差忒變。以一色專織之。黑黃
蒼赤。象五方也。不言白。以所受者爲本也。恐其飾美。
故莫不質正良善。勿敢虛僞欺詐。其餘不染之絲。亦
織。縫人於是乎縫之。祭服用專色。旗則四正用正色。
四隅用雜色爲多。章如交龍鳥隼熊虎龜蛇皆是。
此畫繪事也。類及之。貴賤等級。服與旗皆別之。

是

月也。樹木方盛。乃命虞人入山行木。無或斬伐。虞人。掌山林之官。行。察也。斬則絕之。伐則傷之。氣方盛。故禁止也。不可以興土功。不可以合諸侯。不可以起兵動衆。無舉大事。以搖蕩於氣。無發令而干時。以妨神農之事。水潦盛昌。命神農將巡功。舉大事則有天殃。土功。築臺穿池之類。合諸侯。造盟會也。起五兵。動師衆。征伐也。三者皆大事。是搖動播蕩長養之氣也。發召役之令。使民廢時而待。是謂犯時。土神主成農事。故以炎帝之號稱之。季夏中央土。毋妨害之也。潦。雨大貌。東井主水在未。故水潦盛昌。後世以神農名官。故命之巡視田功。舉大事而傷其功。則是干造化施生之道矣。故有天殃也。

是月也。土潤溽暑。大雨時行。燒薙行水。利以殺草。如以熱湯。可以糞田疇。可以美土疆。薙音替疆其兩切。○溽濕也。土氣潤。故蒸鬱而爲濕暑。大雨亦以之而時行。皆東井所主也。欲稼萊田者。五月夏至。迫地芟薙其草而暴乾之。至六月合燒之。大雨行於所燒田中。蘊遏蓄水而漬之。草根爛死。不復生矣。是利益得殺田中之草也。時暑日烈。水熱如湯。草之燒爛者。可糞壅苗根而且美也。土之磊磈難耕者。謂之疆。周禮所謂疆檃也。○乾音干檃呼覽切行之是令。是月甘雨三至。三旬二日。是令。謂仲夏季夏令也。是月。專指六月也。甘雨三至。謂一日之內。晝夜雨三至也。三旬二日。謂每旬得二日雨耳。季夏行春令。則穀實解落。國多風欬。民乃遷徙。行秋令。則丘隰水潦。禾稼不熟。乃多女災。行冬令。則寒氣不時。鷹隼早鷙。四鄙入保。隼音筍。○行春令。則辰氣乘之。夏季穀垂成矣。生氣過盛。故解落。未屬巽。見易林。辰又在巽位。

二氣相亂爲害。故多風。肺受風。故欬。遷徙。象風轉移物也。行秋令。則戌氣乘之。九月宿直奎。奎爲溝瀆。與此月大雨幷。故高下水潦。禾稼不熟。傷於水也。金干火。故多女災。生子不育也。行冬令。則丑氣乘之。冬陰閉。故寒氣不時。鷹隼早鷙。象冬氣殺戮。四界之民。畏盜賊之來而入保。象鳥雀之走竄也。都邑之城曰保。一說。行春令。爲辰土所應。行秋令。爲戌土所應。行冬令。爲丑土所應也。○幷平聲

中央土。無定位。無專氣。寄旺於辰戌丑未之末。各十八日。共七十二日。除此。則木火金水。亦各七十二日矣。未月在火金之閒。又居一歲之中。故特揭一令。以成五行之序焉。

其日戊己。四時之閒。日行黃道。月爲之佐。至此。萬物皆枝葉茂盛。其含秀者。抑屈而起。己之言起也。

其帝黃帝。其神后土。黃中色。天土帝也。人帝少典之子軒轅氏。配之。后君也。位居中。領四方。天土神也。人官共工氏之子句龍配之。一說。句龍後轉爲社。顓頊之子黎兼之。

其蟲倮。其音宮。律中黃鐘之

宮。其數五。其味甘。其臭香。其祀中霤。祭先心。霤力救切。○赤體曰倮。人類也。倮蟲三百六十。若雕題交趾比肩奇肱之國。皆是。宮。中也。居中央。暢四方。唱始施生。爲四方綱也。數八十一。屬土最濁。君象也。律。子律。十二月之律。以管言。此以鐘言。鐘調聲。管候氣。計管數。倍而更半。鑄之爲鐘。鐘本於律。故統謂之律也。律皆有宮。宮爲五音之長。黃鐘之宮。又十二律宮音之長。如京房律。十三絃中。一絃爲黃鐘不動。十二絃便柱起。應十二月。季夏之氣至。其聲爲土聲。子律黃鐘之宮聲應也。天五生土。地十成之。四時皆舉成數。此獨舉生數者。四時之物。無土不成。而土之成數。又積水一火二木三金四以成十也。四者成。則土無不成矣。土可稼穡。故味甘。物以土化。故氣香。古者窟居。平地累土爲復。高地鑿坎爲穴。其形皆如陶竈。開其上取明。故雨霤之。後因名室爲中霤。開牖象之也。祀者。祀后土句龍也。祭先心者。心居中爲尊。君之象。又火生土也。祀中霤之禮。設主于牖下。乃制心及肺肝爲俎。其祭

肉。心肺肝各一。他皆如祀戶之禮。竊意牖下。廟室牖內之下而北嚮。謂太廟西門堂室中也。○拄音主
天子居太廟太室。太廟太室。明堂中央室也。末月之末。土旺十八日。有迎氣。無聽朔。天
子迎土氣於南郊五里。還於明堂。居太廟太室。乃歸而視朝也。乘大輅。駕黃騮。載黃
旂。衣黃衣。服黃玉。食稷與牛。其氣圜以拚。○圜于權切此迎氣
之車馬衣服食器。所以順時氣也。大輅。玉路也。黃旂。指太常。龍章而設日月者。服玉。指冕之玉。笄而言。祭
黃帝於南郊。服與迎夏同。惟中衣異爾。稷。五穀之長牛。土畜。器圜者。象土周帀於四時。拚即閎義。謂中寬
象土含物也。迎土氣朝食而往。其食器如此。還反舉饌。亦以稷牛爲食之主也。○帀卽匝孟秋之
月。日在翼。昏斗中。旦畢中。孟秋建申。翼宿在巳。鶉尾之次。申與巳合也。斗中。記
作建星中。畢見孟夏。其日庚辛。日行白道。成熟萬物。月爲之佐。萬物皆肅然改更。秀實新成也。

其帝少皞。其神蓐收。春爲太皞。則秋爲少皞。金帝也。人帝金天氏配之。萬物摧蓐收斂。金神也。人官少皞氏之子該配之。其蟲毛。其音商。律中夷則。其數九。其味辛。其臭腥。其祀門。祭先肝。西方七宿。有虎之象。故毛屬金。商章也。物成熟可章度也。三分徵益一。生商數七十二。其濁次宮。臣象也。夷則萬物既成。可平法則也。大呂之所生。三分去一。申律長五寸五分五釐一毫。地四生金。天九成之。從革作辛。故味辛。物以金化。故氣腥。秋陰氣出。祀之於門。外陰也。陰主殺。故外之。祭先肝者。金克木也。祀門之禮。北面設主於門左樞。乃制肝及肺心爲俎奠於主南。又設盛於俎東。其他皆如祭竈之禮。門左樞。謂太廟門外左樞也。涼風至。白露降。寒蟬鳴。鷹乃祭鳥。始用行戮。此解申月之候。說見時訓。鷹祭與豺獺祭小異。祭時猶生。祭後始殺之。故云始用行戮。以人君行戮。明鷹之殺也。天子居總章左个。乘戎路。駕白駱。載白旂。衣白衣。服白玉。食麻與犬。其器廉以深。總章左个。明堂西堂南偏。戎路革路也。白馬黑鬣曰駱。白旂。犬白也。白玉。并佩玉言也。麻。實有文理。屬金。以犬配之。金與金相得。所以安性也。廉。象金斷割。深。象陰閉藏也。三秋聽朔如此。迎氣同。是月也。以立秋。先立秋三日。太史謁之天子曰。某日立秋。盛德在金。天子乃齋。立秋之日。天子親率三公九卿諸侯大夫。以迎秋於西郊。還乃賞軍率武人於朝。軍率同帥。迎秋者。迎白帝。配以少皞。從以蓐收。西郊去邑九里。因金數也。軍率。諸將也。武人。謂環人之屬。有勇力者。賞之。順時令。將振武也。天子乃命將帥。選士厲兵。簡練桀儁。專任有功。以征不義。詰誅暴慢。以明好惡巡彼遠方將軍將帥師帥旅帥士謂卒長兩司馬伍長也厲磨也桀者才可長十人雋者智可長千人節其所簡選之士以兵器練習之皆將帥事也如此則兵可用矣然苟非已試之效則勝負猶未可知故必任有功而或置疑貳於其間則知者不能盡其謀能者不能竭其力故任之又欲其專凡此皆欲以征不義而已殘下之謂暴慢上之謂慢詰以問其罪誅以戮其人義爲人所好明之則慕義而來不義人所惡明之則畏威而化所以服遠方也是巡古順字服也此以天地肅殺之義著此令耳

月也命有司脩法制繕囹圄具桎梏禁止姦慎罪邪務搏執命理瞻傷察創視折審斷決獄訟必正平戮有罪嚴斷刑天地始肅不可以贏創平聲折音舌上斷音段下斷音鍛有司謂司寇之屬官也法制刑書古用竹簡木版有損壞故脩之繕治也禁者戒之於未然姦存乎心

故止之。愼者。謹之於已然。邪見乎行。故罪之。務事也。搏。索持也。執。拘也。六者。非理所專也。故又命之。理。大司寇也。皮曰傷。肉曰創。骨曰折。骨肉皆絕曰斷。四者或出於民之相鬪。或出於官之用刑。傷。瞻之而已。創。然後察之。折。視之而已。斷。然後審之。皆所以致其仁也。其決獄訟。必正而無偏頗之異。平而無輕重之差。合義而仁斯盡。然後可以殺有罪。嚴斷其刑。蓋以天地之氣始嚴急。陰主殺贊化者。不可使其有餘也。

是月也。農乃升穀。天子嘗新。先薦寢廟。稷爲五穀之長。故獨稱穀。不言所配。萬物新成。不可偏主一物也。**命百官始收斂。完隄防。謹壅塞。以備水潦。脩宮室。坿牆垣。補城郭。**坿音附。收斂物。順秋氣也。以下言收斂之事。春氣發舒則脩利隄防。無有障塞。秋氣收斂。則完而謹之。春潦不可隄。秋潦可隄矣。一通一障。爲民禦患。備者。備八月。八月宿値畢。畢好雨也。坿。益也。卽培之義。高曰牆。卑曰垣。土功皆取定星中。此特脩之坿之補之而已。象秋收斂。物當藏也。○定音訂是月也。無以封諸侯。立大官。無割土地。行重幣。出大使。封侯。始建國。大官。上公九命。割土地。謂有功而加地也。重幣。金帛之幣。大使。使命也。方金氣收藏。皆不宜行。行之是令。而涼風至三旬。是令。指孟秋令也。氣候順涼風到三十日而止也。孟秋行冬令。則陰氣大勝。介蟲敗穀。戎兵乃來。行春令。則其國乃旱。陽氣復還。五穀不實。行夏令。則國多火災。寒熱不節。民多瘧疾。行冬令。則亥氣乘之。三陰之時。行六陰之令。則陰大勝矣。甲蟲屬冬。敗穀。稻蟹之屬。亥中北落師門。主非常兵寇。一說。十月宿直營室。主武事也。行春令。則寅氣乘之。析木在寅。宿直箕星。好風雲雨。以風除。故旱。以三陰之時。行三陽之令。故陽氣復還。以秋成之時。行春生之令。故五穀無實。行夏令。則巳氣乘之。夏火王。故多火災。金寒火熱。金火相干。故不節。民感時邪而瘧疾。仲秋之月。日在角。昏牽牛中。旦觜巂中。仲秋建酉。角。東方木宿。二星。角宿在辰。壽星之次。酉與辰合也。牽牛見季春。觜巂。西方火宿。三星。如桀。○桀如壘切其日庚辛。其帝少皞。其神蓐收。其蟲毛。其音商。律中南呂。其數九。其味辛。其臭腥。其祀門。祭先肝。南任也。陽猶任事。陰故拒之。太蔟所生。三分去一。酉律長五寸三分。其變律五寸二分三釐一毫六絲零一初六杪。盲風至。候鴈來。玄鳥歸。羣鳥養羞。此解酉月之候。盲風。疾風也。下三句說見時訓。天子居總章太廟。乘戎路。駕白駱。載白旂。衣白衣。服白玉。食麻與犬。其器廉以深。總章太廟。明堂之西堂。當太室也。是月也。養衰老。授几杖。行糜粥飲食。時以陽衰陰盛爲秋。人以陽衰陰盛爲老。養之。順時令也。授。特授之。几可憑。杖可扶。養其體也。行。徧行之。糜當作糜。卽粥也。不能食者。賜糜粥。能食者不拘。故兼言飲食。養其氣也。乃命司服。具飭衣裳。文繡有恆。制有小大。度有短長。衣服有量。必循其故。冠帶有常。司服見周禮。具飭。條具而飭正之。朝祭之服。衣與裳殊。燕私之服。如深衣等。衣與裳連也。衣裳以命服爲重。故先言文繡。文。畫也。祭服畫衣而繡裳。有常數也。至於小大。若袼之可以運肘。長短若短毋見膚。長毋被土。其剪裁之制。尺寸之度。當隨其人以爲量。無定數而有定式。必率循其舊法。衣服皆如此也。冠。首服之通稱。帶。緇帶素帶之類。各有常制也。因造衣并作之。乃命有司。申嚴百刑。斬殺必當。無或枉橈。枉橈不當。反受其殃。有司。理官。孟秋既命嚴斷刑矣。至此又申之。刑非一。故言百。軍刑斬。獄刑殺。當謂值其罪。淩弱爲枉。謂於弱者。但據法以斷。不得其情。則彼必受枉也。違強爲橈。謂於強者。而遂屈法以就。不正其理。則我之法橈也。應重乃輕。應輕乃重。是謂不當。天必殃有司也。

是月也。乃命宰祝巡行犧牲。視全具。案芻豢。瞻肥瘠。察物色。必比類。量小大。視長短。皆中度。五者備當。上帝其享。宰。太宰。祝。太祝。季夏授充人芻之。至此特巡察之。一則視其色全而不雜。體具而無損。一則案驗草食之牛羊。穀食之犬豕。瞻其肥而知得其養。瞻其瘠而知失其養。一則察其毛物之色。必比附其陰陽之類。如騂牲宜陽祀。黝牲宜陰祀。一則度其體之小大。如牛羊豕成牲者爲大。羔豚之屬爲小。一則視其角之長短。如祭天地之牛角繭栗爲短。祭宗廟之牛角握爲長。小大長短。皆合於法度也。五者悉備而當於事。天且歆饗之。況羣神乎。

天子乃儺。禦佐疾。以通秋氣。此儺。儺亢陽也。季春陰氣右行。日在昴畢。此月陽氣左行。斗建在酉。酉是昴畢本位。亦得大陵積尸之氣。氣佚。則厲鬼亦隨而出行。故亦命方相氏帥百隸而難之。禦。止也。佐。輔也。疾。染厲氣所生者。暑氣退。則秋之涼氣通。故曰以達秋氣。以犬嘗麻。先祭寢廟。犬。金畜。麻。金穀。合所以和之。祭當作薦。是月也。可以築城郭。建都邑。穿竇窖。脩囷倉。為民將入。物將藏也。內城外郭。崇土為之。故曰築。公邑家邑。小都大都。畫地為之。故曰建。皆所以居民也。隋曰竇。狹而長。方曰窖。竇窖是穴。故曰穿。圓曰囷。方曰倉。囷倉是屋。故曰脩。皆所以藏物也。以上斂藏之事。隋音妥乃命有司趣民收斂。務蓄菜。多積聚。趣音促積音恣。有司。場人。孟秋已有收斂之命。此又趣之。菜助穀之不足。務蓄之以為備。多積聚者。凡可為歲備者。無不貯儲也。乃勸種麥。若或失時。行罪無疑。麥續舊穀之盡。而及新穀之登。尤利於民。故特勸種。陽氣初胎於酉。故八月薦麥生。惰則失時。罪罰也。無疑。言必行之。

是月也。日夜分。雷乃始收聲。蟄蟲俯戶。殺氣浸盛。陽氣日衰。水始涸。

文解時候也。秋分晝夜漏各五十刻。雷始收聲。在地中。動內物也。俯垂頭。隨陽氣也。時氣尚溫。但俯戶。十月寒甚。乃墐戶也。陰主殺。陽主生。浸若水之浸。與日加益。陽盛於夏。至此而衰矣。九月末。天根見而水涸。肇端曰始。

日夜分則一度量。平權衡。正鈞石。齊斗甬。

因晝夜等而均所當均也。一者。一其長短小大之制。平者。平其輕重之差。鈞石。五權之二。王府之所貴重者。恐違典則。故正之。斗甬。五量之二。民閒之所常用者。易致歎枉。故齊之。

是月也。易關市。來商旅。入貨賄。以便民事。四方來雜。遠鄉皆至。則財物不匱。上無乏用。百事乃遂。

易者。無重征以致其難。四方散而不一。故言來雜。遠鄉邈而在外。故言皆至。言易關市。所

以來商旅。而入貨賄也。以此便利民人之事。於是商
旅日衆。則貨賄日多。財所以致用。財不匱。則用無乏
用所以作事。用無乏。則事
皆成。此易關市之效也。
凡舉事無逆天數必順其
時乃因其類
事。大事興土功。合諸侯。舉兵衆也。承上
文百事乃遂而爲之戒。言凡舉事。無悖
天陰陽之數。必愼其時。因其事類。不可煩亂妄爲。如
孟秋始肅之時。其事類在始征伐。此月收斂之時。其
事類在築城郭。季秋肅殺之時。其事類在教田獵。所
謂無逆天數也。四時舉事。皆宜順天。以當闔戶。尤不
宜安舉。故其於大事也。
季夏戒之。仲秋申戒之。
行之是令白露降三旬
是令。
仲秋
令也。氣候順。白露
降三十日而寒也。
仲秋行春令則秋雨不降草木生
榮國乃有恐行夏令則其國乃旱蟄蟲不藏五穀復
生行冬令則風災數起收雷先行草木早死
復。浮去
聲。○行

春令。則卯氣乘之。卯宿直房心。心爲大火。故雨不降。草木生榮。應陽動也。春木能生火。金剋春木。仲秋雨水。又剋火。火不能爲害。故但以火訛相驚恐也。行夏令。則午氣乘之。夏氣盛陽。故旱。使蟄伏之蟲不潛藏。而五穀萌生。於洪範爲恒燠之徵。行冬令。則子氣乘之。北風殺物。故災先猶蚤也。冬主閉藏。故蚤收聲。草木蚤死。寒氣勝也。

季秋之月。日在房。昏虛中。旦柳中。季秋建戌。房東方陽宿。四星直下。微曲。房宿在卯。大火之次。戌與卯合也。虛北方陽宿。二星。正直。柳見季夏。其日庚辛。其帝少皞。其神蓐收。其蟲毛。其音商。律中無射。其數九。其味辛。其臭腥。其祀門。祭先肝。射音亦。射厭也。無射者陽氣究物。而使陰畢剝落之。終而復始。亡厭已也。夾鍾所生。三分去一。戌律長四寸八分八釐四毫八絲。○亡同無。候鴈來賓。爵入大水爲蛤。菊有黃華。豺則祭獸戮禽。此解戌月之候。說見時訓。獸言其大。禽言其小。戮禽。殺之以食也。天子居總章右个。乘戎路。駕白駱。載白旂。衣白衣。服白玉。食麻與犬。其器廉以深。總章右个。西堂北偏。是月也。申嚴號令。命百官貴賤無不務入。以會天地之藏。無有宣出。申。重也。嚴在必行也。號令由百官以布。故命之。以下遂言號令。言自上而下。無不專務收斂。令天地閉藏之令。無得有宣露出散其物。以逆時氣。蓋藏爲冬事。秋不入以會之。則冬無所藏也。乃命冢宰。農事備收。舉五種之要。藏帝籍之收於神倉。祗敬必飭。備。盡也。仲秋趣民收斂。猶未備也。此月則備收矣。舉。立也。立五穀租稅之簿。將以制國用也。神倉者。貯供神物之倉也。飭者。正也。言藏帝籍所收黍穀。於神倉。當敬而又敬。必使飭正。不有傾邪。是月也。霜始降。

則百工休。乃命有司曰。寒氣總至。民力不堪。其皆入室。露始降。陰始凝也。將效功。故休息也。有司徒主衆。故命之。總至。凝聚而至。力。筋力。堪。勝也。寒氣者冬之時。入室者。冬之事。此蓋先期而命之也。上丁。命樂正入學習吹。吹去聲。爲將饗帝也。春夏重舞。秋冬重吹。饗帝不止用吹。言吹。則歌舞可知。用丁者。取丁壯成就之義。欲學者藝業成也。是月也。大饗帝。嘗犧牲。告備于天子。仲夏大雩。祈也。此月大饗。報也。祈在南郊。始祖配天。報在明堂。嚴父配天。嘗。宗廟秋祭之名。饗嘗皆用犧牲。仲秋視全具。至此則告備而後用焉。左傳。始殺而嘗。嘗在仲月。不在此月也。一說。四月雩上帝。後雩祀百辟卿士。九月大饗帝外。亦嘗祭羣神以犧牲。有司祭羣神畢。乃告備於天子。合諸侯。制百縣。爲來歲受朔日。與諸侯所稅於民輕重之法。貢職之數。以遠

近土地所宜爲度以給郊廟之事無有所私。合同也謂同命
之。諸侯畿外之國。制猶敎也。百縣畿內之縣。陽終於
戌。歲功成焉。戌月而爲來歲受朔日。終則有始也。此
諸侯百縣之所同。以下別言諸侯與謂須與之稅取
於秋。積貯本國。不過什一。重則如數。輕則減數。皆有
法焉。貢集於春。輸納天子。遠者貢輕。近者貢重。取土
所有。不責所無。以之爲度。皆有數焉。法以定數。數以
成法。互相備也。以此貢物供給事天事祖之事。無得
有所偏私。不如法制。至若畿內百縣。有賦無貢。而賦
法亦掌於冢宰。其法縣之象
魏。不待頒也。。法縣音懸是月也天子乃敎於田
獵以習五戎獀馬。因田獵之禮。敎民戰陳。習肄弓矢
殳矛戈戟之五兵。選擇田馬。齊其
色。度其力。使同乘也。獀卽蒐擇也。命僕及七騶咸駕載旍旐輿受車
以級整設于屏外司徒搢扑北嚮以誓之。僕戎僕也。騶廏御也。

天子六軍。分別左右。親軍。虎賁居中。其馬有騶主之。故曰七騶。皆以馬駕車。又爲之載析羽之旌。龜蛇之旐。旗物有九。止言二。舉其略爾。輿。衆也。級。等次也。整。正列也。設。陳也。屏。樹垣。所田之地。軍門外之蔽也。搢扑。插夏楚於帶。示有事於教。無事於刑也。必北面。以田主殺。陰事故也。誓之以軍法。欲其不犯令也。○夏古雅切

天子乃厲服厲飾。執弓操矢以射。命主祠祭禽於四方。射音石。○厲。嚴厲。厲服。戎服韋弁服也。若春夏則冠弁服。厲其容飾。介冑則有不可犯之色也。奉祭祀之物。當親殺。獵竟則命典祀之官。取獵地所獲之獸。祭於郊。以報四方之神。禽者。獸之通名也。

是月也。草木黃落。乃伐薪爲炭。黃。土色。百昌皆生於土。反於土。以其將反於土。故黃落則反於土矣。伐薪爲炭。禦冬寒也。

蟄蟲咸俯在穴。皆墐其戶。

乃趣獄刑。無留有罪。收祿秩之不當者。共養之不宜

者。墐音覲共居用切養去聲。墐塗閉之。辟殺氣也。爲政無取乎督促。獄刑則惡乎畱滯。入秋以來孟則嚴之。仲申嚴之。至季乃趣之。殺氣已至。刑於罪相得則決之。畱而不決。亦悖時令也。收。謂索之使還。各依本等。祿秩不當。謂恩命賜之。後因獲罪而不應得者。共養。膳服之具也。貴賤各有宜用。不宜。謂恃寵而侈僭踰制者。此二者。不待時而收。言之於季秋。順秋令之嚴肅也。是月也。天子乃以犬嘗稻。先薦寢廟。犬。金畜。稻。金穀。合所以和之也。季秋行夏令。則其國大水。冬藏殃敗。民多鼽窒。行冬令。則國多盜賊。邊境不寧。土地分裂。行春令。則暖風來至。民氣解墮。師旅必興。鼽音求。解懈同。墮惰同。行夏令。則未氣乘之。六月宿直東井。氣多暑雨。故其國大水。竇窖之藏。爲水所侵。故冬藏殃敗。夏火干金。肺氣不通。故民多鼽窒。行冬令。則丑氣乘之。冬令純陰。姦謀所生之象。故多盜賊。使邊竟之人不寧。而土地爲鄰國所分裂。十二月二陽伏地下。四陰在地上。極陰爲外。邊竟之象。大寒之時。地隆坼也。行春令。則辰氣乘之。長卦直巽。巽爲風。春陽仁。故煖風至。而民懈惰。辰宿直角。角主兵。木干金。故師旅必興。一說。行夏令。則爲未土之氣所應。行冬令。則爲丑土之氣所應。行春令。則爲辰土之氣所應也。

孟冬之月。日在尾。昏危中。旦七星中。孟冬建亥。尾宿在寅。析木之次。亥與寅合也。危見仲夏。七星見季春。其日壬癸。日行黑道。閉藏萬物。月爲之佐。時萬物懷妊於下。揆然萌芽也。其帝顓頊。其神玄冥。顓言專。陰盛則靜而專。頊言正。冬氣升而其位正。水帝也。人帝高陽氏配之。春爲蒼天。知冬爲玄。南爲明方。知北爲冥。玄深冥昧。水神也。人官少皞氏之子脩與熙配之。其蟲介。其音羽。律中應鍾。其數六。其味鹹。其臭朽。其祀行。祭先腎。北方七宿。有龜之象。故甲屬水。羽聚也。聚藏萬物而宇覆之。三分商音。去一以生羽。數四十八。其音最清。物象也。應鍾者。陰氣應無射。該藏萬物。雜陽閡種。言陰雜陽氣。外閉爲萬物作種也。姑洗之所生。三分去一。亥律長四寸六分六釐。天一生水。地六成之。潤下作鹹。故味鹹。物以水化。故氣朽。氣若有若無。曰朽。行者。往來之道。歲暮亦往來之交。故於此祀之。祭先腎。不取相勝者。以陰靜而物辨。不尚克制故也。行。在廟門外之西。爲軷壤厚三寸。廣五尺。輪四尺。祀行之禮。北面設主於軷上。乃制腎及脾爲俎奠於主南。主以菩芻棘柏爲之。又設盛於俎東。祭肉。腎一。脾再。其他皆如祀門之禮。○閡音礙

水始冰。地始凍。雉入大水爲蜃。虹藏不見。此解亥月之候。說見時訓。

天子居玄堂左个。乘玄輅。駕鐵驪。載玄旂。衣黑衣。服玄玉。食黍與彘。其器宏以弇。玄堂左个。明堂之北堂西偏也。玄輅。木路也。鐵驪色如鐵。玄旂。犬麾也。黑深而玄淺。黍秀舒散屬火。彘。水

畜。寒氣不可過。故食火穀以滅之。安性也。寒氣不可抑。故食當方之牲以存之。宏。大也。弇。深也。象冬閉藏也。三冬聽朔皆如此。迎氣同之。是月也。以立冬。先立冬三日。太史謁之天子曰。某日立冬。盛德在水。天子乃齊。立冬之日。天子親率三公九卿大夫以迎冬於北郊。還乃賞死事。恤孤寡。不言諸侯。亦如夏。空其文也。迎冬者。迎黑帝。配以顓頊。從以玄冥。北郊去邑六里。因水數也。水氣用事。其先人有死王事以安社稷者。賞其子孫。有孤寡者。矜恤之。恤。視賞。其患。又有加也。是月也。命太卜禱祠龜策。占兆。審卦吉凶。於是察阿上亂法者。則罪之。無有掩蔽。太卜。掌三兆三易。見周禮。龜曰兆。策曰卦。禱祀龜策。占兆審卦。以知吉凶。於是有阿意曲從。取容於上。以亂法度者。必察知之。則行其罪罰。無敢強匿者。

揜。自上揜之。蔽。從旁蔽之。皆黨護之義。

是月也。天子始裘。隕霜而冬裘具。故司裘以仲秋獻良裘。季秋獻功裘。至此天子始服之。以順時爲重也。

命有司曰。天氣上騰。地氣下降。天地不通。閉塞而成冬。不交則不通。不通則閉塞。將申閉藏之令。故先命之如此。

命百官。謹蓋藏。命司徒循行積聚。無有不斂。蓋藏。積倉府庫之在官者。命百官謹之。積聚。囷倉窖竇之在民者。仲秋已命有司趣民多積聚。至此又命司徒循行之。無有不斂。以順天地之閉塞也。

坿城郭。戒門閭。脩楗閉。愼關籥。固封璽。備邊境。完要塞。謹關梁。塞蹊徑。楗其偃切。要塞音賽。○坿。猶培也。孟秋既補矣。城郭欲其厚實。故言坿。門閭備禦非常。故言戒。楗卽鍵。鑠須也。是爲牡。閉。鑠筒也。是爲牝。關。扃也。以木横持門戶也。籥。搏楗器。鑠匙也。楗閉或有破壞。故云脩。關籥不妄開闔。故云愼此四者。謹於內也。封疆壘節。不可疎虞。故云固邊境防擬盜賊。故云備。要害邊界。所以固國。理宜牢固。故云完。關梁所以通塗。禁禦姦非。故云謹。蹊徑。小路。禽獸之道。爲其敗田。故須塞此五者。謹於外也。皆順時之閉塞也。

飭喪紀。辨衣裳。審棺槨之厚薄。營丘壟之小大高卑。薄厚之度。貴賤之等級。飭正喪事之紀律。如下文云。辨衣裳者。謂襲斂所用有多少。天子百二十稱。遞降至士三十稱。又上衰下裳。以布之精麤爲親疏也。審察也。天子棺厚二尺四寸。椁厚一尺。遞降至庶人。棺厚四寸。椁五寸。營度也。起墳爲丘。成冢爲壟。天子封一丈爲高大。至士四尺爲卑小。凡薄厚之禮度。皆以其人之貴賤爲等級。喪者。人之終。冬者。歲之終。故飭正之。

是月也。工師效功。陳祭器。案度程。無或作爲淫巧以蕩上心。必功致爲上。物勒工名。以考其誠。工有不當。必行其罪以窮其情。霜降而百工休。至此物皆成也。效功。呈衆工之所成者。諸器皆陳。特言祭器。尊也。言工師錄呈百工所成器物。陳列所造之器。案驗此器舊來制度大小容受程限多少。勿得有過制之巧。搖動在上。生其奢侈之心。苟功力密致斯爲上矣。每物之上。刻所造工匠之姓名於後。以考其誠信與否。若用材精美。而器不堅固。則必治罪。以究詰其詐僞之情也。是月也大飲蒸。十月農功畢。天子與其羣臣飲酒於太學。以正齒位。謂之大飲。詩云。十月滌場。朋酒斯饗。曰殺羔羊。躋彼公堂。稱彼兕觥。萬壽無疆。此頌大飲之詩。是諸侯禮。毛傳以公堂爲學校也。蒸。記作烝。升也。饗禮升牲體於俎上。用房烝半體之俎也。天子乃祈來年于天宗。大割祠于公社及門閭。饗先祖五祀。勞農夫以休息之。祈者。致義以求之。天宗。日爲陽宗。月爲陰宗。北辰爲星宗也。大割。大殺羣牲也。社以上公配祭。故云公社。門閭。說見仲夏。祈年大割。蜡祭也。其祭皮弁素服。葛帶榛杖。饗。指臘而言謂獵取禽獸以祭。惟君用鮮。暫出田獵。非仲冬大閱之獵也。其祭則黃衣黃冠。勞農夫。即周禮黨正屬民飲酒之禮正齒位於序也。休大息小。休久息暫。事有大小。則時有久暫。合而言之。一也。天子乃命將率講武肄射御角力。武言其道。講之使明。所以厲其威。射御言其事。習之使熟。所以考其藝。角猶試也。相抵而已。所以視其才。皆陰事也。一說。爲仲冬將大閱簡習之。亦因營室主武士也。是月也。乃命水虞漁師。收水泉池澤之賦。無或敢侵削衆庶兆民。以爲天子取怨于下。其有若此者。行罪無赦。水虞。澤虞也。漁師。說見季夏。五行一曰水。總言之也。有源曰泉。穿地通水曰池。瀦水曰澤。分言之也。魚至冬而美。民皆取魚。故收其賦。自此犯彼謂之侵。減彼益此謂之削。萃處羣居。自爲衆庶。普天率土。概曰兆民。兆。十億也。稅斂重。則民怨咎失時之罪小。故仲秋言行罪無疑。取怨之罪大。故孟冬言行罪無赦。孟冬行春令。則凍閉不密。地氣發泄。民多流亡。行夏令。則國多暴風。方冬不寒。蟄蟲復出。行秋令。則雪霜不時。小兵時起。土地侵削。行春令。則寅氣乘之。春陽散越。故凍不密。而地氣發泄。民流亡。象陽布散也。行夏令。則巳氣乘之。立夏巽用事。故大風。夏陽炎溫。故方冬不寒。而蟄蟲復出。於洪範爲恆燠之徵。行秋令。則申氣乘之。秋金令于水。不當雪而雪。不當霜而霜。故曰不時。申宿直參伐爲兵。而申中陰氣尚微。故兵小。鄰國來伐。土地侵削。於洪範則恆寒之徵也。

仲冬之月。日在斗。昏東壁中。旦軫中。仲冬建子。斗。北方木宿。六星。形如北斗。故亦謂之斗。斗宿在丑。星紀之次。子與丑合也。東壁。西方水宿。二星。軫。南方水宿。四星。似張。其日壬癸。其帝顓頊。其神玄冥。其蟲介。其音羽。律中黃鍾。其數六。其味鹹。其臭朽。其祀行。祭先腎。黃鍾者。律之始。陽氣始種於黃泉。孳萌萬物。爲六氣元也。子律長九寸。徑三分。圍七分。其變律八寸七分八釐一毫六絲二忽。冰益壯。地始坼。鶡鴠不鳴。虎始交。此解子月之候。寒氣增於地之上。故冰益壯。暖氣生於地之下。故凍者坼。坼。裂也。鶡鴠二句。說見時訓。一說鶡鴠山鳥。陽物也。是月陰盛。故不鳴。虎陽中之陰。陰氣盛。以類發也。天子居玄堂太廟。乘玄輅。駕鐵驪。載玄旂。衣黑衣。服玄玉。食黍與彘。其器宏以弇。玄堂太廟。明堂之北堂。當太室也。飭死事。死事即喪紀。養生送死無憾。王道之始也。故又飭之。以昭慎重焉。一說。飭軍士戰有必死之志。命有司曰。土事無作。無發蓋藏。無起大衆。以固而閉。發蓋藏。起大衆。地氣且泄。是謂發天地之房。諸蟄則死。民多疾疫。又隨以喪。命之曰暢月。有司。司徒。發蓋藏。如改造府藏之類。起大衆。大興匠作也。此土事也。禁止之而不作。以順陰之固於外。而陽乃閉於中。作土事。則發藏起衆矣。且當作沮。陰不固而消沮。則陽不閉而漏泄。天地擁蔽萬物。不使宣露。與房舍相似。發散天地之所藏。則諸蟄皆死。是于犯陰陽之令。疾疫必爲民災。喪禍隨之而見。一說喪讀去聲。謂民因避疾疫而逃亡也。命之曰暢月者。名其令爲暢月之令也。時月當閉而暢達之。失時甚矣。府藏音臟。沮上聲。是月也。命閹尹申宮令。審門閭。謹房室。必重閉。省婦事。無得淫。雖有貴戚近習。無有不察。精氣奄閉。故謂之閹。尹。長也。內宰主領奄官。身非奄也。是謂閹尹。掌治王之內政。宮令有常典。以閉藏之月。故申之。審者。究其事。謹者慎其處。遠者謂之門閭。近者謂之房室。門閭房室。

皆有外內門戶。必重疊閉之。此月陰氣既靜。故減省婦人之事。順陰類也。婦人須事者。務在質素。毋得過巧。貴戚。姑姊妹之屬。近習。天子所親幸者。察。察淫巧也。○奄一上聲餘平聲　**乃命大酋秫稻必齊。麴糵必時。湛饎必潔。水泉必香。陶器必良。火齊必得。兼用六物。大酋監之。無有差忒。**酋音揫齊上如字下去聲

湛饎音尖熾。○酒熟曰酋。大酋。酒正也。秫稻之黏者。酒材必齊。多寡中度。酒母必時。制造及時。漬滌蒸炊必潔。無所汙也。必香。無穢惡之氣。必良。無罅漏之失。火齊。生熟之調。必得者。適其宜以上六事。監督之。無或參差忒變。使酒誤有善惡也。○黏女廉切　**天子乃命有司。祈祀四海。大川名原。淵澤。井泉。**有司。宗伯。四海。水所聚。大川名原。如江源岷山。河源崑崙之類。淵澤。水所鍾。井泉。人所汲。冬令方中。水德至盛。故爲民祈而祀之。　**是月也。農有不收藏**

積聚者。牛馬畜獸有放佚者。取之不詰。此收斂尤急之時。人有取者不罪。所以警懼其主也。詰。誅也。山林藪澤。有能取蔬食。田獵禽獸者。野虞教導之。其有相侵奪者。罪之不赦。食音嗣。教導之以非農人所素習故也。罪之不赦。惡其不相共利也。上節游惰之民。爲人所取。上未嘗加間。惡其游惰也。此勸力之民。爲人侵奪。上爲之罪其人。喜其勸力也。上之示民好惡者如此。是月也。日短至。陰陽爭。諸生蕩。君子齋戒。處必弇。身欲寧。去聲色。禁嗜慾。安形性。事欲靜。以待陰陽之所定。夜漏六十五刻。晝漏三十五刻。是日短之極。陰方極盛。一陽來復。陰欲拒之。故爭。諸生。萬物之生氣也。蕩。動也。方冬之時。盛德在水。而陽作之。生氣欲發。故蕩。君子齋戒。掩蔽其身。以處於內。以身欲寧故也。去聲色。不特止之。禁嗜慾。不惟退之。齋戒有加無已也。外則養其形而無勞。內則養其性而無悖。安形性。故事欲靜也。凡此以微陽方生。陰未退、聽、爭而未定。故君子齋戒以待其定也。芸始生。荔挺出。蚯蚓結。麋角解。水泉動。叉解時候也。芸。香草。應陽氣而生。餘說見時訓。日短至則伐林木。取竹箭。萬物之材。陰盛則堅。陽盛則柔。陰盛極於此。故伐取之。林木大。故言伐。竹小。故言取。箭。叉竹之小者。是月也可以罷官之無事者。去器之無用者。官以權宜而設。器以權宜而造。皆暫焉之事。此閉藏休息之時。故可罷去。塗闕庭門閭。築囹圄。此所以助天地之閉藏也。闕。門闕。人所由以出入。庭。記作廷。人所處以聽事。畚土以補其凹陷。門。各家廟寢之門。閭。二十五家巷口之門。埏埴以塞其罅隙。皆以土塗之也。築不止於繕。繕則脩舊而已。必更新者。至此乃營築之。塗與築。皆所以順時氣也。○畚音本凹音浥

仲冬。

行夏令。則其國乃旱。氛霧冥冥。雷乃發聲。行秋令。則天時雨汁。瓜瓠不成。國有大兵。行春令。則蟲螟爲敗水泉減竭。民多疾癘。行夏令。則午氣乘之。夏火炎上。故國旱。旱氣鬱蒸。故氛霧。夏氣發泄。故雷動聲。午屬震。震氣動也。行秋令。則酉氣乘之。酉宿值昴畢。畢好雨。雨汁者。水雪雜下也。秋宜雨。冬宜雪。二氣雜。故汁。子宿值虛危。虛危內有瓜瓠。不成者。柔脆爲金氣所傷也。昴爲旄頭。又金氣勝。故大兵。行春令。則卯氣乘之。蟲食穀心曰螟。春木生蟲。故也。大火爲旱。陽氣炕燥。故水泉減竭。癘病。孚甲之象。水木相干。氣不和。故多癘風疾也。

季冬之月。日在婺女。昏婁中。旦氐中。季冬建丑。婺女在子。玄枵之次。丑與子合也。婁。西方金宿。三星。直而不勾。氐。東方土宿。四星。似斗而側。其日壬癸。其帝顓頊。其神玄冥。其蟲介。其音羽。律中大呂。其數六。其味鹹。其臭朽。其祀行。祭先腎。大呂者陽始欲出。陰大拒難之也。蕤賓所生。三分益一。丑律長八寸三分七釐六毫。鴈北鄉。鵲始巢。雉雊。雞乳。此解丑月之候。說見時訓。天子居玄堂右个。乘玄輅。駕鐵驪。載玄旂。衣黑衣。服玄玉。食黍與彘。其器宏以弇。玄堂右个。北堂東偏。命有司大儺。旁磔。出土牛以送寒氣。此儺。儺陰氣也。此月之中。日歷虛危。虛危有墳墓四司之氣。為厲鬼。將隨強陰出害人。墳墓四星。在危東南。四司。鬼官之長。司命。司祿。司危。司中也。在虛北。季春惟國家之儺。仲秋惟天子之儺。此則下及庶人。故云大儺。旁。四方也。裂牲非一方。不特九門而已。出。猶作也。牛。土畜。又以土為之。欲勝水也。送。猶畢也。寒實未畢。意欲畢之。征鳥厲疾。此句當在雉雊雞乳下。解候之脫簡耳。鷹隼之屬善擊。故曰征。猛厲而迅疾時殺氣當極也。乃畢行山川之祀。及帝之大臣。天地之神祇。畢行。徧舉也。帝之大臣。句芒之屬。是月歲終報功。凡祀典諸神。宜畢祀之。故承前祈年于天宗節而統舉之。一說。天神人鬼山川。皆有宗有佐。孟月祭其宗。此又祭其佐也。恐非。是月也。命漁師始漁。天子親往。乃嘗魚。先薦寢廟。此時魚潔美。故命漁師始漁。親往。爲奉先也。季春薦鮪。天子乘舟。此不乘舟者。爲冰方盛故也。冰方盛。水澤腹堅。命取冰。冰已入。盛。無處不冰也。小寒冰猶未盛。大寒乃盛。故云方也。水澤。說見時訓。一說。水澤潤澤也。命。命凌人。已。以通。入。入凌室也。令告民出五種。命司農計耦耕事。脩耒耜。具田器。冰入之後。大寒將退。令田官告民將五穀之種。出之於窌。以簡擇之。司字衍。計。會也。耦。謂二人相偶也。耒。以木爲之。長六尺六寸。底長尺有一寸。中央直者。三尺有三寸。上句者。二

尺有二寸。其底向前曲接耜。耜以金鐵爲之。考工記車人之所作者。田器鎡基之屬。此皆豫備東作之事也。○會音儈

命樂師大合吹而罷。吹去聲。○凡聲陽也。是月送陰迎陽。出土牛以送陰。大合吹以迎陽。此冬、將終。大合吹而罷。明有終也。一說。歲將終。與族人大飲於太寢以綴恩。用禮樂最盛。後年季冬。乃復如此。以一年頓停。故云罷也。

乃命四監收秩薪柴以供寢廟及百祀之薪燎。供音恭燎音料。○大者可析謂之薪。小者合束謂之柴。收之所以備來歲之用也。薪施炊爨。柴以給燎。

是月也日窮于次月窮于紀星迴于天數將幾終歲將更始專於農民無有所使。○咨舍也。去年季冬。日次玄枵。每月移次。此月窮盡還次玄枵也。紀。會也。去年季冬。月與日相會於玄枵。至此窮盡。還復會於玄枵也。二十八宿。隨天而行。每日周天一匝。此月復其故處。與去年季冬早晚相似。故曰回

于天也。幾近也。以去年季冬至今年季冬。三百五十四日。未滿三百六十五日。不爲正終。故云幾終。歲將更始。所謂終則有始也。在上之人。當專一農民之事。無得興起造作。有所使役也。此是總爲戒約之辭。凡不云乃命某官者放此。天子乃與公卿大夫飭國典。論時令。以待來歲之宜。此所謂平在朔易也。國典有常。飭之以應來歲之變。時令有序。論之以防來歲之差。歲既更始。政事亦有異宜者。乃命太史次諸侯之列。賦之犧牲。以供皇天上帝社稷之享。乃命同姓之邦。供寢廟之芻豢。命宰歷卿大夫至于庶民土田之數。而賦之犧牲。以供山林名川之祀。凡在天下九州之民者。無不咸獻其力。以供皇天上帝社稷寢廟山林名川之祀。

諸侯必太宰賦之。而言太史。相備也。次。敘也。諸侯異姓者。列。謂大小之等差也。皇天。天也。上帝。五帝也。諸侯同王南面。專王之土。故命之山牲。以與王共事天地也。寢廟。祖廟也。草食曰芻。牛羊是也。穀食曰豢。犬豕是也。親同姓。故使供之也。宰。太宰。一說小宰也。歷。卽次也。次序其多寡之數也。卿大夫出其采地賦稅。庶人無邑。出其賦稅以與邑宰。邑宰以供上也。諸侯大夫。賦稅所來。皆由民出。故以天下九州之民總之獻也。致行之是令。此謂一終三旬二日。是令指季秋三冬之令也。此指季冬言也。一終。謂自寅至丑十二時畢也。三旬二日。指甘雨也。謂三十日得二日甘雨耳。季冬行秋令。則白露蚤降。介蟲爲妖。四鄰入保。行春令。則胎夭多傷。國多固疾。命之曰逆。行夏令。則水潦敗國。時雪不降。冰凍消釋。行秋令。則戌氣乘之。金氣白。故白露冬降。丑爲鼈蟹。介蟲之性。辨於物以斂藏之氣不厚故爲妖金爲兵革故四境之民避入保城行春令則長氣乘之此月物甫萌芽季春向者畢出萌者盡達胎夭多傷生氣早至不充其性也固疾生不充性成久疾也歲終而行歲始之令故命曰逆行夏令則未氣乘之季夏大雨時行故水潦時雪當降而不降冰凍不當消釋而消釋皆火氣溫干時之徵也一說行秋令爲戌土之氣所應行春令爲長土之氣所應行夏令爲未土之氣所應也○案蔡邕明堂月令論云月令篇名因天時制人事天子發號施令祀神受職每月異禮故謂之月令所以順陰陽奉四時效氣物行王政也成法具備各從時月藏之明堂所以示承祖考神明明不敢泄瀆之義故以明堂冠月令以名其篇戴禮夏小正則夏之月令也殷人無文及周而備文義所說博衍深遠宜周公之所著也官號職司與周官合周書七十二篇而月令第五十三秦相呂不韋著書取月令爲紀號淮南王安亦取以爲第四篇改名曰時則故偏見之徒或云月令呂不韋作或曰淮南皆非也又案隋書牛宏

傳云。今明堂月令者。鄭康成云。是呂不韋著春秋十二紀之首章。禮家鈔合爲記。蔡邕王肅云。周公所作周書內有月令第五十三。卽此也。案宏以今禮記中月令。卽在周書內者。邕以時則在第四篇。却在第五文與呂微異。作月令問荅。皆在呂氏。旣有斯二證故卽依呂氏十二紀首鈔出以補斯闕。盧氏云。

謚法解第五十四

謚。誄行立號以易名也。謚有一定之凡例。故曰法。時訓勉君德。月令行王政。德有大小。政有純雜。又有無德而亂政者。據其終。則始從可知也。故次之以謚法。

維周公旦。太公望開嗣王業。建功于牧之野。終將葬。乃制謚。遂叙謚法。開導武王。嗣續文王之事業。文沒已久。斷無未葬者。據史記。父死不葬。爰及干戈。故事畢而將葬文王也。乃爲文王制謚謚之曰文。白虎通云。天子崩。大臣至南郊告謚之。明不得欺天也。文王未葬。王業已成。故卽以天子之禮事之與。此言謚之所由作也。遂者。繼事之辭。叙謚法後事也。諡者行之迹也號者功之表也車服者位之章也是以大行受大名細行受細名行出於已名生於人。行迹。行事之迹。號。如帝皇王君公侯之屬。表標準也。車。所以載柩者。服。所以飾棺者。章。采也。位有尊卑。采有隆殺也。諡與號連。車服以號殊。如諡文號王則用王之車服。諡文號公。則用公之車服。號不可略。後人賴前人之功。故稱可同也。車位亦不可略。有一定之位也。故下但言諡法。行出於已。本諸德也。名生於人。臣下諡之也。此專指善諡平諡而言。不言惡諡。可知。民無能名曰神。無能名。言其德不可以言語形容也。稱善賦簡曰聖。稱。說也。善。即繼善成性之善。賦。予也。簡。即簡能之簡。稱善。示人以易也。賦簡。予人以簡也。易則易知。簡則易從。易簡而天下之理得矣。天下之理得而成位乎其中矣。故曰聖。敬賓厚禮曰聖。一心欽若。故能敬賓。全體渾然。故能厚禮。惟敬故見其厚惟厚能致其敬。心體純粹。大而能化。故曰聖。德象天地曰帝。帝者。諦也。言天蕩然無心。忘於物我。公平通遠。舉事審諦也。地合天德。五帝德同于此。亦能審諦。故取其名。靜民則法曰皇。靜。安也。則。準也。法者。象也。法象莫大乎天地。皇者。美大之名。言大於帝也。白虎通云。不擾匹夫匹婦。故爲皇。虛無廖廓。與天地通靈也。仁義所在曰王。京師爲首善之區。故曰仁義所在。王。往也。天下所歸往。賞慶刑威曰君。賞慶。獎善也。刑威。懲惡也。賞以物。慶以禮。刑以五刑。威以鞭朴。皆得其道。不愧至尊。故曰君。此成鱄九德之一。見左傳。從之成羣曰君。君者。羣也。羣下歸心也。立制及衆曰公。立制。創立制度。及衆者。推而皆遍。非一人之私也。公者。通也。公正無私之意也。執應八方曰侯。孔云。所執行。八方應之也。白虎通云。侯者。侯也。候逆順也。公侯皆千乘。象雷震百里。所潤同。十終爲同。同方百里也。壹德不解曰簡。

壹德。專一之德。指敬而言。解與懈同。敬而不懈。則中有主而自治嚴矣。以專一之德。行專一之政。則事不煩而民不擾。故謂之簡。簡之爲言要也。

平易不疵曰簡。平者。不陂。王道平平也。易者。不難。王道易易也。疵。病也。不疵者。人不病其陂。不病其難也。故曰簡。凡謚有美有平有惡。簡之爲謚。不優於文。疑當在恭欽定襄之前。

經緯天地曰文。織直絲爲經。織橫絲爲緯。孔云。成其道也。振謂日月星辰。天之文也。山川動植。地之文也。由其不貳不息。以致盛大而能生物。如此。聖人純亦不已。故能經緯之。此文王之所以爲文也。成鱄九德之一。

道德博聞曰文。道者。事物之理。德者。性情之德。行諸外爲道。本諸心爲德。博聞。多聞也。洛誥云推公德。明光于上下。勤施于四方。金滕云。旦多材多藝。此周公之所以爲文也。

學勤好問曰文。孔文子類此。

慈惠愛民曰文。慈惠。其心也。愛民。其政也。由中發外。燦然可觀。故曰文。

愍民惠禮曰文。愍。憂也。惠。順也。

如大傳堯典。命民得褻飾車駢馬。衣文駢錦。未有命者。不得衣。不得褻。褻衣有罰。凡此之類。憂民之奢而順之以禮也。如周禮大司徒。荒政十有二。七曰眚禮。八曰殺哀。十曰多昏。凡此之類。憂民之困而順之以禮也。禮有條理。煥乎成章。故曰文。○褻卽乘

錫民爵位曰文。公叔文子類此。

剛彊理直曰武。孔云。剛無欲。彊不撓。理忠恕。直無曲也。振謂剛以體言。彊兼用言。惟剛故能彊循理故常直。此大勇也。故曰武。

威彊叡德曰武。叡音銳。○威者。德容之盛。詩所謂赫咺也。彊者。性體之健。易所謂自彊也。叡者。通微之謂。神以知來知以藏往也。有威可畏。自彊不息。又有通微之德。故曰武也。

克定禍亂曰武。孔云。以兵征。故能定。

刑民克服曰武。孔云。法以正民。能使服。

夸志多窮曰武。孔云。大志行兵。多所窮極振謂如後世漢武帝是也。

敬事供上曰恭。孔云。供奉也。振謂此事上之恭。

尊賢貴義曰恭。孔云。尊事賢人。

周書解義　卷六　謚法　五十三　月林堂

寵貴義士。振謂此接下之恭。尊賢敬讓曰恭。孔云。敬有德。讓有功。振謂尊賢。尊其人。敬讓。則尊賢之實也。此同僚之恭。既過能改曰恭。孔云。言自知也。振謂此省身之恭。執事堅固曰恭。孔云。守正不移。振謂事所當爲者。謂善也。堅。堅實。外不可磷。固。牢固。中不可破。此幹事之恭。磷音吝。愛民長弟曰恭。弟去聲。以長弟示民。愛之至也。鄉飲酒義。弟長而無遺。祭義。弟達乎道路。弟達乎州巷。弟達乎獀狩。此馭民之恭。執禮御賓曰恭。御進也。執持禮節而進於賓。此待客之恭。芘親之闕曰恭。芘同庇。芘覆也。闕失也。晉太子申生類此。掩覆父嬖驪姬之失。是以爲恭世子也。其實書之本義。謂率德改行。蓋前人之愆爾。此親親之恭。尊賢讓善曰恭。孔云。不專己善。推於人也。振謂讓善者。尊賢之實。此泛言處世之恭。淵源流通曰恭。洪範註云。貌澤。水也。淵之水有自來。人之貌有自形。流無不通。貌無不顯。此指

（容貌之恭。）照臨四方曰明。（大人以繼明照于四方。成鱄九德之一。）譖訴不行曰明。（孔云，逆知之，故不行。）威儀悉備曰欽。（孔云，威則可畏，儀則可象。）大慮靜民曰定。（大慮者，慮無以承業於前人也。靜民者，民初未靜而靜之也。大慮靜民，所以爲前人定其業也。）安民大慮曰定。（安民者，民本安而安之也。大慮者，慮無以垂統於後人也。安民大慮，所以爲後人定其統也。）安民法古曰定。（法古者，不愆不忘，率由舊章也。此言政之定。）純行不二曰定。（純一之行，稍有差忒則二矣。不二則純。此言行之定。）諫爭不威曰德。（諫，開也，更也。是非相開，革更其行也。爭本作諍，止也。謂止其失也。臣術有能盡言于君，用則可生，不用則死，謂之諍。孔云，不以威拒諫也。）辟地有德曰襄。（孔云，取之以義。振謂辟地非取也。有德則化行，而服從之國，日以益衆。詩所謂日闢國百里也。其治成矣。襄之爲言成也。）甲胄有

周書解義　卷六　謚法　五一四　月林堂

勞曰襄。甲。鎧也。用金謂之鎧。用皮謂之甲。冑。兜鍪也。有勞。有功也。征伐有功。所以撥亂而成治也。故曰襄。

有伐而還曰釐。釐音僖。知難而退。師徒無虧。國之福也。釐。福也。

質淵受諫曰釐。孔云。深故能受。振謂質。生質。淵。靜深也。靜能翕受。深能容受。從諫如流。並受其福。故諡曰釐。

博聞多能曰憲。博聞。事無不知。多能。藝無不習。憲。敏也。敏訓速。謂汲汲也。

聰明叡哲曰獻。聽無不聞。明無不見。通微爲叡。先知爲哲。獻。聖也。

溫柔聖善曰懿。溫。和厚也。柔。巽順也。聖。叡也。善。良也。懿。醇美也。孔云。性純淑也。

五宗安之曰孝。流派所出爲宗。凡言宗者。以主祭祀爲言。人宗於此而祭祀也。五宗。五世之宗也。安之者。世爵世祿。以安其身。安其心也。宗安則考安。自仁率親。等而上之。至于祖。無不安矣。此孝之推也。

慈惠愛親曰孝。慈者。惻隱之情。惠者。施與之德。以此至情實德。周愛九族。亦孝之推也。

協時肇享曰

孝。協。合也。肇。始也。享。獻也。禮有九獻。祼二獻。薦血腥時。王及后酌醴齊爲朝踐二獻。薦熟時。酌盎齊爲饋獻二獻。尸卒食。王酳尸。爲朝獻一獻。后與賓酳尸。爲再獻兩獻也。方祭之始。誠意未散。常如始則誠矣。祭者。所以追養繼孝也。故諡曰孝。○齊音劑酳引去聲

秉德不回曰孝。秉。執持也。回。邪也。守身所以事親。故曰孝。

大慮行節曰考。大慮。如託孤寄命。所憂者大也。行有節操。雖至於死生之際而不可奪。斯成其節矣。考。成也。

執心克莊曰齊。執。執持其心。執競也。主敬而言。心敬則色容能莊。表裏如一。故曰齊。齊者。肅也。

資輔供就曰齊。供。通作共。就。成也。藉輔佐以共成其治。上下同心。故曰齊。齊。又等也。

豐年好樂曰康。大有年。非勤於民事。不足以致之。此時歡樂之事。雖好之而非荒也。康。安也。此天時之康。

安樂撫民曰康。民身安。民心樂。國家閒暇。明其政刑。以鎮撫其民。民安則君安。此國運之康。

令民安樂曰康。富之

使各得其所而安。教之使皆知其善而樂。所以安民者至矣。此政事之康。

安民立政曰成。體國經野。各有寧宇。設官分職。各無廢事。民安政立。業斯成矣。故曰成。

布德執義曰穆。德惠也。德施於外。故曰布。義者宜也。義持乎內。故曰執。布德所以和衆心也。執義所以和萬事也。此於治世見其穆也。穆和也。

中情見貌曰穆。孔云。性公露也。振謂中心也。情者性之動也。見發見。貌舉一身而言。根心生色。自然流露。此於脩己見其穆也。

敏以敬順曰頃。頃音傾。敬順卽肅雝也。頃與傾同。空也。空訓虛。言性敏疾而不遲。用其敬於處事之際。用其和於接物之時。非中虛不能也。中虛則心無私累。故能疾速於敬順也。

昭德有勞曰昭。孔云。能勞謙也。振謂昭明百姓之德。所謂賢者以其昭昭使人昭昭也。故有功。勞功也。此言德之昭。

容儀恭美曰昭。恭指容。動容貌。斯遠暴慢矣。美指儀。所謂懿範也。此言度之昭。

聖聞周達曰昭。通微之謂

聖。稽古之謂聞。惟聞故事可周知。惟聖故理無不達。此言學之昭。**保民耆艾曰胡。**孔云。六十曰耆。七十曰艾。振謂艾。養也。言愛護斯民。至耆老之年。日益頤養至眉壽也。胡。壽也。**彌年壽考曰胡。**雖無保民之功。而能長久其年。享眉壽而考終命。故亦謚胡。**彊毅果敢曰剛。**彊。不息也。毅。堅忍也。果。決斷也。敢。勇往也。心體彊毅。則足以有執。而人欲不得而屈之。意氣果敢。則不疑所行。而外物不得而撓之。剛。指性而言。**追補前過曰剛。**卓然自立。不爲外物所奪。故前過能追補之。剛。兼氣而言。**柔德考衆曰靜。**柔德安遠人以德也。考衆成就近衆。靜安也。此言國靜。**恭己鮮言曰靜。**恭己則矜平。鮮言則躁釋。此言心靜。**寬樂令終曰靜。**寬則不猛。樂則無憂。以善自終。何安如之。此言身靜。**治而無眚曰平。**孔云。無失闕之病也。振謂治者。事有條理。已見其效也。無眚。無災也。此世道之平。**執事有制曰平。**

執持其事。皆有法制。無得偏陂。此王道之平。

布綱治紀曰平。須布綱領。修理條目。此治道之平。

由義而濟曰景。景。光也。大也。用義而成事。治道光大也。

布義行剛曰景。義施乎外。故曰布。剛出乎內。故曰行。布義行剛。性體光大也。

耆意大慮曰景。彊其心意。不鄰於懦弱。大其謀慮。不涉乎細微。志願光大也。

清白守節曰貞。不濁曰清。不淄曰白。守其節操。此立身之貞。

大慮克就曰貞。大慮事業之將隆。而能成就之。此幹事之貞。

不隱無屈曰貞。處物無私。故心常見而不隱。反身循理。故氣有伸而無屈。此御世之貞。

猛以剛果曰威。猛。嚴也。不屈曰剛。地德也。人生性善。皆有不忍之心。故寬易而猛難。以性體之剛德決之。則能猛矣。人畏之也。故曰威。

猛以彊果曰威。不息曰彊。天德也。以心體之彊力決行其嚴猛。孔云。彊甚於剛也。

彊毅信正曰威。彊能健行。

毅能致果。內信實而外貞正。非作威之謂，乃德威之謂也。辟土服遠曰桓。辟土，已征而得其地也。服遠，未征而服其人也。武威得其名矣。故曰桓。桓，武也。克敬勤民曰桓。勤民，遣戍卒也。戍卒如期而往，如期而代。使民能敬。武備得其信矣。故曰桓。辟土兼國曰桓。辟土者，其土為所宜削，辟之而定其疆理。兼國者，其國不能有為，兼之而治，以王官武事得其經矣。故曰桓。

道德純一曰思。此誠身之思。純，大也。孔云：道大而德一也。大省兆民曰思。此恤民之思。大為省察，謂清問也。外內思索曰思。此求善之思。外而四方，內而朝廷，思求其善。索，求也。追悔前過曰思。此悔過之思。孔云：思而能改也。

柔質慈民曰惠。質，謂性質，以巽順之性愛民，出於自然，非市恩也。易所謂有孚惠心也。愛民好與曰惠。有愛民之心，而好施與，非口惠也。有實德矣。柔質受諫曰慧。柔順之性，不剛愎以自用。從諫如流。可謂智矣。慧。智也。孔云。以虛受人。能思辯衆曰元。有本心之全德。而虛靈不昧。故能思。以己之心。度人之心。有德爲淑。則旌之。無德爲慝。則別之。分辯衆心。彰善癉惡。所以使之並生於世也。元者。天地之大德。所以生生者也。在人爲仁。行義說民曰元。說悅通。行義如老吾老幼吾幼之類。說民者。有以悅之。皆知老老幼幼也。舉斯心以加彼。惻隱之心。人皆有之。體仁足以長人。故曰元也。始建國都曰元。單言國。指王國也。言國。則九服可知。都。小都大都也。言都。則鄙邑可知。元。始也。周禮體國經野。以爲民極。周公始建國都。所以稱元也。主義行德曰元。心之德不可見。於義見之。以義爲主。則所行無非心德。故謂之元也。兵甲亟作曰莊。亟去吏切。亟作。言數起也。莊。嚴也。此用兵之嚴者。叡圉克服曰莊。叡。通也。通邊圉。使能服也。此待敵之嚴者。勝敵志強曰莊。外則勝敵。內則志強。有可勝之力。無怯弱之心。

此禦寇之嚴者。死於原野曰莊。死難也。此守節之嚴者。屢征殺伐曰莊。征者。奉王命以征之也。殺用斧鉞。伐用鐘鼓。此敵愾之嚴者。○愾音慨武而不遂曰莊。舉武事而功不成。如魯莊公是已。左傳。師及齊師圍郕。郕降於齊師。公曰。我實不德。姑務脩德以待時乎。師還。此克己之嚴者。○降胡江切克殺秉政曰夷。殺雖可以除害。而曰我能之。則刑戮不無濫及。而民命傷矣。政雖不可下移。而曰我持之。則叢脞不信仁賢。而人才傷矣。故曰夷。安心好靜曰夷。安心。無危心也。好靜。喜寂處也。人君如此。則國事日替矣。凡事始盛終衰。其頹替如丘陵漸平。謂之陵夷。謚亦此義也。執義揚善曰懷。執持其義。則所行皆義事。而人慕之。稱揚人善。則所樂惟善言。而人告之。是有以來之也。懷。來也。慈仁短折曰懷。慈主情。仁主性。孔云。短。未六十。折。未三十。振謂有慈仁之德。中道夭折。而壽命不永。是可傷也。懷。傷也。○夭同殀夙夜警戒曰敬。夙夜卽朝夕猶言常也。防之於外曰警。凜之於內曰戒。常警戒。則物雖引而不入。心常存而不出。此指敬身。

夙夜恭事曰敬。恭事。執事有恪也。此指敬事。

象方益平曰敬。象者。法也。方。常也。道也。益。進也。言法乎常行之道。進乎平易之塗。無敢戲渝。無敢馳驅。此敬天命者也。

善合法典曰敬。法。如八灋。典。如六典。言善政合乎法典。不愆不忘。率由舊章。此敬先王者也。

述義不克曰丁。述。循也。循義不能。是之謂丁。丁。蠆尾。喩惡也。

迷而不悌曰丁。迷。惑也。昏迷其德。而不善兄弟。是其所厚者薄也。毒莫甚焉。故曰丁。

有功安民曰烈。孔云。以武立功。振謂烈。美也。此言功之美。

秉德遵業曰烈。秉德者。秉持其德也。遵業者。遵世業不墮改也。此言德之美。

剛克爲伐曰翼。克。治也。剛克。居三德之一。彊弗友剛克。因其習俗而正治之。以剛克剛也。沈潛剛克。視其氣禀而反治之。以剛克柔也。使之歸於正直而已。不言柔克偏辭也。伐功也。翼者。贊助之義。言以剛克爲功。所以贊助治道也。思慮深遠曰翼。思通微。故深慮防患。故遠亦贊助治道也。剛德克就曰肅。堅強不屈之謂剛。多耆慾則非剛矣。故不能成也。能成剛德。以有主敬之功也。肅。敬也。執心決斷曰肅。執持其心。自彊不息。有天德之剛。故能以理決其志。以理斷其事。而無進退不果之見。非嚴而何。是爲肅也。愛民好治曰戴。好。愛而不釋也。有愛民之心。而其所不釋者。民之治也。好則愛之至矣。念念在茲。求治有加而無已。故謂之戴也。○分物得增益曰戴。分音問。典禮不蹇曰戴。蹇音愆。○典禮。五典五禮也。期至於無過而後已。亦增益之義也。故曰戴。死而志成曰靈。立志不借命。此生前之靈也。亂而不損曰靈。亂。謂君無道也。無道而國不損。賴前哲以免。是神佑之也。故諡曰靈。極知鬼神曰靈。鬼神無形與聲。推極而知之。此通幽之靈也。**不勤成名曰靈。**不勞成名。謂賞不用而人自懷。則成德名矣。刑不用而人自畏。則成威名矣。所謂濯濯厥靈也。**死見神能曰靈。**其人旣死。能福善禍淫。著見神之能事。此生後之靈也。**好祭鬼神曰靈。**如靈巫矣。**短折不成曰殤。未家短折曰殤。**短折。橫夭也。不成。未成人也。未家。未娶也。人生二十年曰弱冠。則成人矣。年十六至十九。死爲長殤。十二至十五。死爲中殤。殤未成人喪也。八歲至十一歲。死爲下殤。國君十五生子。未家則下殤也。故皆以殤諡之。橫去聲。**不顯尸國曰隱。**春秋隱公傳。元年春王周正月。不書卽位。攝也。其不卽位之故。不明顯於外。恐四鄰疑其篡也。攝位之後。主國事於內。爲嗣君定其治也。其讓國也微。人莫之知。隱之爲言微也。**隱拂不成曰隱。**拂。謂逆理也。隱藏逆理之事。不成惡名。如隱疾然。**年中早夭曰悼。**人生六十年花甲一週。年中方三十歲也。不盡天年。謂之夭。悼。

傷也。**肆行勞祀曰悼**。肆欲妄行，勞於淫祀，而不脩德，是可傷也。**恐懼從處曰悼**。恐有驚惶之意，懼乃畏怕之實，恐在懼前也。恐懼兼時與事言，從而處之，是可傷也。**不思忘愛曰剌**。剌音辣○愛，惠也。人之有惠於已者，不思則心已乖矣。不惟不思，而且忘之，如未嘗愛我，然此乖之甚者也。剌，乖也。**愎佷遂過曰剌**。佷音恆○剛而自用曰愎。佷當作很。違而不從也。遂過者，擅成其過而不改。乖孰甚焉。**外內從亂曰荒**。官不治，家不理，是廢事矣，故爲荒也。**好樂怠政曰荒**。孔云淫於聲色，怠於政事。**在國逢難曰愍**。如魯閔公、宋閔公是已。愍通閔，痛也。孔云逢兵寇之事也。**使民折傷曰愍**。短命曰折，主死者言也。哀死曰傷，主生者言也。苛政傷人，故謚曰愍。愍，傷也。**在國連憂曰愍**。連憂，連遭大喪也。**禍亂方作曰愍**。自天降曰禍，自人興曰亂。方作，言未已也。孔云國無政，動長亂。**蚤孤**

短折曰哀。蚤者。未知人事。少而無父。謂之孤。蚤孤而又夭。是可哀也。恭仁短折曰哀。體恭有其容。質仁有其德。而無其壽。是可哀也。蚤孤鋪位曰幽。鋪音敷。鋪設也。言未知人事。而喪父爲孤子。但設其位。不能踐阼。蒙而不明也。壅遏不通曰幽。外有所壅。則內令不得通行。內有所遏。則外事無能通達。不明政之故也。動祭亂常曰幽。舉動祭祀。而亂其常位。如逆祀是已。幽者。謂其不明禮也。克威捷行曰魏。捷。敏疾也。勢能威人者。以其敏於行也。敏行則德日高。故德威惟威也。魏。高也。克威惠禮曰魏。魏貌足威人者。以其順於禮也。順禮則容盛大。故有威可畏也。魏。大名也。去禮遠衆曰煬。煬音漾。不率禮。不親民。煬。暴也。此言暴於國者。好內遠禮曰煬。好內。好女色也。禮。指嫡妾之分。言賤妾尊顯。正嫡幽微。則遠禮矣。此言暴於家者。好內怠政曰煬。好內慢政。則政荒矣。此言暴於朝者。**甄心動懼曰頃。**甄。明也。心本神明。爲人欲所蔽。則有時而昏。故當有以明之。動謂不敢安也。懼。謂不敢樂也。此明心之功也。是之謂頃。頃說。見前。前有敏以敬慎曰頃。當與此條連接。舊本誤頃爲甄。遂脫簡於此。**威德剛武曰圉。**有可畏之德。言其體則剛。言其用則武。孔云。圉。禦也。能禦亂患也。**聖善周聞曰宣。**聖者。思之睿。善者。性之良。指生質而言也。周聞者。徧聞天下之事也。如此。可謂通矣。宣。通也。**治民克盡曰使。**使。去聲。盡。終也。奉命治事。謂之使。淮南子云。日月者。天之使也。鬼谷子云。聖人者。天地之使也。皆所以代有終也。諡義如此與。**行見中外曰慤。**行。行迹也。見。顯露也。中。主心。外主事。表裏如一也。慤。愿也。誠也。**勝敵壯志曰勇。**勝敵。以必勝爲主也。壯志。以無懼爲主也。是之謂勇。勇。果敢也。果故勝。敢故壯。**昭功寧民曰商。**昭明有功之人。以安百姓。是量度其才而用之也。商。度也。**狀古述今曰譽**

譽去聲。○形容古道。稱述於今。人譽之矣。譽聲美也。○人譽平聲 心能制義曰度。度音鐸。○制事得宜。度。謀也。成鱄九德之一。○ 好和不爭曰安。孔云。失在少斷。振謂情好和平。不與人爭。身心皆安也。 外內貞復曰白。外。指身。內。指心。貞。復者。正而復。終始一也。白。潔也。 不生其國曰聲。聲在外。諡取義也。孔云。生於外家。 殺戮無辜曰厲。賊良善人。厲。虐也。 官人應實曰知。知智同。○應實者。當其才德之實也。知人則哲。故曰知。 凶年無穀曰穅。孔云。不務稼穡。振謂穅。穀皮也。無米。豐年好樂曰康。此諡正與相反。 名實不爽曰質。爽。失也。名不失其實。可謂正矣。質。正也。 不悔前過曰戾。知而不改。戾。乖也。 溫良好樂曰良。和厚為溫。故人好之。好在心也。易直為良。故人樂之。樂主發散在外也。良之為言善也。孟子云。可欲之謂善。 怙威肆行曰醜。怙。恃也。威則人畏之。肆意安行。有所恃而不恐。惡之甚也。故曰醜。

德正應和曰莫。莫音陌。其德端正。民皆應和。故謂之莫。莫。安定貌。成鱄九德之一。

勤施無私曰類。施音翅。施而無私。物得其所。無失類也。成鱄九德之一。以上兩條。及下美謚。當本在前。不與惡謚雜廁。今皆雜亂。難以考而復矣。

好變動民曰躁。孔云。數移徙也。振謂好變更其事。擾動百姓。故謂之躁。躁。擾動也。

慈和偏服曰順。慈者。有惠愛之德。和者。無乖戾之心。人皆服之。能順人心。故人順從也。成鱄九德之一。

滿志多窮曰感。自足者。必不足也。感與憾通。恨也。

危身奉上曰忠。險不辭難。奉承上命。盡己之心也。

思慮果遠曰䞓。䞓音程。繹理爲思。有圖爲慮。遠以時言。指古昔也。思慮決於古。所謂追配于前人也。䞓。追也。一說。䞓當作悍。勇也。

息政外交曰攜。止息其政。而不修。徒恃外交。牽連以俾免。非所以治國也。攜。連也。

疏遠繼位曰

紹。孔云。非其次第。偶得之也。振謂紹。繼也。如舜紹堯是已。

彰義掩過曰堅。堅。實也。立志不虛。故能著明義事。而從前之過。可以掩矣。否則仍蹈故轍。豈能掩哉。

肇敏行成曰直。肇。開也。有奮發意。敏。速也。有勉厲意。肇敏而行乃成。信乎無私曲之心矣。直。不曲也。

內外賓服曰正。內。指國。外。指敵。外來曰賓。內附曰服。孔云。言以正服之。

華言無實曰夸。華花同。貌言。華也。至言。實也。華而無實。如草木有華而不結實。其誇大審矣。夸之為言大也。

教誨不倦曰長。上施之而下皆法效曰教。丁寧之而若決晦昧曰誨。長人之道也。成鱄九德之一。

愛民在刑曰克。愛民者。好生之德洽于民。察刑。則刑不濫矣。舜典云。惟明克允。謂當致其明察乃能使刑當其罪。而人無不信服也。謚義取此與。

嗇於賜與曰愛。嗇。吝也。賜君子。與小人。出納之際。吝而不果。是愛物也。常欲存物於己。愛有貪心。不忍捨物於人。愛有惜意也。

逆天虐

民曰抗。不順天道。不惜民命。亢滿極矣。抗當作亢。好廉自克曰節。好廉則惡貪。自克者。自勝其情欲也。節。操也。擇善而從曰比。比方善而從之。成鱄九德之一。好更改舊曰易。好更新令。改舊政。是之謂易。易。變也。變者。常之反。名與實爽曰繆。繆音謬。名美而實傷。繆。紕繆。猶錯也。紕音批。思厚不爽曰愿。思厚存心厚也。不爽者。言行不傷厚德也。愿。謹慤也。貞心大度曰匡。心正而用察少。匡。方也。方則正大。隱哀之方。景武之方也。方。比方。隱爲憂痛。哀亦憂痛於徑寸。故隱者。哀之比。景爲光大。武亦光大其國家。故景景者。武之比也。施爲文也。除爲武也。施德爲文。除惡爲武。辟地爲襄。說見前。但前以德言。此以力言。開辟土地。不必在德也。不言力。可知。其治亦成矣。服遠爲桓。說見前。但前兼言辟土。則服遠者。謂未征而服其人也。此僅言服遠。則征而服之。剛克爲發柔克爲懿剛克。以剛德治也。發與因循反。剛則不廢弛矣故謚曰發。懿說見前。但前以德性言。此以政治言。柔治可謂之醇美。故不言溫與聖善也。履正爲莊有過爲僖莊說見前。此發未盡之義。言履行正道。脩身治世之嚴者。僖。樂也。與喜通。人告之以有過則喜。故謚僖也。施而不成爲宣惠無內德爲平宣平二謚見前。前說爲美謚。此非惡謚。則常謚也。有設施而中道崩殂。不能成就。是爲宣也。周禮考工記車人之事。半矩謂之宣。註云。矩灋也。所灋者。人也。人長八尺。而大節三。頭也。腹也。脛也。以三通率之。則矩二尺六寸三分寸之二。頭髮皓落曰宣。半矩。尺三寸三分寸之一。人頭之長也。謚法稱宣取得半之義。與分人以財謂之惠。內德易所謂有孚也。惠而無孚心。人不惠我德。欲大得志。不能也。適得其平而已矣。平。常也。○率音類。失志無轉則以其明餘皆象也總結上文也。不得其志。無他事迹可轉移而謚之。於是即其時命之昭著者謚之。如短折不成曰殤。年中早夭曰悼。蚤孤短折曰哀。蚤孤鋪位曰幽。其餘之謚。皆象其事行也。和。會也。勤。勞也。遵。循也。爽。傷也。肇。始也。乂。治也。康。安也。恬。恃也。享。祀也。胡。大也。服。敗也。秉。順也。就。會也。寋。過也。錫。與也。典。常也。肆。放也。穉。虛也。叡。聖也。惠。愛也。綏。安也。堅。長也。耆。彊也。考。成也。周。至也。懷。思也。式。法也。布。施也。敏。疾也。捷。克也。載。事也。彌。久也。乂音刈○此廣訓篇內字義非盡謚也。和。卽應和之和。人心應和。物皆聚合。故曰會也。傷。損也。篇中有艾無乂。前云保民者。艾曰胡。艾乂通。耆。艾。或當訓彊治與。安民而彊於政事以治之。積久乃化。故謂之胡。此說未知是否。大。大其年也。敗疑當作伏。屈服也。循理爲順。秉德故順也。物會聚則功成。故曰就會也。凡遷善徙義。長久則堅固而不攜。故曰堅長也。彊者。懦之反。左傳云。不懦不耆。周者。事物之理。周偏而無不到。故曰至也。篇中無載字。

明堂解第五十五

明堂者。通明之堂也。王者朝諸侯出政令居之。非常居也。周公爲文王作謚。在克紂之後。六年而武王崩。成王幼。周公輔之。以朝諸侯。故次之以明堂。

大維商紂暴虐。脯鬼侯以享諸侯。天下患之。四海兆民。欣戴文武。是以周公相武王以伐紂。夷定天下。既克紂六年。而武王崩。成王嗣。幼弱未能踐天子之位。周公攝政。君天下。弭亂。六年而天下大治。大。初也。追敘之辭。維。助辭。殘酷不仁爲暴。殺戮無辜爲虐。鬼侯即九侯。有女入于紂。侯女不好淫。紂怒殺之。并脯鬼侯。以人肉爲薦羞。暴虐中之一事。惡之甚者也。戴。奉也。天子死曰崩。崩。自上墜下也。年幼力弱。未成人也。時成王年十三。代治政事。使成王君臨天下。以息亂也。大治。太平也。

乃會方國諸侯於宗周。

大朝諸侯。

方國。四方之國。宗周。洛陽也。自岐周至於成周。王畿千里。此宗國也。故統稱宗周。九服畢見。故曰大朝。

明堂之位。天子之位。負斧扆南面立。率公卿士侍于左右。

明堂之位四字。總冒下文也。以下分言之。成王位在明堂太室中央。斧扆。戶牖間畫斧屏風也。古者受朝。立而不坐。率。領也。謂周公領之也。公。三公。卿。九卿。士。故士虎士之類。王南面。則右西而左東。國內治朝外朝之位尚右。國外三明堂之位尚左。公當左。卿當右。士以尊卑分左右。

公之位。中階之前。北面東上。諸侯之位。阼階之東。西面北上。諸伯之位。西階之西。東面北上。諸子之位。門内之東。北面東上。諸男之位。門内之西。北面東上。此下二節。一言五等。一言四夷。皆二伯率之以朝王也。三公。王者之後封上公。擬於內爵。故稱三公也。云之位者。明皆朝位也。明堂南面三階。故有中階。所謂納陛也。東爲圭位。東上者。上近圭位。尊也。北上者。王在北。近王爲尊也。中國諸侯。故內之也。按禹貢五服。帝畿在其中。所謂甸侯綏要荒也。周禮王畿外。分爲九服。所謂侯甸男采衞蠻夷鎮蕃也。周之王畿。卽禹之甸服。周之侯服甸服。卽禹之侯服。周之男服采服。卽禹之綏服。王畿之內臣。無論矣。此五等之爵。在侯甸男采者。卽禹貢侯服綏服之邦君也。衞蠻夷鎮蕃。下節詳之。九夷之國。東門之外。西面北上。八蠻之國。南門之外。北面東上。六戎之國。西門之外。東面南上。五狄之國。北門之外。南面東上九夷八蠻六戎五狄。並見爾雅疏。非侯甸男采。故外之也。

云之國者約畧言之也○各從其方之門而以右爲尊獨南面東上者不然○南面疑於君○故與北面者同其上也○按周之衛服蠻服○即禹之要服○周之鎮服夷服即禹之荒服○周語○蠻夷要服○戎翟荒服○皆在九州之內者○蕃服下節詳之○

四塞九采之國○世告至者應門之外○北面東上○宗周明堂之位也○

塞先代切○四塞○在四方爲蔽塞者○周禮大行人○九州之外○謂之蕃國○世壹見○采取當州美物貢天子○謂之采九采○九州之牧○亦云國者○各有所處之州也○父子相繼爲一世○至者○因父死子繼而來朝○或嗣王即位而來朝也○告之者○其長也○外薄四海○咸建五長○禹時如此○周必有長也○二伯帥諸侯而入○牧居外而糾察之長亦糾察○世見者○位在應門之外○一則略遠○一則糾儀○東上○上右也○以上皆言其位○故總結之曰○宗周明堂之位也○○下塞悉則切○糾音九

明堂○明諸侯之尊卑也○故周公建焉○而朝諸侯於明堂之位○

制禮作樂。頒度量。而天下大服。萬國各致其方賄。七年。致政於成王。尊卑。承上文言也。朝諸侯。指成王也。治定功成。於是制官禮。作樂章。頒布分寸尺丈引之五度。龠合升斗斛之五量。而天下服。上文言九服皆朝。猶有未服者。如殷頑民是已。至此而無不服。故曰大服。致。送詣也。方賄。方物也。致政。歸還其政。本或作致位。非也。明堂方百一十二尺。高四尺。階廣六尺三寸。室居中方百尺。室中方六十尺。戶高八尺。廣四尺。此爲明堂之度。計其數也。以開方法言之。縱橫皆百一十二尺。合四面之階及九室總計之也。高兼深言。階三成。每成高一尺。至廉爲四。其深則下等二尺。中等上等亦然。皆非有四尺也。云四尺者。合南北兩面言之。東西亦然。明堂九階。南面三階。東西北各二階。每階下中上三等。皆深二尺。兩面則一丈二尺也。每階廣六尺三寸。不在總計之數。室居中方百尺者合九室總計之也。室中方六十尺者。專指中央太室而言也。除中央太室之數。則四隅之室。各修廣二十尺也。四正室。各修二十尺。廣六十尺也。朱子謂明堂是一箇三間九架屋子。則一堂之地。裂爲九室。每室四戶。縱數之。一行四戶。三行則十二戶。橫數之。亦如此。共二十四戶矣。每室八窗。縱數之。一行八窗。三行二十四窗。橫數之。亦如此。共四十八窗矣。異義謂三十六戶。七十二窗。未知九室卽在一堂之上也。戶視階之高。加八尺。則一丈二尺也。戶視階之廣。加四尺。則一丈三寸也。明堂上圓下方。高三丈。必重屋。戶不宜八尺之卑。四尺之狹。除戶廣一丈三寸。以其餘爲夾窗。綽綽有裕。此洛陽明堂之度也。按周禮司儀註云。壇三成。深四尺。則一等一尺也。壇十有二尋。方九十六尺。則堂上二丈四尺。每等丈二尺。與洛陽明堂之階。仿方明壇三成。示巡狩也。考工記云。周人明堂。度九尺之筵。東西九筵。南北七筵。堂崇一筵。五室。凡室二筵。其諸鎬京聽朔之明堂與。○縱橫音蹤黌行音杭

東應門。南庫門。西臯

門北雉門。此爲明堂之門。正其向也。應者。居中應治也。庫者。舍也。物所在之舍也。皋者。遠也。最在外也。雉者。陳也。陳典章也。明堂三百步。每旁一門。東門視王宮治朝之門。南門視王宮外朝之門。西門視王城之南門。北門視王宮之中門。非謂以應庫皋雉名其門也。東方曰青陽。南方曰明堂。西方曰總章。北方曰玄堂。中央曰太廟。左爲左介。右爲右介。此爲明堂之室。定其名也。青陽者。少陽之稱。總者。總成萬物。章明之也。冬爲玄英。故以名冬。所居。介。側畔也。徐鍇謂个當作介。本此。

嘗麥解第五十六　嘗麥者。農始登麥。先薦寢廟而嘗之也。竹書。四年春正月。初朝于廟。夏四月。初嘗麥。七年。周公復政于王。列此解於明堂解之後者。追敘未致政時之事也。故次之以嘗麥。

維四年孟夏。王初祈禱于宗廟。乃嘗麥于太祖。喪三年不祭。至是始得祈禱。故曰初。祈禱求福也。宗廟。七廟也。因薦新而求福於七廟。既薦則麥可嘗矣。太祖。始祖。后稷廟也。凡廟主皆在室東向。故得嘗麥於廟堂也。

是月。王命大正正刑書。爽明。僕告既駕。少祝導王。亞祝迎王降階。即假于太宗少宗少祕于社。各牲羊一牡豕三。

假格同。言是月者。別嘗麥事也。大正。五官之長。二伯也。正刑書。定律法也。爽。昧爽。明質明。僕。大馭也。告。奏白也。駕。以玉路駕種馬也。少祝。小祝也。導王。爲王前驅也。周禮。小祝中士八人。下士十有六人。亞。次也。亞祝其下士與。迎王降階將出路門以登車也。假。召至也。太宗。大宗伯也。少宗。小宗伯也。少祕。職小而掌祕文。指小史也。爽明百官皆入。在路門外。王降路寢堂階。即召三官至。命同往雉門外之西。太社在焉。上于。語辭。下于。往也。孟夏非祭社之時。古者戮人於社。因定刑書。故以少牢祀之也。王祭社服希冕。既祭而退。更皮弁視朝。希黹同

史導

王于北階。王陟階。在東序。乃命太史尚大正。即居于戶西。南向。九州□伯咸進。在中西向。宰乃承王中。升自客階。作筴執筴從中。宰坐。尊中于大正之前。太祝以王命作筴。筴告太宗。王命□□祕作筴許諾。乃北向繇書于兩楹之間。筴音策。繇直祐切。○史。小史也。導。啓也。序。牆也。尚。尊也。即。居。謂就坐也。九州伯。牧也。在。居也。宰。宰夫也。承。進也。中。藏刑書之櫝。一上承。一下冒。上承有底。下冒爲蓋。作筴者。起竹簡。見刑書也。起筴則抽中蓋。執筴則捧中身。故曰從中。祕。即少祕。繇。抽也。言祭社之明日。小史於北階啓奏王。王升堂。王出小寢。升北階。出東房戶。在堂東墻阼階之上。大正北面於堂下。王乃命太史尊尚大正。肅而進之。太史不升。在西階下。王於是就坐于戶之西。牖之東。中央南向。大正升自西階。坐居堂中

之西。州牧皆進自西階。坐居堂中之東。宰夫進王刑
書之中。升自客階。凡啓筴執筴從中。宰坐設中于
正前。太祝以王命抽起中蓋。示筴書在焉。王既尊尚
大正。正不親授刑書於羣臣。太宗將代正主授刑書
故太祝先以筴告之。中蓋既起。王又命小史起刑書
於中外。小史許諾。乃北面抽刑書。數于兩楹閒。示數
相符。仍納於中。
以蓋掩之也。

王若曰。宗揜大正。昔天之初。口作二
后乃設建典命。赤帝分正二卿。命蚩尤于宇少昊以
臨四方。司口口上天末成之慶。蚩尤乃逐帝。爭于涿
鹿之河。九隅無遺。赤帝大慴。乃說于黃帝。執蚩尤殺
之于中冀。以甲兵釋怒。用大正。順天思序。紀于大帝。
用名之曰絕轡之野。乃命少昊清司馬鳥師以正五

帝之官。故名曰質。天用大成。至于今不亂。說音稅紀音巳故名

去聲。擠。太宗名。代大正授書。故總呼之也。二后。伏羲神農也。赤帝。指神農九世孫帝榆罔也。居空桑。其臣蚩尤作亂。遂居涿鹿。有熊氏繼之。降封帝於潞。今山西潞安府。少昊名清。繼黃帝者。未終也。涿鹿山在上谷。今順天府涿州。阪泉與涿水合。故謂之河間。角也。中冀。冀州中野也。紀。理治也。大帝。天也。絕轡。猶歸馬放牛之謂。司馬。臣之氏。鳥師。臣之名也。五帝。五行之帝也。名與命通。質。正也。言昔天開闢之始。與起羲農乃建立政典。設施命令。極其盛也。追赤帝榆罔。分任官長二卿。命蚩尤于宇下以治內。命少昊以臨四方。皆主司上天終成之福慶。蚩尤乃逐帝。爭戰于涿鹿。九州之地角。無有遺予。赤帝大怯。乃談說黃帝。殺蚩尤于冀州。以甲兵解釋天下之怒。天下咸推軒轅爲天子。降封赤帝於潞。乃用五官之長。順天道思時序。理治上天之事。名涿鹿爲絕轡之野。示天下不復用兵也。乃命少昊清司馬鳥師。董正五行之官。故命

之曰質天用大成。言質正天行。功用大成也。至于今。五行有敘而不亂也。呼去聲 其在殷之五子。忘伯禹之命。假國無正。用胥興作亂。遂凶厥國。皇天哀禹。賜以彭壽。思正夏略。假格同。殷當作夏。五子啓子武觀即國語五觀也。命訓也。至所封之國。無正道用於民。此指初封觀而言。相起而爲叛。不少待而凶害王國。此指既被放而言。略界也。正略。正其疆界也。竹書帝啓十一年。放王季子武觀于西河。武觀以西河叛。彭伯壽帥師征西河。武觀來歸。觀去聲 今予小子。聞有古遺訓。予亦述朕文考之言。不易予用皇威。不忘祗天之明典。令□我大洽。用我九宗正州伯。教告于我。相在大國有殷之□辟。自其作□于古。是威厥邑。無類于冀州。嘉我小國小國其命余克長國王。免喪稱小子，不忘親也。亦又也。言今予小子，聞有古遺傳之訓，又稱述我文考之言，見天命之不易也。予用刑書，大威天下，常念敬天之明法典刑，使我國家太平也。用我九族官長州牧，教我以道，告我以事，其庶幾乎。視在大國之諸侯，有殷之邪辟，由其作慝于古，至今未改，是宜威治其邑，無使類于冀州之蚩尤。其在小國無邪辟者，則嘉之。小國其順命於我，刑不輕用，能延長王之國祚也。國王當作王國。嗚呼，敬之哉。如木既顛，厥巢其猶有枝葉。作休，爾弗敬恤。爾執以屏助予一人，集天之顯。亦爾子孫其能常憂恤乃事，勿畏多寵，無愛乃囂，亦無或刑于鰥寡非罪，惠乃其常，無別于民。顛，仆也。屏，蕭牆，所以蔽內外者。集，成也。恤，憂也。口不道忠信之言為囂。承上文，言當敬之哉，天命之去，如木之顛也。

王無國家可安。巢無枝葉可繫也。與起國家之休美。爾弗敬天命而恤刑乎。爾執敬心以屏蔽輔助予一人。成天之顯命。不惟爾爲然也。總爾子孫能常憂恤汝刑書之事。勿以人多恃寵爲難治而畏之。無以歸爲啓明而愛之。此刑之所當施者。總無或刑及于無告無罪之人。順天之命。乃用刑之常道。可無分別于民而不加憂恤乎。仆音赴。又音攴。

衆臣咸與受大正書。乃降。衆臣。九宗州伯之類。聽王命時跪坐於地。王言既畢。皆與起也。中在大正前。故曰受大正書。書皆有中。執中而降路寢堂階也。

太史筴刑書九篇以升授大正。乃左還自兩柱之閒。還音旋。筴刑書。竹簡之刑書也。言筴必有中。不言。可知。先時宰進筴中刑書在堂上也。九篇其數也。升升西階也。尊尚大正。故特以太史授之。左還者。由西鉤楹而前。進堂中。向東行。由東面而南面而西面而北面。所謂周也。或左疑右。謂地道尚右。臣宜右旋也。太史北鄉啓中出刑書執之。進至君右。大正北面。史奉命命之。下文遂述王命。口箴大正曰。欽之哉。諸正敬功爾頌。審三節。無愚民因順。爾臨獄無頗。正刑有掇。夫循乃德。式監不遠。以有此人。保寧爾國。克戒爾服。世世是其不殆。維公咸若。掇朶入聲。○箴戒也。諸語辭。三節者。一節蚩尤。二節五觀。一節殷民也。有所望曰愚。因依也。掇取也。夫男子通稱。式用也。國。大正之國也。五官之長。是職方。即王制之二伯。大於州伯也。言敬之哉。大正敬功。人皆爾頌。察三節之叛。無望民之依順也。爾臨治獄事。無有不平。正刑有取。人率爾之明德。我周用戒不遠。蚩尤五觀無論矣。以有此殷人宜戒也。爾愛護安寧爾之國。能戒慎爾所服用之刑。不惟一世可安。世世如是。其不危。惟用刑無私。皆順之而無不服也。太史乃降。

大正坐。舉書乃中。降。再拜稽首。王命太史。正升拜于上。王則退。（乃降者。將降未降之辭也。大正跪坐舉書實中。奉中降西階。奠中再拜。王命太史辭之。正一拜。升堂而成再拜。二拜皆頭至地多時。故曰稽首。太史正退。王然後適小寢。奉捧同。）是月士師乃命太宗序于天時祠大暑乃命少宗祠風雨百享。士師用受其胾以爲之資。（祠音詞。胾資四切。雩祭又一事。故以是月別之。以下四節皆雩祭。左傳龍見而雩孟夏也。士師刑官。周禮士師下大夫四人。祀五帝則沃尸及王盥。洎鑊水。命者。奏于王而命之也。序祭名。謂次序祭之。祠祀也。禮祭法埋少牢於泰昭。祭時也。相近於坎壇。祭寒暑也。周禮。大宗伯以實燎祀飌師雨師。百享言多獻也。大臠曰胾。士師受胙以爲所取福資。取也。。洎音暨相近作祖迯臠盧轉切）邑乃命百姓遂享于富無恩民疾供。百享。歸祭閭率里君以爲之資。（邑。六鄉之邑。其長乃命百姓雩祭。有餘爲富。貧乏爲無。邑之雩祭。用醵法。與醵法斂錢成祭。祭畢飲酒。成祭于富無者。大抵富者斂錢多。無者斂錢少。與。思語辭。疾供。言民疾速於奉神也。歸祭。歸胙也。閭胥能率人。故謂之閭率。二十五家爲里。族師統四里。黨正統二十里。故曰里君。受胙以爲所取福也。。醵其虐切

野宰乃命家邑縣都祠于太祠。乃風雨也。宰用受其職載。以爲之資。野宰。六遂之里宰也。家邑。大夫之采邑。在稍地者。五鄙爲縣。都有二。小都。卿之采邑。在縣地者。大都。公之采地。王子弟所食邑。在畺地者。太祠。風伯雨師之廟也。宰受其職事。胙以爲所取福也。

采君乃命天御豐穡享祠爲施。大夫以爲資。采君。州牧。明堂解所謂九采也。天子統御四海。故謂天下爲天御也。豐穡者。潔粢豐盛。陳先穡司穡之前。月令所謂雩祀百辟卿士也。施行享祀。田大夫受胙。以爲所取福也。

箴太史乃藏之于盟府。以爲歲典。凡祭

祀。王用竹書告戒之。是爲箴歲也。太史藏之于盟書之府。以爲每歲之祀典也。

本典解第五十七

本。根本。典。常也。言根本於心之常道也。成王既正刑書。乃思刑書之所以正者。非徒法也。問周公而得根本之常道。故次之以本典。

維四月既生魄。王在東宮召公。召周公也。告周公曰。嗚呼。朕聞武考。不知乃問。不得乃學。俾資不肖。永無惑矣。今朕不知明德所則。政教所行。字民之道。禮樂所生。非不念。而知。故問伯父。不知乃問。不得乃學。武王之言也。資。助也。不肖。成王自稱也。言聞武考之言。勤問羣臣。使助不肖。長無疑於理也。則。傚也。在朝曰政。布世曰教。字。愛也。有明德。然後可以行政教。政教者。愛民之道。愛民。則治定功成。禮樂所由生也。直不知耳。非不念也。今欲知之。故問伯父也。天子謂同姓曰伯父。周公再拜稽首曰。臣聞之文考。能求士口者。智也。與民利者。仁也。能收民獄者。義也。能督民過者。德也。爲民犯難者。武也。此五句文考之言。周公述之爲明德陳其目也。智能親智。下文乃推言之。仁能親仁。義能親義。德能親德。武能親武。上智指君德。下智指賢人。親我親之也。下四句放此。言有明德方可以親賢。當致知以明之也。放上聲。五者昌于國曰明。行是五者。昌盛于國。非知之至。不能行之盡也。故曰明。此言明德之驗。下文遂贊其妙。明能見物。高能致物。物備咸至曰帝。帝鄉在地曰本。本生萬物曰世。世可則口曰至。明則心無私蔽。不卽乎卑下。故高。物。事物也。致。會也。心明者。物自顯於前。故能燭見之。心高者。物皆處其下。故能會致之。萬物悉備。表裏精粗無不到。德可承天。故曰帝。其發高明。其積博厚。厚德載物。隨地所在。無非帝鄉。根本大矣。故曰本。中庸先言積。此先言發。彼以至誠言。此以明德言也。本生萬物。生生不已。非終身之德。乃世德也。故曰世。世世子孫。可爲法則。此明德之至也。皆贊其妙也。至德照天。百姓口驚。照天。百姓驚畏之。明其大矣哉。有其德。必有其承上文。申明義而極言之。至德之明。如日月之事以實之。所謂政教也。下文遂言明德之事。

備有好醜。民無不戒。顯父登德。德降則信。信則民寧。爲畏爲極。民無淫慝。生民知常利之道。則國彊序明。好醜口必固其務。以下四節。爲政教陳其目。而各言其驗也。此言端好惡之事。備具也。言五服五刑具備也。好醜猶言好惡。好用紼絻。惡用斧鉞。民皆戒惡而爲善矣。民之中。有顯德而副美稱者。是謂顯父。登進其德而用之。德降於下。則信服而民安。

皆知敬大人。故爲畏。皆能止至善。故爲極。民無淫亂匿惡之事。好惡之端如此也。民見明德必登。无有不利。知明德爲常利之道。皆有以明之。則國勢彊。倫序明。我好者。必堅固其爲善之事。我惡者。必堅固其去惡之事。務。事也。此端好惡之驗也。

均分以利之。則民安。此言定名分之事。均平本分。士農工商各精其事。所以利之也。言乎其驗。則民身有定業。民心無覬覦。身心皆安也。。覬音冀□

用以資之。則民樂。此言富之之事。通功易事。以利其用。彼此兼贏。所以貨之也。言乎其驗。則物阜財豐而民樂也。

明德以師之。則民讓。此言敎之之事。設爲庠序學校。以明其德。所以師長之也。言乎其驗。則民讓而不爭也。

生之樂之。則母之禮也。政之敎之。遂以成之。則父之禮也。父母之禮。以加于民。其慈□□。承上文而言。民非能自樂也。生育其民。而有以樂之。則樂矣。此母之禮也。民非能自讓也。施政於民。而有以教之。遂成其讓矣。此父之禮也。元后作民父母。其慈宜如是。所謂字民之道也。非明德之所行者哉。

古之聖王。樂體其政。士有九等。皆得其宜。曰材多人。有八政。皆得其則。曰禮服。士樂其生而務其宜。是故奏鼓以章樂。奏舞以觀禮。奏歌以觀和禮樂既和。其上乃不危。

此言明德之政事。其成功在乎親賢。遂言禮樂。以明字民之效也。體。形容也。九等。卽宗伯之九命。八政。見洪範。服。行也。奏。進也。言古之聖王。功成作樂。形容其政。政在乎親賢。士有九等之命。皆得其宜稱。是謂人材之多。人有八政之掌。皆得其法則。是謂禮制之行。賢人各有所掌。則欣喜乎有養生之祿矣。各當其命。則用力乎所宜稱之職矣。此功之所由成也。而樂乃作矣。是故進鼓人於堂下而鼓之。警動衆聽。以明樂之作也。進國子於兩階而舞之。俯仰詘伸。以觀禮之節也。進太師於堂上而歌之。祖考來格。羣后德讓。以觀神人之和也。禮不乖乎樂。樂不乖乎禮。禮樂明備。天下太平。君上乃安。此字民之效。非明德不足以致之。可不親賢任政。以明其德於民哉。王拜曰。允哉。幼愚敬守。以爲本典。幼以年言。愚以質言。謙辭也。敬而守之。以爲根本常行之道也。

周書解義

仁和潘振芑田註　石門徐珩湘渚訂

卷七

官人解第五十八　王會解第五十九

官人解第五十八

以職任人曰官人。明德親賢。必克知灼見而後官之。故次之以官人。

王曰。嗚呼。大師。朕維民務官論用有徵。觀誠考言。視聲觀色。觀隱揆德。可得聞乎。

揆葵上聲。此篇見大戴禮。名文王官人。解文則成王也。思民專力於官人。論定而用之。有明證也。眞實爲誠。晤對爲言。出口爲聲。見面爲色。匿情爲隱。在心爲德。觀詳於視。揆密於觀。六者知人之法。聞之。斯可以官人矣。故叩之也。

周公曰。亦有

六徵。嗚呼。乃齊以揆之。乃。語辭。觀考視。皆所以度其心也。故以揆概之。言當分辨以度之也。之。指六徵。一曰富貴者觀其有禮施。貧賤者觀其有德守。嬖寵者觀其不驕奢。隱約者觀其不懾懼。懼。居遇切。一者。六徵之一也。此於境遇觀其實也。施。惠也。禮以文。惠以物。德守。以德自守也。爲君愛曰嬖。承君恩曰寵。接人倨傲曰驕。用物汰侈曰奢。隱。窮也。約。少也。不爲君愛。黜則身窮。不承君恩。退故財少。懾。失氣也。懼。無守貌。有者。實有之也。不者。實無之也。其少者觀其恭敬好學而能悌。其壯者觀其廉潔務行而勝私。其老者觀其思慎彊其所不足而不踰。此於歲年觀其實也。居處恭。執事敬。學。倫紀之學。好學而能悌恭敬得其實矣。廉。不貪。潔。不汙。勝私。克己也。務行而勝私廉潔得其實矣。思慎者。思慮謹慎。戒之在得也。彊。勉也。血氣既衰。身家之念重。常不足於心。彊之而不越乎法度。思慎得其實矣。父子之閒。觀其孝慈。兄弟之閒。觀其和友。君臣之閒。觀其忠惠。鄉黨之閒。觀其信誠。省其居處。觀其義方。省其喪哀。觀其貞良。省其出入。觀其交友。省其交友。觀其任廉。此於人倫觀其實也。父慈子孝。兄和弟友。家之實也。君惠臣忠。朝之實也。鄉以誠相賓。黨以信相賙。交之實也。察其常居暫處之地。教子以義方。慈得其實矣。察其死喪哀痛之時。禮有常而處之善。孝弟得其實矣。察其出入。觀其所交之友。得其往來之實。察其交友。以恩相親。信之謂任。臨財毋苟得之謂廉。得其交友之實。此四句。又為信誠申其實也。不申言君臣者。信於友。則獲於上。朋友可概之也。設之以謀以觀其智。示之以難以觀其勇。煩之以事以觀其治。

臨之以利以觀其不貪，濫之以樂以觀其不荒。此於才質觀其實也。設，陳也。煩，勞也。事有條理曰治。陳其前曰臨。滿其志曰濫。樂過則荒。觀者，觀其實有智勇，實有理治，實能不貪而不荒也。喜之以觀其輕，怒之以觀其重，醉之酒以觀其恭，從之色以觀其常。從、縱同。此於情欲觀其實也。喜之者，如八柄之予，致人之喜也。喜則氣盈勢分，必不能輕。怒之者，如八柄之奪，致人之怒也。怒則思遑處身，必不能重。能輕能重，實無私情可知矣。恭，有令儀也。從，容也。夫婦有別，五常之一也。曰恭曰常，實無私欲可知矣。遠之以觀其不二，昵之以觀其不狎。昵音匿。此於時地觀其實也。昵，近也。狎，侮也。時而遠之，其地遙矣。時而昵之，其地近矣。不二不狎，實能忠且敬也。復徵其言以觀其精，曲省其行以觀其備。此於言行觀其實也。反復明證其言，以觀其學之精。委曲省察其行。以觀其德之備。果精果備。是之謂實。此之謂觀誠。結上二文。

曰。方與之言。以觀其志。志殷以淵。殷音隱。二者六徵之二也。方並也。嚮也。輕靁不發聲爲殷。隱也。淵深也。言相並相嚮而與之言。以觀其志。志隱而不可見。深而不可測。但聞其言而可知矣。此三句冒下六節。

其氣寬以柔。其色儉而不諂。其禮先人。其言後人。見其所不足。曰日益者也。好臨人以色。高人以氣。賢人以言。防其所不足。發其所能。曰日損者也。諂卑屈也。臨人高人。皆上人之意。所不足。已之短也。所能。已之長也。言其氣度寬裕而溫柔。其顏色儉約而不屈。其禮讓人居先。而言後於人。著見已之短而不掩。此謙受益者也。好臨人以色。高人以氣。而其所以賢人之賢者。僅以言而已。已之短恐人知而防禦之。已之長。欲人見而啓發之。此滿招損者也。其貌直而不止。其言正而不私。不飾其美。不隱其惡。不防其過。曰有質者也。其貌曲媚。其言工巧。飾其見物。務其小證。以故自說。曰無質者也。質實也。媚親順也。言其貌直率而不修容止。聞其言則正言而不私語。不文飾其美。不隱藏其惡。人告之以有過。不防禦之。此言之有實者也。其貌曲而不直。親媚而修容止。聆其言則工於巧好。本無美也。著見區區之美事而飾之。本有惡也。專力小小之證據而隱之。人告之以有過。以他事故解說之。此言之無實者也。喜怒以物而色不變。煩亂以事而志不營。深導以利而心不移。臨懾以威而氣不卑。曰平心而固守者也。喜怒以物而心變易。煩亂以事而志不治。導之以利而心遷移。臨懾以威而氣慄懼。曰鄙心而假氣者也。慄音牒。物。如爵祿田宅之類。懾懼之也。志不治者。謂志亂也。言予物以喜之而不喜。奪物以怒之而不怒。其色不變。以人欲之事煩亂之。而志不惑。利者。人之所欲。深導之而人心不移。威者。人之所畏。臨懾之而氣不卑。此平心而固守者。故其言不屈也。反是者。其心鄙陋而不平。其氣假守而不固。故其言易屈也。設之以物而數決。敬之以卒而度應。不文而辯。曰有慮者也。難決以物。難說以守。一而不可變。困而不知止。曰愚依人也。卒音猝。依音倚。數。大戴禮作邀。與速同。敬當作儆。度應。謀應敵也。依。斉依。取蔽翳之義。言陳之以事物而速斷之。儆之以倉猝而度量應之。不拘一定之文法。而有隨時之辯別。此有智慮之人。其言則哲言也。遇事物而不能斷。難決之以物。值倉猝而不能應。難說之以守。拘於文。則一而不知通變之方。昧於辯。則窮而不知當止之理。此愚蔽之人。其言則愚言也。營之以物而不誤。犯之以卒而不懼。置義而不可遷。臨之貨色而不過。曰果敢者也。移易以言。志不能固。已諾無決。曰弱志者也。營。治也。求而不應曰已。許而不辭曰諾。言以事物使治之。而其言不誤。以倉猝干犯之。而其言不懼。立義。則其言一定而不遷。臨貨色。則其言辭卻而不失。此果敢之人。所謂敢言者也。其言移易。內則志不能固。外則已諾無決。此弱志之人。所謂怯言者也。順予之弗爲喜。非奪之弗爲怒。沈靜而寡言。多稽而險貌。曰質靜者也。屏言而弗顧。自順而弗讓。非是而彊之。曰妬誣者也。順予者。順其言而許其善也。非奪者。詆其言而奪其氣也。性不淺露曰沈。心不妄動曰靜。險當作儉。收斂之義也。妬媢嫉也。訕。謗也。言出言而人順予之。不作喜。非奪之不作怒。性潛心靜而少言。言多稽遲。而收斂其貌。不以賢智先人。此質實以尚賢。寧靜而思善者也。易曰。吉人之辭寡。此之謂矣。若夫非奪之而怒。屏棄衆言而不顧。人不順予而自順之。不讓於人。多言不斂其貌。非是者彊以爲是。此妬賢誣善者也。易曰。誣善之人。其辭游。此之謂矣。

微而能發。察而能深。寛順而恭儉。溫柔而能斷。果敢而能屈。曰志治者也。華廢而誣。巧言令色。皆以無爲有者也。華音花。○微而能發。微顯而闡幽也。察而能深。研幾而極深也。其言之妙如此。觀其體象。則寛裕而不猛。馴順而不逆。莊敬而不慢。節制而不過。性雖溫和柔巽。而能斷其事。氣雖果決勇敢。而能屈於人。此志有條理而不亂者。言所以妙也。若夫華言不實。大言不慙。誣罔善人。巧言而以令色出之。皆無而爲有者也。虛夸之言。何可聽哉。廢之爲言大也。○闡齒善切

此之謂

考言。結上文。三曰誠在其中必見諸外。以其聲處其實。三者。六徵之三也。處。分別也。言誠於中。必形於外。以其聲。分別其心之實。心者聲之所從出也。氣初生物。物生有聲。聲有剛柔清濁。好惡咸發于聲。陽氣健。故剛。陰氣順。故柔。稟陽氣盛者聲清。稟陰氣盛者聲濁。言陰陽二氣。化生萬物。物皆有聲。而人聲爲貴。聲有不同。性情之好惡。皆從此發。氣者。聲之所由來也。心氣華誕者。其聲流散。心氣順信者。其聲順節。心氣鄙戾者。其聲醒醜。心氣寬柔者。其聲溫和。散音傘。此言心氣之發爲聲也。浮華故流。流者。如水之流也。妄誕故散。散。放也。馴順則不浮。故聲順。誠信則不誕。故有節。鄙。凡陋也。凡陋故醒。醒者。聲如醉解也。乖戾故醜。醜。惡也。寬洪則不鄙。故溫。溫者。其聲渾厚。非醉解也。柔巽則不戾。故和。和者。其聲不乖。非惡聲也。信氣中易。義氣時舒。和氣簡備。勇氣壯力。承上文推言之。適中而平易。應時而舒展。簡略而完備。壯盛而有力。聲各如其心氣而發也。聽其聲。處其氣。考其所爲。觀其所由。以其前觀其後。以其隱觀其顯。以其小。占其大。承上文。言聽其聲。分別其氣。考其氣之所爲。果善矣。又觀其心之所從來者。果善與否。凡人之情。每忽於前而勉於後。忽於隱而勉於顯。忽於小而勉於大。觀人不於其所勉。而於其所忽。然後可以見其所由之實也。占。視也。此之謂視聲。結上文。四曰。民有五氣。喜怒欲懼憂。喜氣內蓄。雖欲隱之。陽喜必見。怒氣內蓄。雖欲隱之。陽怒必見。欲氣懼氣憂悲之氣。皆隱之。陽氣必見。五氣誠于中。發形于外。民情不可隱也。四者六徵之四也。五氣者，性附氣而動，其目有五也。喜樂也。怒恚也。欲貪欲。悚然於事變之既至曰懼。戚然於事變之將來曰憂。五氣動於內，雖欲隱之，氣屬陽而必見也。誠於中，形於外，民情不可隱也。此色之所由形也。下文遂言色。○恚，胡桂切。

喜色猶然以出，怒色薦然以侮，欲色嫗然以愉，懼色薄然以下，憂悲之色瞿然以靜。猶音搖，嫗於語切，薄音博，瞿音句。○此言五色也。猶，身搖動也。猶然，喜貌。出，生也。薦，大戴禮作拂。拂然，怒貌。人怒則不敬，故曰侮也。嫗然，欲貌。愉，悅也。薄，迫也。薄然，懼貌。凡人心壯則氣昂，心懼則氣下。下，降也。瞿然，驚變也。靜，審也。謀也。

誠智必有難盡之色，誠仁必有可尊之色，誠勇必有難懾之色，誠忠必有可新之色，誠潔必有難汙之色，誠靜必有可信之色。質浩然固以安，僞蔓然亂以煩。雖欲改之。中色弗聽。此之謂觀色。汙去聲。蔓音萬。○承上文而推言之。上五色。此八色。誠智。謂實有是智也。下五句放此。智不可窮。故難盡。仁以長人。故可尊。勇者不懼。故難懾。新當作親。忠於人。故可親。身心皆潔是至白也。故難汙。表裏皆靜。非色莊也。故可信。質正也。浩然。盛大流行之貌。蔓。大戴禮作縵。縵然。雜貌。言正色浩然貞固以安恬。僞色縵然雜亂以煩擾也。此八者。雖欲改之。以隱於中。柰誠中形外之色。不退聽何。此之謂觀色。結上文也。

五曰。民生則有陰有陽。人多隱其情。飾其僞。以攻其名。五者。六徵之五也。陰主隱。陽主見。人多隱其情。實飾其詐僞。以取其名。陰之所爲也。此隱之所由來也。攻。取也。有隱於仁賢者。有隱於智理者。有隱於文藝者。有隱於廉勇者。有隱於忠孝者。有隱於交友者。如此。不可不察也。

此隱之目也。仁以德言。賢以行言。智以性言。理以道言。成章爲文。成技爲藝。不貪爲廉。敢行爲勇。移孝可以作忠。故亦連言之。小施而好德。小讓而爭大。言願以爲質。僞愛以爲忠。尊其得以改其名。如此。隱於仁賢者也。德與得同。貪得也。願與愿同。謹厚也。言小惠施人。而好之在得。小利讓人。而爭之於大。言托謹厚。以爲本然之質。行僞慈愛。以爲盡己之忠。世人不察。以其有得於身心也。而尊之。以更其美名。如此者。僞爲仁賢而無情實者也。前總唱功。慮誠弗及。佯爲不言。內誠不足。色示有餘。自順而不讓。措辭而不遂。此隱於智理者也。禾本全曰總。喻粗也。發歌句曰唱。喻發端也。措。舉也。遂。盡也。言前粗發其功。而後不精其理。智慮實不及於理。而佯爲不言。心內所慮之理。實不足於中。而色示有餘。自以爲順理。而不讓於人。舉辭而故爲不肯盡言於人。使人莫知其僞。皆以爲慮誠及。內誠足也。動人以言。竭而弗終。問則不對。佯爲不窮。口貌而有餘。假道而自順。因之口初窮則託深。如此者。隱於文藝者也。言感動人以文藝之言。學淺易盡。而不終言之。人問而不對。佯爲不窮。貌示有餘。假借其道。以自順其言。非眞有道也。但依之而已。故其言有初而無終。及其窮也。託爲深不可測。故問而不對也。口言以爲廉。矯厲以爲勇。內恐外誇。亟稱其說。以詐臨人。如此隱於廉勇者也。亟去吏切。言以爲廉。非眞廉也。口說而已。揉曲爲矯。又託也。與撟通。矯勉以爲勇。非眞勇也。託辭而已。內恐人知。外誇於人。亟稱擧其廉勇之說。以詐僞臨制其人。人不知其僞也。自事其親。而好以告人。飾其見物。不誠於內。發名以事親。自以名私其身。如此隱於忠孝者也。見物。謂著見之事。如定省溫凊皆是。言自事其父母。於人何與。而好以告之。緣飾其著見之事。不誠於心。此非明善誠身以順乎親者。友或不察而信之。以獲乎上。於是宣發其忠孝之名。以事父母。自以名爲身之私物也。比周以相譽知賢可徵而左右。不同而交。交必重已。心說而身弗近。身近而實不至。懼不盡見於衆。而貌克。如此隱於交友者也。左右去聲。比。黨也。周。徧也。論語比私而周公。此取與人親厚之意爾。左右。助也。不同。不合也。言比黨周徧。彼此互相標榜。知賢人可徵信於民而故助之。不合而故交之。使比周之交。以我交賢而重我。心悅借賢以自重。而其身未嘗近賢。卽近賢。而好賢之誠不至。其交賢之名。懼不盡著於衆。而貌勝之。衆相傳爲能好賢矣。誰知其僞哉。此之謂觀隱。結上六曰。言行不類。終始相悖。外內不合。雖有假節見行。曰非成質者也。六者。六徵之六也。不類。或善或惡也。悖猶背也。相背者。或終善而背乎始之惡。或終惡而背乎始之善也。外指言行。內指性。言言行或善或惡。性本善而無惡。不合也。雖有假借之節操。著見之德行。非有一成之美質者也。質。地也。

言忠行夷。爭靡及私。口弗求及。情忠而寬。貌莊而安。曰有仁者也。平易之謂夷。因事而曲直相形。故爭。靡。無也。靡及私。則公矣。我所欲曰及。弗求及。非欲也。忠情。厚也。寬言有裕。莊貌嚴也。安則自然矣。有仁德。故其形外如此也。

事變而能治。效窮而能達。措身立方而能遂。曰有知者也。效。驗也。措。委置也。措身。猶言致身。言事變而能理。效窮而能通。委身立義而能成。此有智德者也。

少言以行。恭儉以讓。有知而言弗發。有施而口弗德。

曰謙良者也。言寡言以力行。恭儉以讓人。惟其力行。故有知而不發其言。惟其讓人。故有施而弗矜其德。此謙遜而易直者也。謙主讓。良主行。微忽之言。久而可復。幽閒之行。獨而弗克。其行亡如存。曰順信者也。微忽。微細而易忽者。久而可復。久要不忘平生之言也。幽。幽深。閒。閒雅。已之所獨。人弗之能。如季札孫楚是已。史記。徐君好季札劍。札爲使上國未獻。還至徐。徐君已死。乃解寶劍繫其冢樹而去。世說。孫楚弔王濟曰。子好驢鳴。爲汝作一聲。弔客皆笑。友人死亡。我行其事。如友人存時。順情而信實也。貴富恭儉而能施。嚴威有禮而不驕。曰有德者也。貴富者。每泰奢而吝財。嚴威者。難禮讓而不傲。惟有德者異是也。隱約而不懾。安樂而不奢。勤勞而不變。喜怒而有度。曰有守者也。隱約。如窮而未達。仕而見黜。皆是。安樂。富貴也。易其心曰變生怨懟也。有節制曰度。不太過也。此處境能守者。直方而不毀，廉潔而不戾，彊立而無私，曰有經者也。直其正也。方其義也。毀卽毀方之毀，謂去己之大圭角也。彊立無私，謂有卓然自立之行，私欲不足以奪之也。有經者，謂制行有常也。虛以待命，不召不至，不問不言，言不過行，行不過道，曰沈靜者也。虛空也。任不受祿之謂。不過行，顧行也。不過道，合道也。沈靜者，性沈潛而心寧靜也。忠愛以事親，驩以盡力而不回，敬以盡力而不□，曰忠孝者也。愛者，仁之發也。回，大戴禮作面。脫交疑是名言。盡力於親，心驩而不僅色愉，內敬而不求外譽。事親之忠愛如此也。夫是之謂忠孝。合志而同方，共其憂而任其難，行忠信而不疑，□隱遠而不舍，曰交友者也。難，患難。脫文，大戴禮

周書解義　卷三　官人　十　月林堂

作逃惑也。志皆在道而合。趨向之方自同。言講習也。所謂講習相契。故知彼之所行忠誠信實。而我不疑。所謂久不相見。聞流言不信也。共憂任難。言氣誼也。氣誼相投。故彼雖逃於隱遯遠去。而我不舍。所謂或出或處。二人同心也。

志色辭氣其人甚偷進退多巧就人甚數十六字闕

心色辭氣。其入人甚俞。進退工。故其與人甚巧。其就人甚速。其叛人甚易。曰位志者也。俞與去聲。○此下二節大戴禮文。盧氏抱經補用心致飾於外。是色莊也。謂之心色。有此心色而出辭氣。其感人爲甚俞。俞。仁色也。進退指容貌而言。工。飾而善也。與猶以也。謂能左右之也。就。從也。叛。背也。從甚速。背甚易。所謂巧也。位志者。位置其志。隨進退也。

飲食以親。貨賄以交。接利以合。故得望譽。征利而依隱於物。曰貪鄙者也。隱驅去聲。○以與通。金玉曰貨。布帛曰賄。

隱據也。物即飲食貨賄之類。言人有飲食與之相親。人有貨賄與之相交。人接之以利與之相合。趨勢如此。故能得衆之觀望世之名譽。取辭不至少其所不利而倚據於物。此貪鄙之人也。

足謀而不已曰僞詐者也。此下五節周書本文。大戴禮首有質不斷一句應補之。質問也。至極也。少訾也。不足人之短也。已成也。言人問而我不斷。我即有辭而調停中立。不爲之極問者之所不足。我則少之。雖爲之謀不決而成之。此作僞而詐人者也。

言行亟變從容克易。好惡無常。行身不篤曰無誠者也。從七恭切。○易治也。文飾之謂。行身。猶言行已。篤猶純也。言其言無定。其行無恆數。變易而不可測。言其外。則從容不迫。而能文飾之言其內。則好惡無常。而莫忖度之。行身不純。此無誠之人也。

少知而不大決。少能而不大成。規小物而不知大倫曰華誕者也。少知少能。謂稍有知。

稍有能也。規，謀也。人惟眞實无妄，故大決大成，知大倫也。否則小知小能，謀小事而已。此華而不實，誕而多妄者也。

規諫而不類，道行而不平，曰竊名者也。

正圜以規，使依度。猶正君以禮，使入德。故謂之規諫。言越職言事，規諫而不善。幸而諫行言聽，猶不平其心。此盜名之人也。○圜，圓同

故曰：事阻者不夷，時口者不回，面譽者不忠，飾貌者不靜，假節者不平，多私者不義，揚言者寡信，此之謂揆德。

故曰者，承上文而斷之也。事險阻者，不平易。指僞詐言也。隨時進退者，不自以爲邪曲。指位志言也。面譽則背毀矣，故不忠而失其大倫。指華誕言也。飾貌者，外從容而內不靜。指無誠者言也。假節非眞，不自以爲平常。指非成質者言也。多財利之私者不義。指貪鄙言也。揚舉規諫之言而無其實，故曰寡信。指竊名言也。此之謂揆德。總結第六徵也。

王曰：太師，女推其往

言以揆其來行，聽其來言以省往行，觀其陽以考其陰，察其內以揆其外。是故隱節者可知，偽飾無情者可辨，質誠居善者可得，忠惠守義者可見也。此下五節大戴禮文。盧氏抱經補：推，尋繹也。察，明辨也。言汝繹士人已往之言，以度其將來之行；聽士人所來之言，以審其已往之行；觀其陽氣之發見，以究其陰氣之閉藏；辨其內藏之心，以度其外著之迹，所謂齊以揆之者如此。是故隱情假節者可知，詐偽文飾無情實者可辨，質正誠實居本然之善者可得，盡忠施惠守當然之義者可見也。王曰：於乎，敬哉！女何慎乎非心，何慎乎非人，人有六徵。六徵既成，以觀九用，九用既立。一曰取平仁而有慮者，二曰取慈惠而有理者，三曰取直愍而忠正者。四曰。取順直而察聽者。五曰。取臨事而絜正者。六曰。取慎察而絜廉者。七曰。取好謀而知務者。八曰。取接給而廣中者。九曰。取猛毅而度斷者。此之謂九用也。絜潔通。○敬者。揆六徵之本也。何慎二句。設爲問答。以見其必慎也。下文遂歷敘可用之人。平和元善。而思慮自然。此安仁者也。故居其一。慈愛惠施。而條理明哲。此利仁者也。故即次之。慤強也。理直氣強。直故忠。強故正。理順而能察人之逆。辭直而能聽人之曲。此二句。皆義事也。仁爲善長。故義次之。臨交際之事。不爲物浼而潔正。解使去巳。禮所謂辭也。慎取與而察其物。不爲利疚而潔廉。推以與人。禮所謂讓也。故亦次於仁。好謀而知時務。此藏往之智。接讀爲捷。言語捷速而給辯。多中於事理。此知來之智。二者亦次於仁。猛健致果而謀決。此勇之事。故亦次於仁。九者皆可用也。

平仁而有慮

者使是治國家而長百姓。慈惠而有理者。使是長鄉邑而治父子。直愨而忠正者。使是莅百官而察善否。慎直而察聽者。使是長民之獄訟。出納辭令。臨事而絜正者。使是守內藏而治出入。慎察而絜廉者。使是分財臨貨主賞賜。好謀而知務者。使是治壤地而長百工。接給而廣中者。使是治諸侯而待賓客。猛毅而度斷者。使是治軍事。爲邊境。因方而用之。此之謂官能也。此歷敘用才之實。是此也。謂此人也。治國家。掌邦治者。長鄉邑。賞邦教者。莅百官。如夏官司士是也。慎當作順。長獄訟。掌邦刑者。出納辭令。如夏官大僕是也。內藏。如天官之玉府內府職內皆是。分財。

如天官之大府外府職歲職幣皆是治地長工掌邦事者治諸侯如秋官之司儀行人皆是也治軍事掌邦政者方方略謂有此方之謀略也不言春官具下文七屬內官能謂有此九者之能而官之也

九用有徵乃任七屬一曰國則任貴二曰鄉則任貞三曰官則任長四曰學則任師五曰族則任宗六曰家則任主七曰先則任賢

此為能者歷敘所任之官也任事也事以其力之所堪也七屬皆爵之貴者謂其下有系屬也國指畿內則任貴以總之鄉指六鄉兼六遂言則任貞正者以統之官指六官之屬則任長以領之學指庠序校之總名則任師以教之族兼上治旁治下治則任宗以繫之家兼家臣家邑則任主以率之朝莫先於公孤鄉莫先於鄉老學莫先於三老五更則任賢而為之舉爵之貴者其餘系屬之得人可知矣

正月王親命七屬之人曰於乎慎維

深內。觀民務本。愼在人。安平心去私。愼用六證。論辨九用。以交一人。予亦不私。安廢朕命。亂我法。罪致不赦。三戒。然後及論。王親受而考之。然後論成。○觀去聲。正月，正陽之月。指夏正四月也。愼維深內。言謹愼先深於內，以清其源也。有以觀示於民。必先專用力於根本。愼在得人。是其本也。汝平其觀人之心。去其黨同之私。愼用六者之證據。論辨九者之可用。七屬以此共輔一人。予觀人。亦不私也。汝如廢我之命。私而不公。亂我取人之法。罪至不赦矣。以上王命也。三次告戒。而後及論。愼之至也。論者。謂考評其行藝之詳也。追論奏而王親受之。又加之以考察。論然後成。論成則人才備。而待王之用之也。

王會解第五十九

王會。王合諸侯於明堂也。竹書。七年。周公復政于王。三月。召康公如洛度邑。甲子。周文公誥多士于成周。遂城東都。王如東都。諸侯來朝。事在官人之後。故次之以王會。

成周之會。墠上張赤帟陰羽。孔云。王城既成。大會諸侯及四夷也。除地曰墠。帟帳也。陰鶴也。以羽飾帳也。振謂墠上。即堂上也。洛陽明堂之階。抜方明壇三成。故謂堂爲墠也。

天子南面立。絻無繁露。朝服八十物。搢珽。孔云。繁露。冕之所垂也。所尊敬則有焉。八十物。大小所服。搢。插也。珽。笏也。振謂周禮夏官弁師注。冕服有六。而言五冕者。大裘之冕無旒。不聯數也。春官司服。祀昊天上帝。則服大裘而冕。祀五帝亦如之。絻無繁露。如大裘之冕。然示王有敬天之義也。朝服。袞服也。衣五章。龍山華蟲火宗彝。裳四章。藻粉米黼黻。以龍爲首章。故云八也。月令解。其蟲鱗。其數八。十成數也。物色也。八十物言色備也。春官司服。享先王則袞冕。服袞服者。示王有尊祖之義也。珽玉笏也。考工記謂之大圭。

唐叔荀叔周公在左。太公望在右。

皆絻亦無繁露朝服七十物搢笏旁天子而立於堂上孔云唐荀國名皆周成王弟故曰叔旁差在後也近天子故其冕亦無旒也振謂絻無繁露糸冕無旒也鄉黨圖考王朝公卿大夫皆以糸冕服從王視朔此服視朔之冕示有尊君敬天之義與朝服鷩服也衣三章華蟲火宗彝裳四章藻米黼黻以華蟲爲首章故云七也月令解其蟲羽其數七七十物色備也服鷩服者示王爵也笏忽也備忽忘也一名手版詳禮玉藻堂下之右唐公虞公南面立焉堂下之左殷公夏公立焉皆南面絻有繁露朝服五十物皆搢笏孔云唐虞二公堯舜後也杞宋二公冕有繁露搢笏則唐虞同也振謂左傳杜註祝無考陳與杞皆侯爵惟宋公爵鄉黨圖考公袞冕繅旒九就長九寸瑨玉三采九旒玉八十一侯伯鷩冕七就長七寸七旒玉四十九此繁露則子男之毳冕也繅五就長五寸五旒玉

二十五。朝服。毳服也。衣三章。繪宗彝藻。刺粉米裳二章。刺黼黻。以宗彝之虎蜼爲首章故云五也。月令解其蟲倮。其數五。鄭氏以倮爲虎豹也。五十物色備也。春官司服。公之服。自衮冕而下。如王之服。侯伯之服自鷩冕而下。如公之服。疏云。上得兼下。故公侯可爲服毳冕與。或者降服以擬內三公與。○蜼音壘

諸侯之有疾病者下文有之此處衍阼階之南祝淮氏榮氏次之珪瓚次之皆西面彌宗旁之孔云。淮榮二祝之氏也。彌宗官名。次珪瓚南差在後。振謂阼階東階也。珪瓚者以圭爲柄黃金勺。青金外。朱中。鼻寸。衡四寸。鼻謂龍口。衡謂勺徑。掌之者。其肆師鬱人乎。周禮肆師及果築鬯。鬱人贊祼事。鬯人則但共秬鬯而飾之。彌取彌縫闕失之義。彌宗。小宗伯與。周禮小宗伯。凡祭祀賓客。以時將瓚果。○果祼通。鬯音貫爲諸侯有疾病者之醫藥所居孔云。使儲左右召則至也。相者太史魚大行人。

皆朝服有繁露。孔云。魚。太史名。及大行人。皆贊相賓客禮儀也。振謂周禮序官。太史。下大夫二人。大行人。中大夫二人。鄉黨圖考。天子三公毳冕。此宜絺冕與。絺冕三旒。其服衣一章。刺粉米。裳二章。刺黼黻而已。○絺通黹。堂下之東面郭叔掌爲天子菉幣焉。絻有繁露。孔云。郭叔。虢叔。文王弟。菉。錄。諸侯之幣也。振謂堂下之東面。西階之南也。郭叔。公爵。見春秋莊十八年傳。天子三公毳冕。服五章。內臺西面正北方應侯曹叔伯舅中舅。中仲通。○孔云。內臺。中臺也。應侯。成王弟。曹叔。武王弟。皆國名。爲諸侯。二舅。成王之舅。姜兄弟也。振謂內臺。明堂前殿也。西面。東方面　西也。周之宗盟。異姓爲後。故先同姓而後外戚。比服次之要服次之荒服次之。比。近也。周之王畿。即禹之甸服。除王畿而外。周之侯甸。即禹之侯服。周之男采。即禹之綏服。侯服近王畿。綏服稍遠而尚近。所謂比服也。周之衛蠻。即禹之要服。周之鎭夷。即禹之荒服。大率二畿當一服。而周人鎭服之外。又有五百里之藩服。亦猶禹貢既敘五服又曰。東漸于海。西被于流沙。朔南暨聲教訖于四海。是九州之外地也。次。次於上四人之南也。**西方東面正北方。伯父中子次之。**孔云。伯父。姬姓之國。中子。於王子中行者也。振謂舉伯父。可包叔父。中子。則伸叔季弟之倫也。。行音杭**方千里之內爲比服。方二千里之內爲要服。方三千里之內爲荒服。是皆朝於內者。**孔云。此服名。因於殷。非周制也。振謂王畿千里而外。乃置九服。侯甸男采。每服一面數之。各二百五十里。合爲千里。此比服也。衞蠻二服。每服兩面數之。各五百里。合爲千里。聯比服爲二千里。此要服也。鎭夷二服。每服兩面數之。各五百里。合爲千里。聯比服要服爲三千里。此荒服也。是皆朝於明堂之內者。藩服。則世壹見而已。**堂後東北爲赤帝焉。浴盆在其中。**孔云蹕不用而設之敬諸侯也。其西天子車立馬乘。六青陰羽鳧旌。孔云。鶴鳧羽爲旌旄也。旌謂西堂後之西也。車道車也。立駐也。謂駐其所也。四馬曰乘。六青者青色羽旌有六也。周禮春官巾車掌五路。象路以朝。司常掌九旗。全羽爲旞。道車載旞。鄭云。道車。象路也。中臺之外。其右泰士。臺右彌士。孔云。外。謂臺之東西也。外臺右泰士。右彌士。言尊王泰彌楯儀之士也。振謂上云其右。則在臺前。下云臺右。側旁臺而立者。泰士。蓋上士。彌士。蓋中士下士也。一說其右之右。疑是左。泰士。理官也。受贄者八人東面者四人。孔云。受賓幣。士也。四人東面。則西面四人也。陳幣當外臺。幣兼帛璧皮馬而言。陳幣當外臺。總下四節言也。外臺在內臺之外。亦殿也。天玄䮵宗馬十二。䮵音曷。○天玄。黑也。䮵。鬣也。宗馬。馬爲羣馬所尊。蓋種馬也。䮵六馬六。故十二也。王玄繚。璧綦十二。繚力糾切。○王當作玉。白玉也。玄繚。玄組綬也。圓曰璧。雜文曰綦。赤組綬也。玉六璧六。故十二也。參方玄繚璧。豹虎皮十二。參方。三所也。玄繚。則白玉也。璧。則綦組矣虎豹之皮。示服猛也。玉璧皮各四。三四則十二也。四方玄繚璧琰十二。陳之四所。方列之也。玄繚之白玉。及圓璧琰圭。三者共一行。四行。則十二也。外臺之四隅。張赤帟。爲諸侯欲息者皆息焉。命之曰爻閭。爻。交也。閭。侶也。相羣侶也。言外臺四隅有室。張赤色之帳。爲欲休息者皆休息於中。名其室爲爻閭也。周公旦主東方所之青馬黑鬣謂之母兒。鬣音獵。○孔云。周公主東方。則太公主西方。東青馬。則西白馬矣。馬名未聞。報謂主。使屬守之。其守營牆者。衣青操弓執矛。營。謂回繞之。營牆。回繞明堂之牆也。矛。鉤兵也。此東方也。故衣青操弓執矛。餘方則各異矣。西面者正北方。稷慎大麈西面者。指內臺下東方所陳之物也。正北方惟大麈耳。餘皆列其下也。稷愼。肅愼也。後漢東夷傳。挹婁古肅愼之國。在夫餘東北千餘里。麈。似鹿而大。其尾辟塵。辟擗通。穢人前兒前兒若彌猴立行聲似小兒孔云。穢。韓穢。東夷別種。振謂穢濊通。清漳之枝瀆。漢書東夷傳。夫餘國。本濊地也。出豽。豽。似貍。無前足。善捕鼠。此卽前兒與。前讀爲緇翦之翦。淺黑色。彌卽嫛彌之彌。嬰兒也。無前足。故人立而行也。○豽與貀同。女滑切。嫛音鷖。良夷在子。在子□身人首。脂其腹炙之霍則鳴曰在子。孔云。良夷。樂浪之夷也。貢奇獸。振謂霍當作藿。豆葉也。塗脂於其腹。以藿炙之。獸自鳴曰在子也。揚州禺禺魚名。解隃冠。禺音虞。解尸賣切。○揚州貢魚。名禺禺也。魚皮有毛黃地黑文。解獸似鹿。一角。一名神羊。隃當作羭。羭獸似驢。亦一角。一名山驢。山海經。縣雍之山。其獸多閭麋。閭卽羭也。二獸皆有冠角也。案下文閭似隃冠則此解喩冠。專指解豸也。發人鹿麃者若鹿迅走。麃蒲交切。○孔云。發。亦東夷。迅疾。振謂漢志。發干縣屬東郡。郇發人地與。今山東東昌府堂邑縣也。麃。麢屬。牛尾一角。○麢音京。俞人雖馬。孔云。俞。東北夷。雖馬。巂如馬一角。不角者曰騏。振謂俞當是渝。水名。說文。渝水在遼西臨渝。東出塞。○巂爾雅作驨音攜。青丘狐九尾。青丘。海東地名。其狐四足九尾。白虎通云。德至鳥獸。則狐九尾。周頭煇羝煇羝者羊也。煇音彙。羝音低。○孔云。周頭。亦海東夷。振謂周頭當作驩頭。古文驩作鴅。鴅似鵃。故後人誤爲周頭也。海外南經。驩頭國。人面有翼鳥喙。方捕魚。郭云。驩兜。堯臣。有罪自投南海而死。帝憐之。使其子居東海而祠之。煇。赤色。吳羊牡三歲曰羝。黑齒白鹿白馬。孔云。黑齒。西遠之夷也。貢白鹿白馬。振謂海外東經註。倭國東四十餘里有裸國。裸國東南有黑齒國。西屠染齒。亦以放此人。白虎通云。德至鳥獸。則白鹿見。白民乘黃乘黃者似騏背有兩角。乘去聲。孔云白民亦東南夷。振謂白民人白如玉也。國在日南。其君銷姓。乘黃即淮南子飛黃也。海外西經，白民之國在龍魚北。白身被髮。有乘黃。其狀如狐。其背上有角。乘之壽二千歲。此言似騏與彼異也。騏，青驪文，如博綦不角。東越海蜑。蜑即蛤。孔云東越則海際蜑。文蜑。振謂東越閩也。蛇種。甌人蟬蛇蟬蛇順食之美。蟬同蟺。唐何切。○孔云東越歐人也。比交州蛇特多。爲上珍也。振謂歐當作甌。珠崖儋耳謂之甌人。屬南越。珠崖今廣東瓊州府。儋耳即瓊州府屬之儋州。廣東別號東粵。廣州貢蛇。見唐志。蟬蛇。蚺蛇也。尾圓無鱗。身有斑文。如故暗錦纈。似鼉行地。常俯其首。膽隨日轉。上旬近頭。中旬在心。下旬近尾。說文云。大蛇可食。順食者。從而鬻食之。甚美也。○蚺如占切。於越納。於衣虛切。○孔云。於越。越也。振謂於發聲也。越國在會稽。少康封其庶子無余於越。無余禹六世孫也。越稱於越。猶吳稱句吳。爾所納之物。見下六節。○句音鉤姑妹珍。孔云。姑妹國。後屬越。振謂珍。卽珍禽珍獸之珍。不得其名。則直謂之珍而已。且甌文蜃。且音苴。孔云。且甌在越。文蜃大蛤也。振謂且語辭。甌水名。永嘉記。水出寧城十餘里。去郡城五里。入江。山海經註。今臨海永寧縣。卽東甌。在岐海中。晉隋之永嘉郡。三國吳之臨海郡。卽今溫台二府地。溫之永嘉縣。台之臨海縣。卽古永寧縣地也。甌稱且甌。猶越稱於越爾。共人玄貝。共音恭。孔云。共人。吳越之蠻。振謂貝。海介蟲也。以其背用。故謂之貝。玄貝。黑色貝也。爾雅名貽貝。海陽大蟹。孔云。海水之陽。一蟹盈車。自深桂。孔云。自深。亦南蠻也。振謂桂。百藥之長。菌桂生交趾。牡桂生南海。未知自深地在何處。會稽以鼉。鼉卽鼉。孔云。其皮可以冠鼓。振謂以上六節。皆於越之貢物。會稽其本都也。皆西嚮。孔云。自大壥已下至此。向西面也。正北方。義渠以兹白。兹白者。若白馬鋸牙食虎豹。孔云。亦在臺北。與大壥相對。義渠。西戎國。兹白一名駮。振謂此節無東面者三字。省文爾。內臺下西方所陳之物。正北方惟兹白耳。餘皆列其下也。漢書。北地郡。有義渠道。○駮與駁同

央林以酋耳。酋耳者。身若虎豹。尾長參其身。食虎豹。孔云。央林。戎之在西南者。振謂央林。一作英林。酋耳騶虞也。海內北經。林氏國有珍獸。名曰騶吾。大傳。散宜生之於陵氏。取怪獸。曰虞。○於音烏

北唐以閭。閭似隃冠。孔云。北唐。戎之在西北者。射禮以閭象爲射器。振謂北唐。中山地。故堯國。有唐水。即鮮虞也。詳春秋昭十二年杜註。閭。閭麋也。如解豸然。故曰似隃冠。

渠叟以鼩犬。鼩犬者。露犬也。能飛食虎豹。鼩音豹。○孔云。渠叟。西戎之別名也。振謂涼土異物志。古渠搜國。在大宛北界。隋書西域傳。鏺汗國都葱嶺之西。五百餘里。古渠搜國。鼩。鼠屬。能飛食虎豹之物。犬似之。故名。露。露降無聲。喩飛之輕捷也。○宛音鴛。鏺音潑。汗音寒

樓煩以星施。星施

者珥旄。孔云。樓煩。北狄地。施所以爲旄羽珥。振謂樓煩。今岢嵐州屬山西太原府。星施。戚施也。星轉入聲近戚。戚轉平聲近星。爾說文。䵷鼀。詹諸也。詩曰。得此䵷鼀。言其行鼀鼀。詩今作戚施。大傳禹貢。濟中詹諸。珠玉飾耳謂之珥。珥。飾也。旄旄牛尾。注於旗干之首者也。珥旄者。謂其形可爲干旄飾與。○岢音可。嵐盧含切。䵷鼀音秋。施詹蟾通。

卜盧以紈牛。紈牛者牛之小者也。卜盧。盧戎。漢中盧縣。今南彰縣。屬湖廣襄陽府。紈同綀。角曲貌。

區陽以鼈封。鼈封者若蠥前後有首。孔云。區陽亦戎之名。振謂區當作歐水名。滏東注。在唐惠州。今磁州屬山西廣平府。水北曰陽。

規規以麟。麟者仁獸也。孔云。規規亦戎也。麟似鹿。牛尾。一角。馬蹄也。

西申以鳳鳥。鳳鳥者戴仁抱義掖信。西申國近丹穴。與鳳像。麟前鹿後。蛇頸。魚尾。龍文。龜背。燕頷。雞喙。五色備舉。高六尺許。掖。挾扶也。孔云。戴仁向仁國。抱義懷有義。掖信。歸有信也。氐羌以鸞鳥。氐音低○羌。西方牧羊人也。路史。先龍生元氐。乞姓羌也。岐隴而南。漢川以西。有青白蚺三氐。漢地理志。隴西有氐類種名。羌古姜姓。三苗之後也。鸞。神鳥也。赤神之精。鳳凰之佐。雞身。赤毛。色備五采。鳴中五音。出女牀山。女牀在華陰西六百里。孔云。氐羌地。羌不同。故謂之氐羌。今謂之氐矣。鸞大於鳳。亦歸於仁義者也。巴人以比翼鳥。孔云。巴人在南者。比翼鳥。不比不飛。其名曰鶼鶼。振案。西山經。崇吾山有鳥。狀如鳧。一翼一目。相得乃飛。名曰蠻蠻。色青赤也。方煬以皇鳥。煬音陽○方煬。一作方揚。南夷也。皇鳥配鳳。地近丹穴。與蜀人以文翰。文翰者若皋雞。蜀。西蜀。文翰。天雞。赤羽之鳥也。爾雅翰作鶾。註引此文。皋雞作彩雞。疏又作翬雉。孔云。鳥有文彩者。皋雞似鳧。冀州謂之澤特也○鶾音汗。方人以孔鳥。方。南方地名。南越以孔雀珥門戶。孔雀尾初春生。四月後卽凋。與華俱榮衰。自愛其尾。欲棲。必擇置尾處。不正偶。音影相接。因雷而孕。孔氏謂爲鸞之配。非也。鸞之雌曰和。豈以孔雀作配乎。○疋卽匹 卜人以丹沙。卜。卽濮也。濮在江漢之南。孔云。卜人。西南之蠻。丹沙所出。夷用闟木。闟兹消切○孔云。夷。東北夷也。木生水中。色黑而光。其堅若鐵。振謂夷。南越也。漢交州。出豎木。今烏文木也。見古今注。○豎同翳 康民以桴苡。桴苡者。其實如李。食之宜子。桴音浮。○孔云。康亦西戎別名也。食桴苡。卽有身。振謂前漢西域傳。康居國。東與烏戈山離。西與條支接。桴苡卽芣苢。車前也。大葉長穗。好生道旁。其子治產難。○穗音遂 州靡費費。其形人身反踵。自笑。笑則上脣翕其目。食人。北方謂之吐嘍。費卽狒。音翡。嘍集韻作謱。力主切。○孔云。州靡。北狄也。費費曰梟羊。好立行如人。被髮。前足指長。振謂水中可居者曰州。靡。邊也。州靡。贑上與章貢二水。合稱贑。海內經以梟羊爲贑巨人。南康有此人。因以名水。蓋南夷也。

費費。爾雅作狒狒。反踵者。腳跟反向也。上脣向上也。翕合也。謂上脣掩額。掩其目也。曰北人。推言之也。吐嘍者。言其聲如人之吐歐。烏之嘍喉也。○顧音緝吻武粉切歐烏后切

都郭生生歟羽。生生若黃狗。人面能言。孔云。都郭北狄。振謂都郭郎葉榆與。在雲中。今山西大同府。歟。集韻作俱。方相也。四目方相。兩目爲俱。其首蒙茸。是謂蒙俱。羽羽民。爲人長頭長頰。見海外南經。生生兼此二象。故曰生生歟羽也。水經注。葉榆有猩猩獸。形若黃狗。又狀狟貊。人面頭顏端正。善與人言。音聲麗妙。如婦人好女。○狟貊音桓豚

奇幹善芳。善芳者頭若雄雞。佩之令人不昧。奇音羈。○孔云。奇幹亦北狄。振謂幹脅也。奇幹奇肱。西夷也。海外西經奇肱之國。一臂三目。有鳥焉。兩頭。赤黃色。在其旁。郭云。其人善爲機巧。以取百禽。能作飛車。從風遠行。湯時得之於豫州界中。後十年東風至。遣之。善芳鳥名。不昧。不忘也。

皆東嚮。自兹白以下至北此向東面也。

方臺正東高夷嗛羊嗛羊者羊而四角

嗛音歉○北方臺在明堂後亦殿也正東面西也孔云高夷東北夷高句驪振謂爾雅齸屬牛曰齝羊曰齥寓鼠曰嗛皆嚼食之名齸者食之已久復出嚼之江東呼齝為齥嗛者頰裏貯食處也寓木之獸及鼠皆有之齥而如嗛故謂之嗛羊也○向音衛齸音益齝音癡齥音薛

獨鹿邛邛距虛善走也

孔云獨鹿西方之戎也振謂獨鹿在北漢書註云獨鹿山名在涿郡遒縣北界漢涿郡即今順天府屬之涿州及宣化府治也邛邛即蛩蛩青獸狀如馬距虛衍

孤竹距虛

孔云孤竹東北夷振謂孤竹國虞之營州周之幽州秦之遼西郡即今直隸永平府漢志遼西令支有觚竹城令支即永平府之遷安縣也距虛似羸而小蛩蛩距虛見人將來必負蟨以走二獸者非性心愛蟨也為得甘草而貴之故也

不令支

玄獏

獏音模○不發語辭孔云不令支皆東北夷獏白狐玄獏則黑狐

不屠何青熊

孔云。不屠何。亦東北夷也。振謂發語與上同。屠何不知所在。管子謂爲騎寇。熊。說見世俘解。騎音芰

東胡黃羆。孔云。東胡。東北夷。振謂東胡烏桓之先。後爲鮮卑。依鮮卑山。故因號焉。姓呼延。羆。說見世俘解。山戎戎菽。孔云。山戎。亦東北夷。戎菽。巨豆也。振謂自嗛羊至黃羆。皆列北方臺之東方者。其西般吾白虎。其西北方臺之西方也。孔云。般吾。北狄近西也。振謂般吾。即番吾。釋文番音盤。與般同音。漢常山郡縣名。故趙地。括地志作蒲吾。今直隸正定府平山縣也。白虎。虪也。虪音酣

屠州黑豹。孔云。屠州狄之別也。振謂北海夷也。南齊書。王融疏云。秦屠越海。禺氏騊駼。孔云。禺氏。西北戎夷。振謂禺氏。陶塗國與騊駼出北海上。國產此馬。後世因名陶塗。北方國也。

大夏茲白牛。茲白牛。野獸也。牛形而象齒。夏亥雅切。大夏國。在流沙外。城方二三百里。分爲數十國。地和溫宜五穀。見海內東經。史記謂在大宛西南二千餘里也。孔

云。犬夏。西北戎䍧白牛。野獸似白牛形。犬戎文馬。文馬赤鬣縞身。目若黃金。名古黃之乘。孔云。犬戎。西戎之遠者。振謂黃帝之後。卞明。生白犬二頭。自相牝牡。爲犬封國。文馬名吉量。乘之壽千歲。見海內北經。犬傳謂爲駁身朱鬣雞目。散宜生曾取之。雞斯吉黃騰黃。吉光。吉良。古騶吉彊。皆其別名也。卞音盤。數楚每牛。每牛者。牛之小者也。數音朔。孔云。數楚亦北戎也。振謂數楚猶言激楚。楚地風氣急數激疾。北方之國有此名。其風氣不異。與西山經。有獸如牛。而蒼黑大目。其名曰犛。出黃山。郭云。始平槐里縣。今陝西西安府興平縣。即周犬丘也。或因廣韻犛音美。引以証每牛。獨不思西安即周王畿地乎。匈奴狡犬。狡犬者。巨身。四足果。孔云。匈奴。醎北戎也。振謂狡。猾也。狡犬少狗。身當作口。說文云。巨口而黑身。四足如果。果獸似猴也。一說。果者。足短之稱。若果下牛。果下馬矣。自白虎至狡犬。皆列北方臺之西方者。

皆北嚮。言東方西方之物。皆面北也。權扶玉目。以下五節之物皆在東。權扶卽春秋權與。今湖廣陸安府當陽縣。漢臨沮縣也。漢兼今南漳縣地。權盧同壤與南漳東北有荊山出玉。玉目。玉之有光明者。形小也。白州比閭。比閭者其華若羽。伐其木以爲車。終行不敗。白州今廣西鬱林州之博白縣。南越地也。樹比并閭。車常行不敝也。并平聲禽人菅。菅音姦。禽字彙補讀離。楚離水出湘南。今湖廣永州府南鑾也。菅似茅滑澤無毛堅忍。宜爲索。漚與曝尤善。白菅可爲席。忍讀韌音刃路人大竹。路當作潞。潞江出雲南永昌府保山縣西。禹貢梁州西南徼外地也。華陽國志云。哀牢夷有竹。其節相去一丈。名僕竹。徼音叫長沙鼈。長沙屬楚。在湖廣。鼈甲蟲。以眼聽。穹脊連脅。水居陸生。孔云。特大而美。故貢也。其西魚復鼓鐘鐘牛。其西。言以下所陳之物皆在西也。魚復國。春秋爲夔國地。今四川夔州府也。貢鼓及鐘。鐘牛形也。其蠻揚之翟。孔云。揚州之蠻。貢翟鳥。振謂江淮而南。青質五彩皆備成章曰鷂。倉吾翡翠。翡翠者所以取羽。孔云。倉吾。亦蠻也。振謂漢定越地爲九郡。南海。蒼梧。鬱林。合浦。交阯。九眞。日南。珠厓。儋耳。其蒼梧。郎古倉吾與。今廣西梧州府。翡翠出鬱林。今廣西鬱林州。蒼梧之接壤也。雄曰翡。雌曰翠。翡身通黑。惟胸前背上翼後有赤羽。翠身通青黃。惟六翮上毛長寸餘青。其飛則羽鳴。翠翡翠翡然。因以爲名。其餘皆可知。自古之政。貢物不止上所云也。故以其餘概之。皆可知者。從古之政令。如下文伊尹之令是也。南人至衆。皆北嚮。南人貢物至而甚衆。東西皆北嚮。他方亦如此。今之政。猶古之政也。下文遂言古政。伊尹朝獻商書。尹古音允。此以下。釋古政也。伊姓尹字。伊尹名摯。黃帝相力牧之後。生於空桑。後居伊水。故氏曰伊。朝獻者。諸侯來朝貢獻也。云商書者。明非周書也。湯問伊尹曰。諸侯來獻或無馬牛之所生而獻遠方之物事實相反不利今吾欲因其地勢所有獻之必易得而不貴其爲四方獻令湯名履一名天乙子姓主癸之子契之後也言馬牛爲軍國之需而諸侯來貢獻者彼地或無馬牛之所生必求遠方之馬牛以獻之是貢獻者本國之事而所獻者他國之實是相反也不宜孰甚焉地勢高下出產不同吾欲因其所有而使獻之在我必易得而彼又不求貴物於遠方其作四方貢獻之令使各得其宜也伊尹受命於是爲四方令言伊尹受湯之命作四方貢獻之令也曰臣請正東符婁仇州伊慮漚深九夷十蠻越漚鬋髮文身請令以魚皮之鞞□鰂之醬鮫瞂利劍爲獻婁龍珠切鞞補鼎切鰂音賊瞂音伐符婁雩婁與水經注雩婁縣屬廬江今江南廬州

府。禹貢揚州之域。伊慮。昌慮與。漢書注。縣屬東海郡。故城在徐州滕縣東南。今滕縣。屬山東兖州府。漚當作甌。甌深。蓋東甌之別。豈卽自深與。東亦稱蠻。國近南也。越漚。東越甌人也。鬋髮。剔治其髮。斷髮文身。東吳也。魚獸似豬。東海有之。一名魚貍。其皮背上斑文。腹下純青。鞞刀室也。脫文當是烏鰂。鰂狀如算囊。無鱗。兩須長似帶。腹下八足。聚生口旁。縮喙在腹下。懷扳含墨。見人及大魚至。噀墨方數尺。背上一骨獨厚三四分。兩頭尖。色白。輕胞如通草。入藥。名海鰾鮹。鮫魚出南海。似鼈。無脚而有尾。一名沙魚。一名鰒魚。鱤。中干也。盾之別名。詩秦風作伐。扳音班 噀音巽 鰾音標 鮹音宵 盾犉上聲

正南。甌鄧。桂國。損子。產里。百濮。九菌。請令以珠璣。瑇瑁。象齒。文犀。翠羽。菌鶴。短狗爲獻。

菌音窘。甌鄧。卽春秋鄧與。曼姓之國。在南地。屬衡岳。今河南南陽府鄧州也。桂國。見路史。蓋桂陽也。今湖廣桂陽州。產與滻同。滻水出沔東。產里卽漢陽地與。百濮。夷

也見左傳南海之内有菌山以山名國與曰九猶濮之稱百也珠蚌之陰精璣珠不圓者禹貢荆州以璣穿結爲組也瑇瑁生南海介屬狀龜黿殼稍長背有甲十二片黑白班文邊缺如鋸齒無足有四鬣前長後短者其甲柔如皮因以作器其蚌觜蠵也象南越大獸長鼻牙三年一乳犀說見世俘解地理志武陵沅南縣以南皆有尾二縣俱屬湖廣常德府沅南今爲桃源縣也翠鷸也似燕紺色出鬱林青色者出漢交阯以南之交州鶴水鳥名似鵠長頸高脚丹項白身頭翅有黑故曰菌菌是地蕈其色黑也菌鶴可用爲旌翳短狗狗之善者也曼音萬觜津垂切蠵音攜鷸音聿蕈尋上聲

正西昆侖狗國鬼親枳已闟耳貫胸雕題離丘漆齒請令以丹青白旄紕罽江歷龍角神龜爲獻

闟音吸紕音編罽居例切昆侖河源所出在肅州西南狗國人身狗首長毛不衣語爲犬嘷其妻皆人生男爲狗生女爲人自相婚嫁穴居食生郎山

海經犬封國也。鬼親鬼方。海內北經廣註鬼國在駮馬國西。又云羅施鬼國今貴州。卽今大定府治也。枳屬巴郡。漢枳爲縣。今長壽縣。巴郡爲江州。今重慶府。已卒事辭。猶婁爲語餘辭也。枳曰枳已。猶郝稱郝婁。爾闒戶曰闟。歛也。闟耳聶耳也。海外北經聶耳之國在無腸國東。爲人兩手聶其耳。貫胸穿胸也。海外南經貫匈國爲人匈有竅。在載國東。題額也。雕題謂刻其額涅以丹青也。海內南經雕題在鬱水南。離北儋離國。與易林云穿胸狗邪。儋離旁脊。計其道里似別爲一種。漆齒黑齒也。南土志黑齒蠻在永昌關南。以漆漆其齒。見人以此爲飾。寢食則去之。丹丹砂。青青雘所以畫繪者。白旄白色旄牛尾也。紕織也。罽氊類織毛爲之。明月珠子的皪江靡。故稱玉爲江歷也。龍讀爲厖。雜色也。角牛羊麋鹿皆有之也。神龜龜之最神明者。孔云龍解角故得也。載音秩頞音遏雘烏郭切氊音旃皪音瀝

正北空同。大夏。莎車。姑他。旦略。豹胡。代翟。匈奴。樓煩。月氏。纖犁。其龍。

東胡請令以橐駝、白玉、野馬、騊駼、駃騠、良弓為獻。氏音支。空同即崆峒。爾雅作空桐。一名翁同。山在薊州東北。州屬直隸順天府。莎車見西域傳。姑他聲近虖池。或并州川與。西域稱中國為震旦。國名旦略。取中國經略之義。與地理志代郡亳北有五原關。古代國也。今山西代州。月氏西域國名。在大宛西。其別為小月氏。今甘肅西寧甘州二府等處。又赤斥蒙古古月支地。孅犂即蒲犂。與見西域傳。其龍蓋山名。與依山故因號焉。橐駝。駱駝也。脊上肉鞍隆高若封土。俗呼封牛。或曰駝狀似馬。頭似羊。長項垂耳。有蒼褐黃紫數色。性耐寒惡熱。夏至退毛至盡。人欲載。輒屈足受之。西域鄯善國多駝駝。白玉出玉河。在于闐城外。源出崑山。野馬如馬而小。日走五百里。騊駼馬色青。駃騠良馬。生七日而超其母。北方習騎射。故其弓良也。○虖音呼。池徒多切。闐音田。

湯曰善。善其能因地勢也。

周書解義

仁和潘振芑田註　石門徐珩湘渚訂

卷八

祭公解第六十　史記解第六十一

職方解第六十二

祭公解第六十

祭音債。祭。邑名也。祭城在河南。上有敖倉。見釋義。敖山之倉。秦時敖氏築。在今開封府河陰縣西。祭國伯爵。周公第五子所封。祭公。周公之後。字謀父。與周公同諡文。見竹書。周公歿而王道衰。非復王會之盛矣。穆王訪祭公。以謀守位。故次之以祭公。

王若曰。祖祭公。次予小子。虔虔在位。昊天疾威。予多時溥慾我聞祖不豫有加予惟敬省不弔天降疾病予畏天威公其告予懿德。昭穆之序。祭公在祖列。王尊呼之。次通佽。助也。時徐夷率九夷伐周。西至河上。王畏其偪。分東方諸侯。命徐子主之。徐子得朱弓赤矢。自以爲天瑞。乃僭稱偃王。陸地而朝者。三十六國。時王得造父爲御。西巡。樂而忘返。聞徐子僭號。乃長驅而歸。命楚伐徐。偃王走死。溥。慾。大過也。豫。悅也。不豫。指疾言。有加則病矣。省視也。弔。愍也。言在祖列之祭公。助予小子。敬在天子之位。昊天疾急威怒。降除夷之亂。是西遊之大過。較他過爲多矣。我聞祖有疾。甚而至於病。予敬視之。助予如公。柰何不爲天所愍恤而降疾病乎。天威可畏。如徐夷之亂是已。公其告予美德。以免大過。庶幾可守位乎。呼去聲

祭公拜手稽首曰。天子。謀父維不瘳。朕身尚在茲。朕魂在于天。昭王之所勖宅天命。魂。人陽神也。宅。定也。

言謀父疾維不愈。我身尚在於此。雖魂已在天。猶明曉王之所勉。安宅天命也。王曰嗚呼公。朕皇祖文王。烈祖武王。度下國。作陳周。維皇皇上帝。度其心。寘之明德。付俾於四方。用應受天命。敷文在下。皇祖。大德之祖。烈祖。有功之祖。度。謀也。下國。謂諸侯。作。興。起也。周地在岐山之陽。太王所居。至文武而邦已舊。故曰陳周。上帝。天也。度。能度物制義也。寘置也。猶言安著也。謂大大上帝。制文武之心。使有尺寸。能度義而安著。著於明德也。付。授也。俾當作畀。予也。應。當也。敷。布也。謂付予之以四方。使當受天命。而敷其文德在下土也。著直略切予上聲我亦維有若文祖周公暨列祖召公。茲申予小子追學於文武之蔑。有若。言有如此人也。周公制作多文。故曰文祖。召公宣布有功。故曰烈祖。列當作烈。步趨前人曰追。蔑。無也。謂德之微者。承上文。言我文武明德敷文。豈無助無告而能然哉。總維有如此文祖周公。及烈祖召公。此重使予小子追學文武之微德也。用克龕紹成康之業。以將天命。用夷居之大商之衆。龕音堪。○龕。受也。方言。揚越曰龕。之字衍。言大商。本其初也。衆。指頑民。承上文。言追學微德。以能受繼成康之王業。以奉天命。以平安大商之衆也。我亦維有若祖祭公之執和周國。保乂王家。國。指畿內。乂。治也。家。指朝內。承上文。言我所以平安商衆者。豈小子所自能哉。總維有如此祖祭公之執政綏和周國。愛護乂治王家。如文武之有周召也。王曰。公稱丕顯之德。以予小子揚文武大勳。弘成康昭考之烈。丕攀悲切。○稱。舉也。宏。擴而大之也。昭考。穆王之父也。烈。業也。言公舉行大顯之德。以予小子發揚文王武王之大功。擴大成王康王昭王之事業也。王曰。公無困我哉。俾百僚乃心率輔弼予一人困窮也文見洛誥彼以周公歸老為困此以祭公告病為困也乃心一心也率皆也相道為輔矯過為弼言公無以告病困我使百官心皆輔弼予一人也祭公拜手稽首曰允乃詔畢桓于黎民般般音盤○乃汝也畢盡也桓柱也宮室得桓楹乃安般樂也言信如汝告盡安民之樂政也公曰天子謀父疾維不瘳敢告天子皇天改大殷之命維文王受之維武王大剋之咸茂厥功茂懋通言皆勉其功也孔云茂美也文王以受命為美武王以剋殷為美故曰咸也維天貞文王之董用威亦尚寬壯厥心康受乂之式用休亦先王茂綏厥心敬恭承之此言文王之茂功也董督也威古文作畏有罪者督責之使其知畏所謂大邦畏其力也無罪者寬裕之使其感恩所謂小邦

懷其德也。心直則壯。曲則餒。式語辭。先王。太王王季也。言文王督責有罪而使之畏。亦赦宥無罪而尚其寬。壯大其心。不爲私餒。故天以爲正而予之命。文王安受方國而治之。移風易俗。治用休美。總之太王王季。以在天之靈。勉安其心。文王敬恭而承奉之。故能茂厥功如此也。維武王申大命。戡厥敵此言武王之勉功也。申文王受命之意而勝殷。所謂茂厥功在此也。公曰。天子自三公上下。辟于文武。文武之子孫。大開方。封于下土。天之所錫武王時疆土。丕維周之基。丕維后稷之受命。是永宅之。維我後嗣。旁建宗子。丕維周之始并。辟音壁。○上文周公召公。皆三公也。三公盡道。則百僚稱職。而一人可輔弼矣。故特重之。此言三公宜法文武也。開方。屬少廣。法具九數中。并。卽屏。樹也。所以爲蔽也。詩云。大邦維屏。言自三公而上爲君。下爲民。宜效法於文武。文武之子孫。大開方。而封之于下土者。何也。蓋天與武王之疆土。大維周之基業。大維后稷之所受命。是長居之者。故爲後嗣子孫。四方建立宗子。以爲諸侯。大維周之始有屛蔽。三公可不以爲法哉。

嗚呼。天子。三公監于夏商之既敗。丕則無遺後難。至于萬億年。守序終之既畢。丕乃有利宗。丕維文王由之。此言三公宜監夏商也。遺。䧟也。序。相傳之次第也。子孫繼位者爲宗。由。用也。言三公監戒夏商之敗。大無䧟後患。自今至于萬億年。守相傳之序。而享國皆能有終。旣各能有終。大有利於宗。大維文王用此監也。詩大雅蕩之篇云。殷鑒不遠。在夏后之世。文王尚咨之。三公可不以爲監哉。

公曰。嗚呼。天子。我不則寅哉寅哉。丕字衍。寅。敬也。一篇之大旨文武成康之所以爲君。周召之所以爲臣。懿德在此。明德在此。微德在此也。所謂丕顯者。舍敬何以哉。祭公至是重歎之。見德之當敬也。此一節。以敬自責也。所以昭王勛宅天命者此矣。汝無以戾反罪疾喪時二王大功。汝無以嬖御固莊后。汝無以小謀敗大作。汝無以嬖御士疾大夫卿士。汝無以家相亂王室而莫恤其外。尚皆以時中乂萬國。此一節以敬責王也。與道相乖曰戾。與道相背曰反。反乎道。無以免乎天地之閒。故曰罪。戾乎道。無以去其氣質之偏。故曰疾。喪。失也。失此文武之大功。不能茂厥功也。以下遂爲戾反陳其目。固與錮通。以嬖寵之御妾。禁錮正后。以小臣之謀。敗大臣所作之事。以嬖寵之御士。疾惡大夫卿士。戾反孰甚焉。陪臣執國命。內脅其君。而外不憂其國。亦王戾反之所致也。王敬而無以焉。庶幾行中道乎。隨時而處中。無時而不中。嫡妾分明。則家齊矣。小謀不用。小人不親。則朝正矣。權不下移。則國固矣。以之治天下。無罪疾喪。故曰乂萬國。王其可不敬哉。禮記緇衣。葉公之顧命

曰。毋以小謀敗大作。毋以嬖御人疾莊后。毋以嬖御士疾莊士大夫卿士。葉公乃祭公之訛也。○葉音攝

嗚呼。三公。汝念哉。汝無泯泯芬芬。厚顏忍醜。時維大不弔哉。昔在先王。我亦維丕以我辟險于難。不失于正。我亦以免沒我世。○泯音黽。弔音的。○此下二節以敬責三公也。敬主於心。故戒其念之也。泯泯昏也。芬芬與呂刑棼棼同。亂也。先王。昭王也。亦維語辭。丕。大也。指難而言。竹書。昭王十九年。祭公辛伯從王伐楚。天大曀。雉兔皆震。喪六師于漢。王陟。險于難。當作于險難。言汝念之哉。汝無不明其德而昏。不治其職而亂。昏且亂矣。而不知恥。是謂厚顏。昏亂則惡。而忍爲之。是謂忍醜。是維大不善哉。昔在先王。我亦維遭大難。以我君在于險難之中。我身徇之而不失其正道。惟其如是。我亦以免於死。善沒我世。三公可不念哉。

嗚呼。三公。予維不起朕疾。汝其皇敬哉。茲

皆保之。曰康子之攸保。勖教誨之。世祀無絕。不我周有常刑。不起朕疾。當作朕疾不起。謂不能愈也。皇敬。大敬也。如此。凡所謂法文武監夏商者。皆所以保王家也。安子之所宜保。勉教誨其君。使之無戾反罪疾。以時中乂萬國。則子孫世祿奉祀不絕。如其不敬。泯泯芬芬。厚顏忍醜。周有常刑。如八柄之廢奪誅是已。三公可不敬哉。

王拜手稽首黨言。孔云。王拜受祭公之黨言也。王拜則三公拜可知也。振謂不言祭公答拜可知。黨讜古字通。讜言直言也。

史記解第六十一

史掌文書。記錄也。竹書。穆王二十一年。祭文公薨。二十四年。王命左氏戎夫作記。蓋不忘祭公之黨言也。故次之以史記。

維正月。王在成周。昧爽。召三公左史戎夫。王。穆王。成周。洛陽也。

昧。晦也。爽。明也。欲明未明之時。三公。太師太傅太保也。左史。記言之官也。戎夫。貞名也。曰今夕朕寤遂事驚予。曰入爲夕。天未明猶夕也。故曰今夕。寤有二義。一與寐對覺寤也。一與悟通。曉寤也。遂。成也。言今夕既寐而覺悟已往之成事驚駭予也。乃取遂事之要戒俾戎夫主之朔望以聞。孔云。集取要戒之言。月朔望日於王前讀之。振謂主。宰也。守也。下文皆要戒之言。左史所讀者也。信不行義不立則哲士凌君政禁而生亂皮氏以亡。信者。言之瑞也。惟智乃能行之。義者。事之宜也。惟智乃能立之。此所以政出而不犯也。不信不義。故政出而智士不從。是犯君政也。凌與陵通。犯也。因其犯而禁之。是禁信義矣。無信義則亂生。故亡。皮氏。古諸侯也。竹書。帝不降三十五年。殷滅皮氏。前漢地理志。有皮氏縣。未知即其地與。縣屬河東郡。郡爲今山西平陽府。諂諛日近方正日遠則邪人專國政禁而生亂。華氏以亡。諂為佞言。諛惟面從。左其義也。正其直也。方則不詭。正則不諛。專國政而禁止之。邪人叛矣。故生亂。孔云。華氏。亦古諸侯也。好貨財珍怪則邪人進。邪人進。則賢良日蔽而遠。賞罰無位。隨財而行。夏后氏以亡。貨。金玉之類。以其可變化。故謂之貨。財。泉穀之類。以其可入用。故謂之財。珍。世希有者。怪。物異常者。賢。有善行也。良。量也。量力而行。不敢越限也。蔽。遮隔。遠。遐去。賢良不行。貨故蔽遠也。賞者。賞之以位。罰者。罰之出財。無位有二。一微賤之人。一放黜之臣。微賤者能進其財。則賞之。放黜者。欲復其位。則罰之。所謂隨財而行也。桀由好財亡也。嚴兵而不□者。其臣懾。其臣懾則不敢忠。不敢忠。則民不親其吏。刑始於親遠者寒心。殷商以亡。嚴音驗。嚴。酷也。兵。刃也。謂多殺戮也。懾。怖也。吏。長民者。孔云

不敢忠。乃不仁。下效其上。故不親。振謂刑始於親。樂
如殺比干是已。寒心戰栗心也。紂以暴虐亡也。

專於君者權專於臣。權專於臣則刑專於民。君娛於樂。臣爭於權。民盡於刑。有虞氏以亡。

孔云。君荒於樂。則權臣專斷。用刑濫矣。專則致爭。而刑殺之。
盡被刑也。有虞商均之後。

奉孤以專命者。謀主必畏其威而疑其前事。挾德而責數。日疏位均而爭。平林以亡。

孔云。謀主謂孤長大也。前事謂專命。挾其見奉之德。而責其前專命事。此與周公反矣。位均勢敵。振謂挾兼有而恃之之稱。挾德謂奉孤者恃有輔幼君之德也。責誅責也。數煩數也。謂謀主誅責其專命而不已也。日疏謂日疏遠奉孤之人也。位均而爭。勢敵而與君爭。孟子所謂無伊尹之志則簒也。平林。古諸侯也。

大臣有錮職譁誅者危。昔者質沙三卿朝而

無禮。君怒而久拘之。譁而弗加。譁卿謀變。質沙以亡。鋼。堅久也。譁。讙譁也。譁卿當作三卿。言大臣有堅久之職分。因讙譁而見誅責。其君必危。昔者質沙三卿。朝而無禮。君怒而久拘囚之。其無禮特諠譁耳。弗加恩恕之。三卿謀變。質沙亡也。諠譁之失。惟禮可以已之。綱鑑。漢高帝七年。長樂宮成。諸侍坐者以次上壽。御史執法。舉不如儀者。輒引去。竟朝罷酒。無敢諠譁。失禮。孔云。錮職。謂事專權也。有三卿。諸侯可知也。外內相間。下撓其民。民無所附。三苗以亡。撓。鐃上聲。○外而臣內而君相間隔也。下擾其民。民無所依。而臣不諫止。上下不交。所以亡也。三苗。國名。在江南荊揚之間。舜竄之于三危。三危。山。上有三峯。在唐沙州燉煌縣郎古瓜州。今甘肅安西州也。弱小在彊大之間。存亡將由之。則無天命矣。不知命者死。有夏之方興也。扈氏弱而不恭。身死國亡。孔云。無天命。命在彊大者也。知命則存。不知命則足以亡矣。有夏。啓也。戰於甘。滅扈也。振謂有扈。夏同姓。見世本。即鄠縣。漢屬扶風郡。今陝西西安府屬地有扈谷甘亭也。嬖子兩重者亡。昔者義渠氏有兩子。異母皆重。君疾。大臣分黨而爭。義渠以亡。兩重。謂不別長庶。寵秩同也。義渠。國名。即邠州地。見九域志。邠州。後魏置。今寧州。屬甘肅慶陽府。古豳邑。君惡大臣。大臣各附嬖子而爭立。竹書。武乙三十年。周師伐義渠。乃獲其君以歸。功大不賞者危。昔平州之臣。功大而不賞。諂臣日貴。功臣日怒。而生變。平州之君以走出。有功不賞而貴諂臣功臣日怒。不已而生變。平州之君。見逐於臣。走他邑而出奔異國也。春秋宣元年傳註。平州。齊地。在泰山牟縣西。泰山郡。今山東濟南府。隋書地理志。北平郡。舊置平州。今直隸永平府。未知孰是。召遠不親者危。昔有林氏召離戎之君而朝之。至而不禮。留而弗親。離戎逃而去之。林氏誅之。天下叛林氏。林氏見山海北經。其國出騶虞者。離。國名。西域傳有東離。拾遺記有泥離。不可確指矣。至則無郊迎廷見之禮。留則無適館授粲之情。不辭而去。是逃歸也。無禮誅人。宜天下叛也。昔者曲集之君伐智而專事。彊力而不信。其臣忠良皆伏。愉州氏伐之。君孤而無使。曲集以亡。伐。誇也。自誇其智也。專事。自專國事。不任賢也。彊力。以土地甲兵之力爲彊也。不信。詐也。伏。匿藏也。孤。猶云獨夫也。無使。無忠良可使也。曲集愉州。皆古諸侯。博物志。榆烱氏之君。孤而無使。曲沃進伐之。以亡。與此差互。當是彼誤也。○烱俱永切昔者有巢氏有亂臣而貴任之。以國假之以權。擅國而主斷。君已而奪之臣怨而生變有巢以亡。周書序。巢伯來朝傳稱殷之諸侯有巢是與。任國則擅國。假權則主斷。君委之政也。已而猶云既而也。怒疑當作恐。秉政專生殺。則多怨讎。君奪其政。懼禍見及。故作亂也。斧小不勝柯者亡。昔有鄶君嗇儉滅爵損祿。羣臣卑讓。上下不臨。後□小弱。禁罰不行。重氏伐之。鄶君以亡。勝音升。斧小喻臣職分小也。不勝柯喻不勝君任也。鄶國名。說文。祝融之後。妘姓所封。春秋僖三十三年傳註。故鄶國在榮陽密縣東北。今榮陽爲縣。屬河南開封府。未知是否。上下指臣位言。以尊莅卑曰臨。後小弱。當作後君少弱。見考定竹書。言臣職小不勝君任者。國必亡。昔有鄶君。吝嗇儉約。減臣之爵。損臣之祿。羣臣卑屈遜讓。在上位者。減損而下。與下位不甚懸殊。上不能臨下。下不爲上所臨。嗇儉之失如此也。後君年少力弱。又以臣弱而不能輔。禁罰不行於國。孔氏所謂兩弱不能行令也。嗇儉兆禍矣。竹書帝高辛十六年帝使重帥師滅有鄶。重少皞之子。未正句芒也。**久空重位者危。昔有共工自賢自以無臣。久空大官。下官交亂。民無所附。唐氏伐之。共工以亡。**空去聲。孔云言無任巳臣者故空官也。無大臣。故小臣亂也。君凶於上。臣亂於下。民無所依。堯遂流之。振謂共工有三。左傳共工氏。以諸侯霸九州者。在神農前。太皞後也。堯典共工。少皞氏之子。共工其名爾舜。與共工。炎帝之裔。垂也。共工其職爾。此共工。必太皞時之侯國。傳世至堯時者故云唐氏伐之。孔氏以流幽州者釋之。恐誤。**犯難爭權疑者死。昔有林氏上衡氏爭權。林氏再戰而勝。上衡氏僞義弗克。俱身死國亡。**犯難。冒犯險難也。疑。不果也。義弗克。義不敵也。因此而退。春秋之所善也。而出於僞。是宋襄公泓之戰也。言兩國共爭權力。犯難而不疑。與遲疑而不犯者皆死也。林氏再戰而勝。犯難不疑。驕以取敗。上衡僞義弗克。遲疑不犯。怠以取亡也。

知能均而不親竝重事君者危。昔有南氏有二臣貴寵力鈞勢敵競進爭權下爭朋黨君弗能禁南氏以分。知智

通。知能才也。知者才之體。能者才之用也。均同也。貴指爵。寵指祿。競進上往也。言才同而不相親竝見重於朝以事君者國必危。昔有南氏二臣君皆貴之寵之富厚之力鈞尊顯之勢敵。上而爭權。下而爭黨。君弗能禁南氏分也。水經注有南之國在南郡指江陵也。秦拔郢。置南郡。今湖廣荊州府。隋唐曰江陵。今江陵爲縣。屬荊州府。

昔有果氏好以新易故。故者疾怨。新故不和。內爭朋黨。陰事外權。有果氏以亡。有果。亦國名也。外權謂外大國。

言果氏用人無常。與人不壹。好以新易故。故者疾怨其新者。爲其軋己也。新與故不相和親。在故者因其

易而懼及。內結朋黨以自防。私事大國以自便。在新者。恐其易而謀身。內樹朋黨之勢。外資大國之援。君心好易。而新故之心。亦無不易。故果氏亡也。

爵重祿輕比口不成者亡。昔有畢程氏。損祿增爵。羣臣貌匱。比而戾民。畢程氏以亡。

比。輔也。從也。畢程。即今陝西西安府咸陽縣地。世紀云。王季徙於程。在今咸陽。南與畢陌接。所謂畢程。蓋畢程亡而王季徙都之也。戾。罪也。言爵加重。祿減輕。比輔不成者。國必亡。昔畢程氏損祿增爵。羣臣外有體貌。內實窮匱。從而橫征厚斂。以罪其民。民散故國亡也。

好變故易常者亡。昔陽氏之君。自伐而好變。事無故業。官無定位。民運於下。陽氏以亡。

故。舊。政。常。久任也。自伐。自誇其才智也。業。事業也。政事無舊業。任官無常位。變一政。有一政之條例。易一官。有一官之設施。民奉政役官。亦轉移於下。運。轉也。朝更夕改。是滋亂也。故陽氏以亡。案淮南子。武王伐紂。渡于孟津。陽侯之波。逆流而擊。陽侯溺水。其神能爲大波。孟津。今河南懷慶府孟縣。陽氏卽陽侯。侯與。其國在孟津與。姑存參考。

業形而愎者危。昔穀平之君愎類無親。破國弗剋。業形用國。外內相援。穀平以亡。愎弼力切。形當作刑。愎很也。類當作纇。戾也。剛愎自用。則忿纇臨人。故曰愎纇也。親族黨也。剋勝也。外指黨。內指族。援牽引也。言事刑而愎者國必危。昔穀平之君。很戾無親。親叛而破國。已弗能勝。從事於刑。以用於國。外黨內族。相牽引而坐誅。是魚爛也。故亡。○很痕上聲。纇音耒

武不止者亡。昔阪泉氏用兵無已。誅戰不休。并兼無親。文無所立。智士寒心。徙居至于獨鹿。諸侯畔之。阪泉以亡。孔云。無親謂并兼之也。無文德。故智士寒心也。獨鹿。西戎地名。徙都失處。故亡也。振謂無親。無鄰也。獨鹿卽涿鹿也。

亦名濁鹿。阪泉氏。蓋蚩尤也。佷而無親者亡。昔者縣宗之君佷而無聽。執事不從宗職者疑。發大事羣臣解體。國無立功。縣宗以亡。佷音恆。縣音懸。佷當作很。很。愎也。無親無輔也。無聽。不納忠言也。執事。秉政之大臣。不從。不順也。宗職。主職之衆臣也。疑。二心也。發興舉也。大事。戎事也。解體。解散支體。喻離心也。功兼戰守。國無立功。衆潰故亡也。昔者玄都賢鬼道。廢人事天。謀臣不用。龜策是從。神巫用國。哲士在外。玄都以亡。賢鬼道。廢人事。惑於鬼神之不可知。而廢人道之所宜行。天字當衍。卜用龜。筮用策。在外。在野也。國名記。玄都。少昊時諸侯。竹書。帝舜四十二年。玄都氏來朝。貢寶玉。外傳。玄都氏黎國。黎在上黨壺關之間。見西伯戡黎註。上黨即今山西潞安府。其屬有壺關縣。此玄都。未知在何時。姑存參考。文武不行者亡。昔

者。西夏性仁非兵。城郭不脩。武士無位。惠而好賞。屈

而無以賞。唐氏伐之。城郭不守。武士不用。西夏以亡。

夏上聲屈音掘。西夏即大夏。與左傳遷實沈于大夏。唐人是因。註云大夏晉陽縣。今山西太原府太原縣也。西夏之君。性仁而無文德。非兵而無武備。非詆毀也。城郭二句。申非兵也。屈竭也。慈惠而好賞。至財竭無以爲賞而後已。此二句申性仁也。唐氏堯帝也。天生五材。民並用之。如何去兵。伐之。攻昧也。無守無士。所以亡也。沈持林切

美女破國。昔者績陽彊力四征。重丘遺之美女。績陽之君悅之。熒惑不治。大臣爭權。遠近不相聽。國分爲二。

重平聲遺去聲。重丘國名。在春秋爲齊地。襄公二十五年。諸侯同盟于重丘。今山東東昌府之茌平縣。即古重丘也。重丘畏績陽之兼并。餽以美女。績陽之君。悅女之美。熒惑不

理政事。大臣爭權。遠近不聽君命。兩臣分國。故曰國分爲二也。○茌卽茬音馳宮室破國昔者有洛氏宮室無常池囿廣大工功日進以後更前民不得休農失其時饑饉無食成商伐之有洛以亡有洛。近洛水也。無常。不久而改作也。池。停水也。囿者。蓄育鳥獸之所。其地廣大。匠工之功。民日進而執之。前已成之宮室。後更改之。民不得休息。農失其春耕夏耘秋收之時。穀不熟而饑。菜不熟而饉。民無食矣。能無亡乎。竹書。帝癸二十一年。商師師征有洛克之。孔云。工功進。則民困矣。以工取官。賢材退矣。湯號曰成。故曰成商。振謂白虎通。成湯以兩言爲諡。成其諡也。解取之以冠商爾。以上二十八節。或先言要戒。而以遂事實之。或直言遂事。卽以爲要戒。記錄之言。無一定之例也。

職方解第六十二

職。主也。方。四方也。穆王旣聞史記之要戒。天下之形勢民物。不可以不知也。此周禮夏官下篇。亦命史錄之。以時考覽。故次之以職方。

職方氏掌天下之圖。辯其邦國都鄙四夷八蠻七閩九貉五戎六狄之人民。與其財用九穀六畜之數。周知其利害。閩音珉。貉音陌。○職方稱氏。世官也。天下之圖。如漢司空輿地圖也。邦國。諸侯之國也。都鄙。邦國之采地也。閩者。蠻之別。貉者。狄之別。四八七九五六。周之所服國數也。辯其人民。廣谷大川異制。民生其閒異俗也。財用。泉穀貨賄也。九穀。黍稷稻麻粱菽大小豆小麥也。六畜。馬牛羊豕犬雞也。計之有多少曰數。利。如開道通津。疆圍之利。除惡革汙禮俗之利也。害。謂惡物汙俗之害。如地慝方慝是已。

職方通掌九州。必周知之。然後封守可定。政教可須。**乃辯九州之國。使同貫利。**孔云。貫。事。振謂貫通也。九州之國。人民好惡不同。財用有無不等。貫而通之。使有無相易。善惡相濟。俾同享其利焉。東南曰揚州，其山鎮曰會稽，其澤藪曰具區，其川三江，其浸五湖，其利金錫竹箭，其民二男五女，其畜宜雞狗鳥獸，其穀宜稻。東南氣燥勁，厥性輕揚，故曰揚。揚，飛舉也。禹貢揚州之域。東距海，北據淮。殷人以淮入徐，故揚州止謂之江南。周人復以淮入揚，循禹之舊。山能出雲雨以生萬物，鎮安於一州者曰鎮。會稽山，漢志屬山陰，今在會稽縣東南。水瀦不流以生鱗橐者曰澤，水涸不耕而生草木者曰藪。具區，太湖也，在蘇州西南四十五里，廣三萬六千頃，中有七十二山，一名震澤，水常流而趨海者曰川。三江，岷江、松江、浙江，即揚子江、吳松江、錢塘江也。水可陂而灌溉者曰浸。五湖之說不一，或謂太湖周行五百里，且上稟咸池五車之氣，故名五湖，或以菱莫游貢胥爲五湖者，太湖之別也，虞翻所云。滆洮二湖，俱在陽羨，即今宜興，射貴一湖，在晉陵，即今無錫，誤分爲二湖。韋昭所云胥湖，即太湖別支。蠡湖在晉陵。洮滆與虞說同。皆非有太湖之大也。李圖之說。彭蠡巢湖鑑湖爲近是。洞庭屬荆州。柯山之說。射陽丹陽彭蠡爲近是。青草屬荆州。四儒皆以他湖合太湖爲五。舍具區而酌定之。五湖者。射陽丹陽巢湖鑑湖彭蠡也。射陽在今淮安府阜寧縣北。丹陽在太平府東南。巢湖在廬州府東。俱隸江南。鑑湖在浙江紹興府南。彭蠡卽鄱陽。在江西饒州府鄱陽縣西。皆揚域也。民資之以生者曰利。金。三品。金也。錫鑞也。竹。箭。竹之小者。考工記。吳越之金錫。爾雅。會稽之竹箭。二男五女。二分男。五分女也。衆。待之以爲養者曰畜。周禮無雞狗。宜。行。鳥獸。孔雀鸞鵁鶄犀象之屬。其土宜之以爲食者曰穀。稻生於水澤之地。揚州居東南之極。及支川下流之所歸。厥土爲塗泥。爲沮洳。故其穀宜稻也。○周禮膏物鄭作櫜。音高。車昌遮切。滆音歷。洮音遙。沮洳並去聲。

正南曰荆州。其山鎭曰衡山。其澤藪曰雲夢。其川江漢。其浸潁湛。其利丹銀齒革。其民一

男二女其畜宜鳥獸其穀宜稻湛宅減切。正南氣燥剛稟性強梁故曰荆荆強也禹貢荆及衡陽惟荆州殷之荆州其北境曰漢南以地理志考之荆山在南郡臨沮縣漢水又在北正屬襄陽言漢南則跨荆山之北至周復以荆門之北屬豫州復禹封域衡山南嶽也地志在長沙國湘南縣今衡州府衡山縣雲夢在華容跨江南北江北爲雲江南爲夢漢華容縣今荆州府監利石首二縣地非今岳州府之華容縣也江水出今四川松潘衛北西蕃閒源有三支正支自浪架嶺南流浪架嶺岷山之隨地異名者東支自弓槓口至樟臘營合正支西支自殺虎塘至黃勝關合正支南經茂州汶川縣以至灌縣離堆岐爲數十股滂沱南下左抱成都府右環崇慶州泉流以次會於新津縣南又南行逕眉州嘉定府至敘州府東南合金沙江折而東北流至重慶府嘉陵江涪江自北來合流入之又東北經夔州府巫山縣入湖廣界東流至夷陵州今宜昌府東南流至枝江縣又東流至荆州府折而南流至石首縣。又東流至監利縣。又南流至岳州府。折而東北流。至武昌府。與漢水合。又東流至黃州府。又東南流入江西界。至九江府湖口縣。鄱陽水合之。又東北流入江南界。經江寧府鎮江府。至通州入海。漢水出今陝西漢中府寧羌州北嶓冢山。初名漾水。東至南鄭縣南。爲漢水。東流至興安府白河縣。入湖廣界。又東流經鄖陽府鄖縣。至襄陽府均州。又東南流歷光化穀城二縣。至襄陽縣東津灣。折而南流。經安陸府鍾祥縣。至潛江縣大漢口。復東流。經漢陽府漢川縣至漢陽縣漢口。合岷江。江自宜昌府至武昌府漢自均州至漢陽縣。皆一千四百餘里。江漢分流於其閒至是合流。詩曰。滔滔江漢。南國之紀。是也。水經。潁水出潁川陽城縣西北少室山。湛水出犨縣魚齒山西北。陽城今登封縣。屬河南府。犨縣今魯山縣。屬汝州。皆豫州地也。大抵周荊州界。自隨巴唐鄧東北至汝潁。與豫州分界。與。丹朱砂也。銀。白金也。齒。象齒也。革。犀兕革也。其畜其穀與揚州同。○嶓音波犨蚩周切

河南曰豫州其山鎮曰華

山。其澤藪曰圃田。其川熒雒。其浸陂溠。其利林漆絲枲。其民二男三女。其畜宜六擾。其穀宜五種。河南氣著密。厥性安舒。豫。舒也。禹貢荊河惟豫州。其封在大河之南。南條荊山之北。殷之豫州。南境距漢。北境接河。故曰河南。周人於豫州亦曰河南。而南境則仍禹之舊。漢志。華山在京兆華陰縣南。京兆爲今陝西西安府。縣屬今同州府。以華山爲鎭。則禹貢雍州東南之境。亦入豫。圃田。一名原圃。在河南郡中牟縣。今郡爲河南府。縣屬開封府。熒當作滎。沇水也。沇水出河東郡垣縣王屋山。今山西絳州垣曲縣山也。東流爲濟。入于河。溢爲滎。滎在今河南開封府滎陽縣南三里古城村。厥後濟不溢河。滎澤遂枯。雒水出宏農郡上雒縣冢嶺山。今陝西商州雒南縣山也。至河南府鞏縣入河。陂當作波。水經注魯陽縣霍陽西大嶺東谷俗謂之歇馬嶺。卽應劭所謂孤山。波水所出也。魯陽卽今魯山縣。屬河南汝州。溠水出隨州隨縣黃山。隨州屬今湖廣德安府。溠水出栲栳山。東南。古豫州之地也。竹木生乎地曰林。漆。木汁可髹物者。絲。蠶所吐者。枲。麻也。家所畜曰擾。六擾。即六畜也。五種。謂黍稷菽麥稻也。○著直略切。髹音休。

正東曰青州。其山鎮曰沂山。其澤藪曰望諸。其川淮泗。其浸沂沭。其利蒲魚。其民二男三女。其畜宜雞犬。其穀宜稻麥。

沭音術。○東方少陽。其色青。其氣清。歲之首。事之始。故以青爲名焉。禹貢有青有徐。殷幷青於徐。而徐兼揚之淮。故江南曰揚州。周復以淮歸揚。而幷徐於青。正在織東。故曰正東。沂山。沂水所出也。在唐沂州沂水縣北百二十四里。在今青州府臨朐縣南百五十里。鄭云。沂山在蓋。地志云。泰山郡蓋縣。故城在沂水西北。其東莞縣。即今沂州府之沂水縣也。望諸。宋藪。漢屬沛郡睢陽縣。宋屬南京應天府。今河南歸德府商丘虞城二縣界。有孟諸臺。臺在澤中。俗呼爲湄臺。漢睢陽。今商丘。宋應天。今歸德。青州西南侵豫界也。

淮出桐柏。其支峯名胎簪。又名大復。漢志。南陽郡平氏縣。桐柏大復山。在其東南。今河南南陽府桐柏縣桐柏山。山下有淮井。泉源所出也。東流至光州東北。會汝水。汝水出汝寧府遂平縣西六十里洪山。既會汝水。又東由光州之固始縣。入江南潁州府界。又東流至潁上縣東南。淠水入之。又東北至鳳陽府懷遠縣。合過河。又東經長淮衞。至泗州五河縣。合澮河。又東經泗州城南。盱眙城北。漫衍入洪澤湖。東北出淮安府清河縣之清口。與黃河會。東則刷黃河以入海。南則入運河以濟漕。歷揚州府之寶應縣高郵州抵江都縣。入揚子江。江淮本未通。春秋時吳伐齊。於廣陵城東南築邗城。城下掘深溝。謂之邗江。東北通射陽湖。而北至宋口入淮。此通江淮之始也。泗水。漢志所載有二。一在濟陰郡乘氏縣東南至睢陵入淮。濟陰。今東昌府。乘氏。今曹州府。俱屬山東。睢陵。今江南泗州盱眙縣也。一出魯國卞縣西南至方與入沛。自沛入淮。魯國卞縣。今泗水縣。方與。今魚臺縣。俱屬山東兗州府。沛。即今沛縣。屬江南徐州府。今山東兗州府泗水縣東五十里陪尾山。四源並發。故名泗。西南流至兖州府城東金口壩分爲二派。一越壩西南流至濟寧州界爲泗河。又西南至魯橋入運河。一從壩上西流至兖州府城西爲府河。又西南至濟寧州東合洸水。又西南至天井牐入運河。沂水。漢志出泰山郡蓋縣艾山。艾山一名臨樂。今山東沂州府沂水縣西北一百七十里雕崖山。一山三名。沂山之支阜也接蒙陰縣界。南流至江南淮安府宿遷縣北。匯爲駱馬湖。又南入運河。沭水。漢志在琅邪東莞縣。今沂州府沂水縣。源出大弁山。東南流逕沂州府莒州及蘭山郯城二縣界。至江南沭陽縣。逕桑漚湖爲漣水。沂沭二水。皆南至下邳入泗。下邳。郎今江南泗州也。禹貢淮沂屬徐州。此在青州者。周以禹貢徐州地爲青故也。蒲水草。可以爲席。禹貢徐州淮夷貢魚。周幷徐於青。故其利蒲魚。三女。周禮作二女。犬作狗。蓋古沓切 雎音綏 過音戈 胎音怡 牐實洽切 邳蒲麋切

河東曰兖州。其山鎮曰岱山。其澤藪曰大野。其川河

沛。其浸盧維。其利蒲魚。其民二男三女。其畜宜六擾。其穀宜四種。河東氣專質。厥性信謙。故曰兖。兖。信也。夏殷皆言濟河惟兖州。謂東河之東。濟水之北也。周人以青兼徐。而兖州又越濟之東南。故徐之岱山。職方以爲兖之鎭山。徐之大野。職方以爲兖之澤藪也。故曰河東。岱山。漢志。在泰山郡博縣西北。博在唐爲乾封。屬兖州。宋爲襲慶府奉符縣。襲慶今兖州府。奉符。今泰安府之泰安縣也。大野。漢志。在泰山郡鉅野縣北。唐以縣屬鄆州。或云。鄆州中都西南有大野陂。鄆州。今東平州。屬泰安府。而中都則兖州府汶上縣也。今南旺湖實在汶上縣西南。縈迴百五十餘里。西湖廣衍倍於東湖。東湖北接馬踏伍莊坡湖。以及安山。南接蜀山馬場坡湖。以及昭陽諸湖。連亙數百里。即古大野無疑。河出今西蕃巴顔喀拉山東。名阿爾坦河。東北流三百餘里。合鄂敦塔拉諸泉源。元史所謂火敦腦兒。即星宿海也。匯爲查靈鄂靈二海子。元史所謂匯二巨澤。名阿剌腦兒也。折而北經蒙古托羅海山之南轉東南流千餘里南北受數十小水經烏藍莽乃山下有多母打禿昆多倫河多拉昆多倫河自東南來入之元史所謂納鄰哈剌乞兒馬出二水也自此折而西北流三百餘里前後小水奔注不可勝計繞阿木你馬勒產母孫山之東元史所謂崑崙山也流百五十餘里有齊普河呼呼烏蘇河自西來入之又迤邐東北流三百餘里會趷克圖衮俄羅濟諸水歷歸德堡元史作貴德州經積石山至陝西臨洮府河州入中國界臨洮今洮州衛河州今蘭州府屬俱在甘肅過蘭州又折而東北經寧夏府流出塞外河以內爲河套地寧夏府隸甘肅又東南至延安府府谷縣入塞河以東爲山西界府谷縣今屬陝西榆林府南流至潼關潼關縣屬同州府又折而東由河南山東界至江南淮安府安東縣入海考禹貢河道自甘肅蘭州府河州積石山始至韓城縣龍門山南至華陰縣二縣皆陝西同州府屬至此方自南迤東至河南陝州底柱山又東至懷慶府孟縣孟津又東至河南府鞏縣洛汭又東至衛輝

府濬縣大伾山又東北至相州臨河縣今江南彰德府臨漳縣又東北至澶州頓丘縣今開州屬直隷大名府於是北流至魏州貴鄉縣今大名府元城縣又東北至今冀州南宮縣絳水流入之又冀州西北接邢趙深三州邢州今直隷順德府趙州深州俱隷直隷三州皆有大陸澤又東北至滄州饒安縣饒安今滄州屬直隷天津府即禹貢北播九河同為逆河入于海之地自魏至滄凡一千三百餘里河之東境皆冀州之地也泲禹貢作濟考之説文從水從齊者水出常山郡房子縣贊皇山今直隷正定府贊皇縣之皇山別一水名後世雖例以從水從齊者為兖州之川其實乃字之誤當以解文為正泲水即沇水沇即泲之上流發源為沇既東為泲水出今河南懷慶府濟源縣王屋山既見而伏至濟源縣西北五里重源顯發有東西二池合流至溫縣東南入河復出河之南溢而為滎又東至于陶丘北陶丘地名在今曹州府定陶縣又東北至菏澤澤在今曹州府菏澤縣自河至此凡七百餘里皆古濟所經之地又東北至于

兗州府壽張縣安民亭。合北汶。至青州府博興縣入海。自汶至博興。皆古濟之地。實古兗州之域也。泲凡三伏而四見。一見於王屋而遂伏。再見而爲泲。再伏而入河。三見而爲滎。三伏而穴地。四見而出陶丘之北。自此不復伏矣。盧維當爲雷雍。禹貢雷夏既澤雍沮會同。雷夏在城陽。今山東曹州府濮州東南有雷澤。澤卽舜所漁也。灉沮二水。源俱出雷夏澤。四種。黍稷稻麥。○剌盧達切澶音蟬正西曰雍州。

其山鎮曰嶽山。其澤藪曰彊蒲。其川涇汭。其浸渭洛。其利玉石。其民三男二女。其畜宜牛馬。其穀宜黍稷。

雍去聲蒲音浦○正西氣蔽壅。厥性急凶。故曰雍。雍壅也。兼得梁州之地。西北之位。陽所不及。陰壅也。禹貢有雍有梁。故梁爲正西。而雍爲西北。殷周皆省梁入雍。故雍州爲正西。嶽。吳嶽也。地志扶風汧縣西吳山。古文以爲岍山。宋隴州吳山縣吳嶽山也。吳山縣今隴州屬陝西鳳翔府。彊蒲當作弦蒲。漢志扶風汧縣北有蒲谷鄉弦中谷宋屬隴州汧源縣汧源即今汧陽縣與隴州俱屬鳳翔府涇水出甘肅平涼府平涼縣西南筓頭山東至陝西西安府高陵縣西南入渭汭水出平涼府華亭縣有二源北源出湫頭山之朝那湫南源出齊山至縣東與北河合又東至涇州西北入涇渭水地志出隴西郡首陽縣西南宋渭州渭源縣鳥鼠山西北南谷山也東至京兆船司空縣入河宋華州華陰縣也渭源縣今屬甘肅蘭州府華陰縣今屬陝西同州府洛水爲雍州浸有二源其一亦即豫州川之源也唐志慶州洛源縣本漢歸德縣屬北地郡有於向山在縣北三十里洛水所出歸德即今甘肅慶陽府之合水縣也漢志左馮翊懷德縣之彊梁源即洛水東南入渭懷德即今西安府之富平縣也歸德其源懷德其委耳又考今陝西商州雒南縣即漢上雒縣洛水出讙舉山鄜州雒川縣本漢鄜縣洛水在州東亦洛之原委乎豫州之洛源出雒南縣讙舉山即冢嶺山與商州有熊耳山禹導洛在此河南府宜陽縣西有熊耳山其狀相

同。禹導洛不在彼也。藍田見有玉山。出玉石。雍州幷宜麥。此不言者。以黍稷爲主也。○那音儺。鄜音孚

東北曰幽州。其山鎭曰醫無閭。其澤藪曰貕養。其川河泲。其浸菑時。其利魚鹽。其民一男三女。其畜宜四擾。其穀宜三種。貕音兮。菑音緇。○東北氣深要。厥性剽疾。故曰幽。幽。要也。醫無閭。漢志。在遼東郡無慮縣。在今盛京錦州府廣寧縣北。貕養。漢志在琅邪郡長廣縣西。唐萊州昌陽縣。本漢縣。屬東萊郡。宋爲萊陽縣。貕養澤在縣東北四十里。蓋澤介乎東萊琅邪兩郡之閒。在今山東登州府萊陽縣。在禹貢屬青州。川與兗州同者。幽州雖跨有遼水爲東北。而實西南越海兼有青州之東北境。王璜張楫云。九河陷海中。是九河未陷之前。凡登萊海岸及濱滄二州之東境。皆在幽州之地。與兗州東西分界。故其川同列河泲。菑水。地志。出泰山郡萊蕪縣原山。宋淄州淄川縣東南七十里原山也。東至博昌縣入濟

博昌。宋青州壽光縣也。今青州府益都縣西南。顔神鎮東南。二十五里岳陽山。即原山。淄水出於山之東谷。東北流。至青州府壽光縣北。由清水泊入海。時水。地志。出濟南郡般陽縣。今濟南府淄川縣。東北至千乘縣入淄。千乘。今青州府樂安縣。山東通志。時水即烏河。出青州府臨淄縣西南槐樹村。北流。受澅水系水。逕新城縣之索鎮口。東南入博興縣界。下注麻大泊。新城屬濟南府。博興屬青州府。幽州跨海。故有魚鹽之利。四擾。馬牛羊豕。三種。黍稷稻也。○般音盤

河內曰冀州。其山鎮曰霍山。其澤藪曰揚紆。其川漳。其浸汾露。其利松柏。其民五男三女。其畜宜牛羊。其穀宜黍稷。

河內氣清。厥性相近。故曰冀。冀。近也。舜時十有二州。有幽有并有冀。禹貢省幽并以冀爲帝都。東西南三面距河。而北境則越乎常山。如秦上谷漁陽二郡。今順天府。秦遼西右北平二郡。今永平府。俱隸直隸。皆其地也。○殷人以北境復舜之幽

州而東西南皆禹跡之舊故曰兩河間周人乃分冀而復舜之并州故曰河內而已霍山漢志在河東郡彘縣東唐及宋晉州霍邑本漢彘縣霍山一名霍太山亦名太岳今爲中鎮在山西平陽府霍州東三十里揚紆周禮作楊紆楊紆澤在河宗水經注自宗周涯水以西北至于河宗之邦楊紆之山穆天子傳天子獵于滲澤得白狐玄貉以祭于河宗河宗伯天逌天子于燕然之山山在今直隷宣化府東南楊紆即滲澤與漳水有二清漳出上黨沾縣大黽谷宋平定軍樂平縣少山也今山西平定州樂平縣西南三十里沾嶺濁漳出上黨長子縣鹿谷山宋潞州長子縣發鳩山也山在今山西潞安府長子縣西五十里二漳俱東南流會於鄴東北至阜城入北河鄴宋潞州涉縣也涉縣今屬河南彰德府阜城宋定遠軍東光縣也東光縣今阜城縣屬直隷河間府汾水漢志出太原郡汾陽縣北山西南至汾陰入河考唐嵐州靜樂縣宋屬澤州即漢汾陽地今屬忻州管涔山在縣北汾水出焉汾陰縣今榮河縣屬蒲州府露周禮作潞

漳水一名潞水。在潞城縣北。唐潞州潞城縣。本漢潞縣。屬上黨郡。今潞安府潞城縣也。蓋周以清漳爲潞。濁漳爲潞與松柏說見程寤。滲所禁切嵐盧含切涔鉏針切

正北曰并州其山鎮曰恆山其澤藪曰昭餘祁其川虖池嘔夷其浸淶易其利布帛其民二男三女其畜宜五擾其穀宜五種。

并平聲虖池嘔音呼駝歐。正北氣剛勁。厥性好勝。故曰并。并兼也。兼訓勝。見論語兼人註。舜時有并州。禹貢以并入冀。殷因之。周復分冀。立并州。以天下之勢言之。冀州在西河之東。雍州在西河之西。而并州在冀州之北。故曰正北。恆山。一名常山。漢志恆山郡上曲陽縣。恆山北谷在西北。在今直隸定州曲陽縣西北百四十里。又一在渾源州。渾源州屬山西大同府。或云并州之鎮。當主在渾源者。昭餘祁在鄔。今山西汾州介休縣也。水經注。汾水於大陵縣左迤爲鄔澤。大陵。今文水縣。屬太原府。又侯甲水逕大谷。謂之

大谷水。經祁縣故城南。自縣連延。西接鄔澤。是謂祁藪。昭餘祁。俗名鄔城泊。呂氏春秋。謂之大昭。在今山西太原府祁縣東七里。虖池。漢志。在代郡鹵城縣。至文安入海。文安。今直隸順天府。在今山西代州繁時縣東北泰戲山。至直隸天津府靜海縣。小直沽入海。嘔夷。鄭注疑即祁夷。考漢志。代郡平舒縣有祁夷水。北至桑乾入沽。平舒。今渾源州。桑乾。河名。漢縣今馬邑縣。屬朔平府。俱在山西。沽水。出漁陽塞外。嘔夷即滱水。出唐蔚州興唐縣西北高氏山。今大同府靈丘縣。山。至直隸保定府安州北。合於易水。祁夷之流。短於滱。不足概一州之川。似當以滱為是。淶水。即拒馬河也。漢志。出代郡廣昌縣。東南至容城入河。容城縣。屬今保定府。出今直隸保定府廣昌縣飛狐口流入紫荊關。過易州西北界。至順天府房山縣境。分為二支。一東流順天府涿州。經固安縣。入桑乾河。一南流保定府淶水縣。經定興新城。入白溝河。易水。漢志。出涿郡故安縣閻鄉。東至范陽入濡。濡。即淶也。在今保定府易州南三十里。發源寬中谷。流至定興縣北河村合拒馬河入白溝河麻曰布絲曰帛五擾馬牛羊犬豕五種說見前豫州註九州之界揚荆豫兗雍冀與禹貢略同青州則徐州地幽幷則青冀之北也無徐梁凡九州及山鎮澤藪言曰者以其非一曰其大者耳○鄒安五切戲平聲乃辯九服之國方千里曰王圻其外方五百里爲侯服又其外方五百里爲甸服又其外方五百里爲男服又其外方五百里爲采服又其外方五百里爲衛服又其外方五百里爲蠻服又其外方五百里爲夷服又其外方五百里爲鎭服又其外方五百里爲藩服○圻當作畿疆也侯之言候爲王斥候服服事天子也甸之言田爲王治田出稅男之言任也爲王任其職理采者事也爲王事民以供上衛者爲王衛禦也蠻近夷狄蠻之言

縻以政教縻來之自此以下皆夷狄矣夷者以其在夷狄中故以夷言之鎮者以其入夷狄深故須鎮守之藩者以其最在外爲藩籬故以藩爲稱也夷鎮以上八服皆在九州之內者藩服則在外矣秋官大行人九州之外謂之蕃國夷鎮摯與蕃國同故行人不言鄭誤以爲皆在外也王畿九服除藩服五百里數與禹貢同禹貢五服帝畿在內以一面數之二千五百里兩面則五千里周之九服王畿不在其中以周二服當禹一服兩面數之八服四千里合王畿千里爲五千里惟九州外之藩服多於禹貢五百里然禹貢既列五服又有所謂東漸西被朔南暨者豈非九州之外地乎亦即周之藩服已摯贄通

凡國公侯伯子男衍凡邦國千里封公以方五百里則四公方四百里則六侯方三百里則七伯方二百里則二十五子方百里則百男補以周知天下衍七字補四十四字

文依周禮。凡者約略計之也。邦國五等之國也。上言王畿九服。除蕃服。則九州之內地方五千里。此但言千里計封建也。方千里者爲方百里者百。以方三百里之積。以九約之。得十一有奇。云七伯者字之誤也凡建邦國。以千里封公。則可四。蓋方五百里者四。縱橫千里也。若封侯則可六。封伯則可十一。封子則可二十五。封男則可百。千里之所能容者如此。以此率徧知四海九州邦國多少之數也。大凡邦國有正封之地。有廣封之地。孟子所言。正封也。職方所載兼附庸之地言之。廣封也。以千里計之。方四百里則六侯餘四百里。方三百里則十一伯。餘百里。職方舉其大數。餘里無所計焉。鄭氏謂周九州之界方七千里。七七四十九。方千里者四十九。其一爲畿內。餘四十八八州各有方千里者六。不知此但明封建之法。非實有此國也。特計其地之廣狹所能容耳。縱音蹤。率音類

凡邦國大小相維。王設其牧。制其職。各以其所能。制其貢。各以其所有。相維。謂大

國比小國。小國事大國。相維聯也。設其牧者。選諸侯之賢者爲牧。使牧理之。禮記所謂九州之牧也。所謂八州八伯也。牧有官屬。州有常貢。王制參伍殷輔之職。各用其所能稱職者。牧稟命於王。王而以次祿秩之。王制九州之歲貢。各用其國所有之物。牧布王命於州。而使以土宜供奉之也。

王將巡狩。則戒于四方曰。各脩平乃守。考乃職事。無敢不敬戒。國有大刑。

狩。周禮作守。王巡守。諸侯各朝於方嶽。職方氏告戒四方。下四向。告戒之辭。脩治也。平均也。守謂國竟之內。考成也。職事所當共具。敬戒敬愼而戒備之。大刑如削地絀爵流討皆是。

及王者之所行道。率其屬而巡戒命。

者字衍。道上補先字命攺作令。從周禮。先道。先由王所從道。率其徒屬而巡察其前日所告戒之令。攷其不法也。

王殷國亦如之

殷。猶衆也。十二歲。王若不巡守。則六服盡朝。謂之殷國。其戒四方諸侯。與巡守同。

周書解義

仁和潘振芑田註　石門徐珩湘渚訂

卷九

芮良夫解第六十三

芮。國名。在漢馮翊臨晉縣。地志。臨晉縣芮鄉。故芮國。臨晉。今朝邑縣。屬陝西同州府。芮伯。周同姓。良夫。其名也。周自穆王之後。歷共懿孝夷四王。周道寖衰。至厲王而肆爲暴虐。禍亂將至矣。榮夷公好利。王任之。諫不聽。卒以爲卿士。後使衛巫監謗。芮伯戒百官于朝。此解爲王及卿士作也。王如瘔此解而驚。庶幾如穆王之錄職方乎。故次之以芮良夫。

芮伯若曰。予小臣良夫。稽道謀告。伯。良夫爵也。道者所由適于治之路也。稽道。一篇之大旨。咨難慮患曰謀。告。告天子與執政也。天子惟民父母。致厥道。無遠不服。無道。左右臣妾乃違。民歸于德。德則民戴。否則民讎。茲言允效于前。不遠。商紂不道。夏桀之虐肆我有家。此言道之得失。所係甚大。不可以不稽也。致。謂推極也。左右言近也。戴。奉也。效。效驗。有家。有天下也。王者以天下爲家也。言天子爲民父母。推極其道。無遠不服。不致則無道矣。至近臣妾乃畔也。行道而有得於心謂之德。民之所歸者此爾。德則民奉以爲君。否則民視以爲讎。猶云撫我則后虐我則讎也。此二句。古人之言。信驗于前世。所鑒不遠。商紂之不道。即夏桀之暴虐。故我周有天下也。道之所係甚大。可不稽哉。嗚呼。惟爾天子。嗣文武業。惟爾執政小子。同先王之臣。昏行口顧道。王不若。專利作威。佐亂進禍。民將弗堪。治亂信乎其行。惟王暨爾執政小子攸聞。此言天子及執政當稽道也。爾者。親之之辭。芮伯齒德位俱尊。故可稱執政爲小子也。脫文。當是不字。堪。任也。承上文。言我所以有家者。文武及其臣皆能稽道故也。惟爾天子。繼文武之業。惟爾執政小子同先王之臣。乃天子昏亂其德行。不顧其舊業。執政導王於不順。不同於先臣。君專利於上。而作威於下。臣助王以亂。而進民以禍。民將弗任此荼毒。所以讎也。民之治亂。於君相所行之善惡信之。此一句亦古語。惟王及執政所聞。君臣之於道。有不當稽者哉。古人求多聞以監戒。不聞是惟弗知。后除民害。不惟民害。害民乃非后。惟其讎后作類后弗類民不知后惟其怨民至億兆后一而已寡不敵衆后其危哉嗚呼□□□如之此言天子不稽道之禍也嗚呼向有孔注注首亦脫二字下云人養食之則擾服雖家畜不養則畏人治民亦然也盧氏抱經謂注首脫文或是禽獸振謂如盧氏說則解中脫文當是禽獸亦三字承上文言所聞之言由治亂信行一語推之有允効者不少古人先有求之者矣不僅有聞而且多聞以監視前事之失而儆戒後事之非王若不聞則不知監戒也其所當監戒者專利之臣是謂民害君當除之不可自專利以爲民害害民則非民之君而爲民之讎矣君遠利爲善君如不善民不知君惟怨而已民之數十萬爲億十億爲兆君止一人衆皆怨之寡不能敵君其殆哉民撫則后虐則讎禽獸養則擾服不養則畏人蠢蠢雖殊離叛一也故曰禽獸亦如之天子不稽道其禍有如此者今爾執政小子惟以貪諛爲

事不懋德以備難。下民胥怨。財力單竭。手足靡措。弗堪戴上。不其亂而。此言執政不稽道之禍也。愛財爲貪。諂上爲諛。承上文。言專利宜戒。而執政惟以愛財諂上爲事。不勤德政以備患難。下民皆怨執政之專利。財單而縣罄已形。力竭而稱貸已盡。束手無策。蹇足不前。不能奉上。能無亂乎。而。語辭。執政不稽道。其禍有如此者。以予小臣良夫觀天下有土之君。厥德不遠。罔有代德。時爲王之患。其惟國人。此言禍有所起也。有土。謂諸侯也。湯之代夏。武之代商。積德由於稷契。可謂遠矣。故能代勝國而位乎天德也。今諸侯無有若湯武者。故患不在諸侯而在國人。言內潰也。欲弭其禍。舍稽道何以哉。嗚呼。惟爾執政朋友小子。其惟洗爾心。改爾行。克憂往愆。以保爾居。爾乃聵禍翫烖。遂弗悛。余未知王之所定。矧乃口口。惟禍發於人之攸忽。於人之攸輕。口不存焉。變之攸伏。此責執政及其黨。望其稽道以弭禍也。明友。執政之黨也。物聚於所好。有其心。宜洗之。好利有成迹。謂之行。宜改之。此指見在而言。往愆前日之所未洗未改者。瞶陽不聞也。禍人禍。竹書。三年。淮夷侵洛。十一年。西戎入于犬丘。戠心不惕也。哉天哉。如大雅桑柔篇。降此蟊賊。稼穡卒痒。是也。上脫文。當是小子二字。下脫文。當是德字。承上文。言執政朋友。惟道是稽。內外交修。能憂往日專利之愆。以安爾位。爾乃禍不聞。哉不惕。遂弗改專利之過。禍將至矣。王尚不能安定。況爾小子能安其位乎。從來下民之賤。人之所輕所忽者。而禍常發於此。蓋德不在民。則無道矣。民變即伏於中。爾執政朋友。可不稽道以弭禍乎。爾執政小子不圖善。偷生苟安爵以賄成。賢智箝口。小人鼓舌。逃害要利。竝得厥

求。唯曰哀哉。此言執政不稽道之故。由於專利。所以
指其弊而冀其悛也。圖善者。謀於內則
洗心。謀於外則敃行善政也。偷生。幸生也。苟安。不可
安而安之也。承上文。言執政不洗心敃行。圖謀善政。
遇禍而幸生。遇烖而苟安。其所以不能稽道者。因貪
以賄賂而成。惟知專利而已。維時君子願退。小人競
進。各得其所求。無仁賢則國空虛。執政方溺於
利而不反。舍其道而不稽。豈不大可哀也哉。我聞
曰以言取人。人飾其言。以行取人。人竭其行。飾言無
庸。竭行有成。惟爾小子。飾言事王。寔蕃有徒。王貌受
之。終弗獲用。面相誣蒙。及爾顛覆。此告執政薦用專
利之人。使王不能
稽道以致禍也。飾者。致飾於外而無實也。竭者。竭盡
於內而無僞也。民功曰庸。成。成功也。誣。枉也。蒙。欺也。
承上文。言我聞古語如此。惟爾朋友小子。飾言事王
者。寔蕃多有徒衆也。執政薦之。王禮貌而受之。終弗

得其實用。君臣面相誣枉欺蒙。禍將至矣。及爾。爾自執政顚沛覆亡也。利可以專乎。道可不稽乎。

謂有餘。予謂爾弗足。敬思以德。備乃禍難。難至而悔。悔將安及。無曰予爲。惟爾之禍。此勉執政遠利以稽道。而敬者。固稽道之實。君臣之所同也。有餘。知足之意也。弗足。無厭足也。承上文。言爾專利無厭。雖自謂有餘。予謂爾無厭足也。欲稽道者。庶幾遠利乎。稽道在敬。敬本於心。故曰敬思。用德於民。備汝禍難。難至而悔。悔而無及。無曰利可爲也。爲之則速禍矣。可不敬哉。執政敬則朋友皆敬。而王自敬矣。道之稽。稽以此也。致道而無遠不服。國人之禍何有哉。故良夫謀而告之也。

太子晉解第六十四

太子。儲貳也。晉。其名也。周靈王之適長子也。賢而有才。年十七而卒。孔子聞之曰。惜夫。殺吾君也。使其繼靈王而立。必能稽道以嗣文武業。厲王不能稽道而亡天下。晉能稽道而不有天下。甚矣周之衰也。故次之以太子晉。

晉平公使叔譽于周。見太子晉而與之言。五稱而三窮。逡巡而退。其不遂。平公名彪。悼公子也。叔譽。叔向也。竊案春秋襄公元年。靈王立。左傳襄十六年春。平公即位。羊舌肸為傅。無使周事。傳二十六年。韓宣子聘于周。經二十八年十有二月甲寅。天王崩。師曠歸未三年而太子晉卒。與韓起歸晉三年而靈王崩。其數相符。使周者。或當是韓起。解誤為叔向。未可知也。叔向會為平公傅。未必為韓起之介也。五稱。說五事。窮。辭屈也。逡巡。却退之貌。其下當有言字。其言不遂謂叔向之言不終也。

歸告公曰。太子晉行年十五。而臣弗能與言。君請歸聲就復與田。若不反。及有天下。將以為誅。行人之步趨也。年。齒也。進也。進而前也。步趨進而前。故謂人之齒為行年也。弗能與言。謂太子有才。臣不能與之問答也。歸反。皆還也。聲就復與周二邑名。誅責也。平公將歸之。師曠不可。曰。請使瞑臣往與之言。若能懞予。反而復之。師曠。晉樂師名曠也。無目故稱瞑。曠知音。能辨言。故請往也。懞。卽帡懞之懞。在旁曰帡。在上曰懞。覆也。謂其言若能覆懞乎我。不能出其範圍。斯其才可以君天下矣。我反晉而後復其田可也。。帡悲萌切師曠見太子。稱曰。吾聞王子之語高於泰山。夜寢不寐。晝居不安。不遠長道。而求一言。稱言也。泰山至高而語又高過之。高無極也。寐。眛也。目閉神藏。居。坐也。寢不寐。坐不安。愛慕之至也。不遠。長道。不憚長道之遠也。王子應之曰。吾聞太師將來。甚喜而又懼。吾年甚少。見子而懾。盡忘吾其度。吾年甚少。申明又懼之故。忘度者。懼之實也。其字疑衍。師曠曰。吾聞王子古之君子。甚成不驕。自晉始如周。行不知勞。此君子。泛指有德位者而言。曠稱之以儗王子也。甚成。甚有成德。猶云甚盛德也。晉。曠本國。始如周。初來周也。愛慕之至。行道雖勞而不知也。王子應之曰。古之君子。其行至愼。委積施關。道路無限。百姓悅之。相將而遠。遠人來驩。視道如咫。此君子。專指成王周公而言。委積。說見大聚。限。阻也。將。扶持也。八寸曰咫。喩近也。言古之君子。其待行旅爲至愼。遺人掌郊野之委積。施之於關。掌節授旌節於道路。行而無阻。百姓聞而悅之。相扶持而遠來。及其來也。無不驩娛。視道如咫尺之近。不知勞也。成周制禮如此。而已成爲古道矣。曠非聘使。接待之禮殺。故王子謙讓不遑也。師曠告善。又稱曰。古之君子。其行可則。由舜而下。其孰有廣德。告。語也。告善者。曠語王子。而嘉其謙讓之善也。古之君子。指有天下者而言。廣德。廣大之德也。孔云。問舜巳下可法則之君子也。

王子應之曰。如舜者天舜居其所以利天下。奉翼遠人。皆得巳仁。此之謂天。居處也。謂區處之。所以利天下。謂六府三事。萬世永賴也。奉承也。遠人。四方賢人也。承進四方之人而敬之。爲天下得人。恩惠廣大。教化無窮。皆得大舜自巳之仁德。仁爲善長。可以統天。此之謂天德也。

如禹者聖勞而不居。以利天下。好取不好與。必度其正。是謂之聖。民功曰勞。不居。謙也。大禹謨所謂不矜不伐也。以利天下。惟知荒度土功而已。好取。指貢賦言也。不好與者。因民之所利而利之。惠而不費也。度揆也。正。正道。指什一言也。聖。通明也。通天下之利。明天下之道。此之謂聖德也。謂之當作之謂。

如文王者。其大道仁。其小道惠。三分天下而有其二。敬人無方服事於商既有其衆而返失其身此之謂仁。仁者心之全德惠則仁道之一端耳三分有二說見程典敬賢無方惟賢人則敬之不問其類也如舉膠鬲於魚鹽而薦之於紂是巳服事於商事紂也既有六州之衆而反受屈辱於商是失身矣返當作反人臣如文王之盛而當商之季世無一毫覬覦之私此之謂仁德也

如武王者義殺一人而以利天下異姓同姓各得其所是之謂儀。義者宜也裁制事物使各宜也殺一人誅獨夫也利天下天賚于四海也異姓姚姒子之類同姓姬也所處所謂分封之地也伐暴弔民封建諸侯仗正道也此之謂義德儀當作義

師曠告善又稱曰宣辨名命異姓惡方王侯君公何以爲尊何以爲上。告善語王子而嘉其論德之善也宣徧也辨別也名文字也命指義也言徧別文字之命義反其所生則文作

姓義不能從同也。故異。隨其所向，則文有方，義不能皆善也。故惡。惟王侯君公四者之文，尊且上矣，而其所以爲尊爲上者，命義果何如哉。尊以爵言，上以位言。

王子膺之曰。人生而重丈夫，謂之胄子。胄子成人，能治上官，謂之士。士率衆時作，謂之曰伯。伯能移善於衆，與百姓同，謂之公。此解公之命義也。天下無生而貴者，故由士而伯，然後至公也。胄，長也。自天子至卿大夫之適子也。伯，長也。即上官也。言人生而重丈夫，謂之胄子。胄子既冠成人，能佐治上官，是孳孳無已者，故謂之士。周家重農，士能領率民衆，務其三時，作其農功，以介我稷黍，以穀我士女。富民而民必善，是明白於德者，故謂之伯。伯能移善於衆，百姓皆善，是與之同善矣。教民而公正無私，故謂之公。公之命義如此也。公，三公，指畿內王臣而言也。公能樹名生物，與天道俱，謂之侯。侯能成羣，謂之君。此解侯與君之命義也。言君能立道德之名。使一人知父子之親。君臣之義。夫婦之別。長幼之序。朋友之信。生其心。即生其身。五典五惇。五禮有庸。教化與天道偕矣。逆理者不逆。順理者益順。是能侯逆順者。故謂之侯。侯之命義如此也。侯能成教一方。近悅而遠自來。羣衆歸心。故謂之君。君之命義如此也此指畿外諸侯而言也。君有廣德。分任諸侯而敦信。曰予一人。善至于四海。曰天子。達于四荒。曰天王。四荒至。莫有怨讐。乃登爲帝。讐咨通。○此解王之命義也。四海四夷也。爾雅。九夷。八狄。七戎。六蠻。謂之四海。疏云。海之言晦。晦闇於義理也。四荒四表也。爾雅。觚竹。北戶。西王母。日下。謂之四荒。疏云。荒者。言聲教不及。無禮義文章。是四方昏荒之國也。言君有廣大之德。分地任諸侯。敦厚其禮以御之。誠信其心以親之。蓋謂已之材能。當一人耳。不敢兼也。故曰予一人。善至于四海。是父天母地。而凡兄弟之顛連者。皆有以立之達之也。故曰天子。善達于四荒。是天之所覆。莫不歸往。故曰天王。王之命義如此也。四荒來王。莫有怨恨訾歎。是德合天地。乃升爲帝矣。以上三節。解王侯君公之名命。連類而互發之。所以見尊上之有積漸。有極至也。

師曠罄然。又稱曰溫恭敦敏。方德不改。聞物口口。下學以起。尚登帝臣。乃參天子。自古誰。孔云罄然

自嚴整也。方。道初。本也。起其物義也。間最賢之人也。振謂溫和粹也。敦厚也。敏達也。方向也。如孔註。脫文中應有初字。尚與上通。參閒廁也。言性體和粹而恭敬。敦厚而敏達。心向懿德。不因事變而改易。聞物理於天下。而庶物以明。行本事於一家。而人倫以察。惟知下學而已。以之興起於畎畝之中。上進爲帝臣。乃以異姓而閒廁乎天子之位。自古以來。誰則能之。○廁初寺切

王子應之曰。穆穆虞舜。明明赫赫。立義治律。萬物皆作。分均天財。萬物熙

熙非舜而誰能。穆穆，深遠之意。明明，言甚明也。赫赫，顯盛也。律，十二月之律也。熙熙，廣也。言穆穆虞舜之德甚明，顯於上，顯盛於下。五典各有宗，而舜立之；四時各有序，而舜治之。萬物之心，皆與起於五禮；萬物之功，皆興起於五辰。六府所以養人，五倫之敘，敘以此也；六府所以播時，六律之應，應以此也。分水火金木土穀之天財而平治之，萬物皆廣也。臣堯而功德如此，所以升為天子也。非舜其孰能之。

師曠東躅其足，曰：善哉，善哉。躅，直錄切。○古者飲食燕享，則賓位在室外牖前，列席南向，不相對。相對者，惟講說之客。席之制，三尺三寸三分寸之一，則兩席并中閒空地共一丈也。故曲禮曰：席閒函丈。斯時師曠東面，王子西面，曠聞言而喜，不知足之蹈之也，故東躅其足。云躅，以足擊地也。

王子曰：太師何舉足驟？師曠曰：天寒足跔，是以數也。跔，音拘。○孔云：驟，亦數也。王子戲問，故曠戲答。振謂跔不伸也。數，頻數也。

王子曰：請入

坐遂敷席注瑟師曠歌無射曰國誠寧矣遠人來觀
脩義經矣好樂無荒交言於堂故更入燕寢而坐也意所嚮曰注以瑟向人故曰注
瑟無射九月戌律也曲以無射爲宮故調即名無射
與以下皆歌辭也國誠寧者自魯襄公元年靈王即
位至師曠如晉當襄公二十六年王室安也遠人曠
自謂也義經合宜之常經指周禮也好樂而無廢時
君子所其無逸也曠作新曲美王子也乃注瑟於王子王子歌嶠曰何
自南極至于北極絕境越國弗愁道遠嶠渠廟切嶠曲名也何
之云者詰之之辭自從也南極入地三十六度北極
出地三十六度自南極至北極一百二十一度餘一
度二千九百三十二里四百六十一分里之三百四
十八絕境者殊方別區界絕而不鄰也越國者踰越
人國重譯而來也四句舊曲之辭王子歌之以諷
師曠若有以詰之蓋諭其來意矣故曠請去也師

曠蹶然起曰。瞑臣請歸。蹶姑衛切。孔云。蹶然。疾貌。王子賜之乘車四馬。曰。太師亦善御之。孔云。禮爲人子。三賜不及車馬。此賜則白王然後行之。可知也。振謂父在子不得自專。禮當稟命而行之。孔引三賜之文。恐誤。一乘之車。四馬駕之。善御喻御世也。師曠對曰。御吾未之學也。王子曰。汝不爲夫詩。詩云。馬之剛矣。轡之柔矣。馬亦不剛。轡亦不柔。志氣麃麃。取予不疑。以是御之。師曠贊不能御。故曰。吾未之學也。爲猶治也。馬剛難制。轡柔易絕。馬不剛。轡不柔。可謂和矣。人之志如轡。人之氣如馬。麃麃而和。當取則取。當予則予。和義也。不疑於心。和之至也。逸詩之言。興而比也。以和御之。無予不宜。蓋隱指歸田之事矣。師曠對曰。瞑臣無見。爲人辯也。唯耳之恃。而耳又寡聞而易窮。王子。汝將爲天下宗乎。爲人辯別。惟耳是恃。少聞而辯易困屈也。人尊之曰宗。將爲天下宗。言將有天下也。王子曰。太師何汝戲我乎。自太皡以下。至于堯舜禹。未有一姓而再有天下者。夫大當時而不伐。天何可得。太皡。風姓。伐。功也。言太師以我爲將有天下。得毋戲乎。自太皡以下。至于堯舜禹中間如神農姜姓。傳臨魁。承明。宜來。裏。榆罔。七帝。黃帝姬姓。傳少皡。顓頊。嚳。堯。四帝。少皡雖已姓。而實黃帝之子系囂也。堯禪舜而虞姓姚。舜禪禹而夏姓姒。湯放桀而商姓子。周姬姓而有天下。是一姓而再有天下也。此自古未有者。蓋其功積自后稷。非一世矣。五百年必有王者興。使大當時而不有積久之功。天命何可得哉。言此以折晉不臣之心。蓋諭師曠之謀也。且吾聞汝知人年之長短。告吾。承上文。言天命之得與不得。不惟在有功與否也。且以齒年而論。有長有短。吾聞汝知人之壽夭。告吾可也。以上二節。見天命不可倖。天數不可知。隱以示王室之當尊。而周田之當復也。師曠對曰。汝聲清汗。汝色赤白。火色不壽。清徵也。汗。人液出而不反。驗聲無回音也。聲宜清。不宜汗。清而汗。氣浮也。赤屬火。白屬金。人生不足於腎水。不能養木。故肝木主而生火。火剋金。肺氣上浮。故色赤白。火爲主。故謂之火色。此不壽之徵也。曠不能觀色辨聲而知之。孔云。清角也。言音汗沈太。木生火。色赤。知聲者。則色亦然。○清徵知上聲王子曰。然。吾後三年將上賓于帝所。汝愼無言。殃將及汝。言後三年。必爲賓于天帝之所。鬼神事祕。不可令人知之。恐天將殃汝也。師曠歸未及三年。告死者至。未及三年。并歸之年爲三年也。

王佩解第六十五佩。服也。王者之所服在德也。以下三解。似景王時所作。春秋襄二十八年。靈王崩。是時王子晉早卒。次子貴立。是爲景王。襄三十年。天王殺其弟佞夫。王子瑕奔晉。左傳。昭十五年。王太子壽卒。王穆后崩。晉荀躒如周葬穆后。籍談爲介。既葬除喪。以文伯宴。叔向曰。王有三年之喪二。以喪賓宴。非禮也。昭二十一年。鑄無射。得心疾。其不德可知矣。臣下作解以規王也。當時如劉夏萇宏輩。非能文之臣與。故太子晉解後。次之以王佩。

王者所佩在德。德在利民。民在順上。德者。賦乎天。足於心。具衆理而應萬事者也。人同此心。心同此理。德非徒善。因心而發爲政事。利民而使之順上命也。以下遂言有德與不德者之得失。見德之當佩也。合爲在因時。應事則易成。謀成在周。長有功在力多。昌大在自克。不過在數懲。不困在豫愼。見禍在未形。除害在能斷。安民在知過。用兵在知時勝大患在合人心。此言有德者之得也。當爲而爲之謂之合。爲周忠信也。昌善也。克者去已往之愆。懲者創將來之失。大患大災大寇也。言爲所當爲者。因時而已矣。因時者。德之哲。故應事而易成。周者。德之誠。力多者。德之敏。故謀成而有功。自克者。德之修。數懲者。德之戒。故善大而無過。愼之於其豫者。德之謹。見之於未形者。德之覺。故事不窮。而禍不作。能斷者。德之果。知過者。德之惕。故害除而民安。知天時者。德之武。故用兵而兵不敗。合人心者。德之推。故禦患而患可勝。欲有得者。有不在德者哉。

殃毒在信疑。孽子在聽內。此言不德者之失也。外寵二政。大都耦國。外鄙之勢最可疑也。而君信之。德已昏矣。故禍害其國家。內寵竝后。孽子配適。內妾之言。不可聽也。而君聽之。德已顯矣。故罪孽其太子。凡事之失。皆以不德致之。故曰在也。

化行在知和。施舍在平心。此又言有德者之得也。寬猛竝濟曰和。施謂施惠。舍謂赦罪。知和者。德之辨。故民知懷畏而敎化行。平心者。德之稱。故物無偏頗而施舍當。**不幸在不聞其過。**此又言不德者之失也。不聞其過者。無含容之德。人不之告也。孔子曰。址也幸。苟有過。人必知之。其失也不幸而已矣。**福在受諫。基在愛民。固在親賢。**此又言有德者之得也。諫以防禍。有智德者能受之。故福來。民爲邦本。有仁德者。能愛之。故基立。賢爲國寶。有禮德者。能親之。故勢固。**禍福在所密。利害在所近。存亡在所用。離合在出命。**此合言有德與不德者之得失也。所密指婦寺。所近指左右。所用指諸臣。命所以示民者。宮闈之禍福。朝廷之利害。國家之存亡。人民之離合。得失判然矣。在乎有德與不德耳。有德者。所密所近所用。無非忠良。所出之命。無非義理也。不德者反是。**尊在慎威。安在恭己。危亡在不知時。**此分言有德與不德者之得失也。慎威者。不敢作威。德之謙也。故人尊之。恭己者。不敢自侮。德之敬也。故心安焉。易曰。天道虧盈而益謙。太甲曰。惟天無親。克敬惟親。不知天時。不謙不敬矣。其國危而身亡也。其得失之相去。不甚遠哉。**見善而怠。時至而疑。亡正處邪。是弗能居。**此亦不德者之失也。承上文危亡在不知時而推言之。怠懈惰不行也。疑猶豫不果也。邪姦術也。見善而怠惰。無德不能審其幾也。時至而猶豫。無德不能致其決也。亡正道處邪行。則德荒矣。雖與之天下。亦不能一朝居也。其失豈不大哉。朝音昭。**此得失之方也。**總結上文也。方類也。有德則得。無德則失。得則利民。失則否。而人心之順不順係焉。德可不佩哉。下文又以佩之之法結之。**不可不察。**察。詳審也。佩德之功。自察始。先格物以致其知也。知至而后意誠。意誠而后心正。心正而后身脩。身脩而后家齊。家齊而后國治。國治而后天下平。

殷祝解第六十六

契始封商。今陝西商州。湯以爲有天下之號。後盤庚遷都殷墟。改號曰殷。殷則西亳之別名也。祝。祭主贊辭者。臣下作此解。借殷以戒王。祝官讀之。見佩德如湯者王。不佩德如桀者亡也。故次之以殷祝。

湯將放桀于中野。中野。書序鳴條野與。括地志。高涯源在蒲州安邑縣北三十里。南坂口。即古鳴條陌。戰地在安邑西。今蒲州爲府。安邑縣屬解州。俱在山西。安邑。夏都。蓋將放桀于安邑之北也。○解胡買切士民聞湯在野。皆委貨扶老攜幼奔國。中虛。委貨者。委致其貨。所謂棄而違之也。奔者。從湯欲歸薄也。國中虛者。中野空。非安邑空也。桀請湯曰。國所以爲國者。以有家。家所以爲家者。以有人也。今國無家無人矣。君有人。請致國。君之有也。有人。則有家。即有國。請致國者。請致還中野也。湯曰。否。昔大帝作道。明教士民。今君王滅道殘政。士民惑矣。吾爲王明之。否。不許其致國也。大帝。謂禹。言大禹興起天下之道。明教士民。今王滅道理。害政務。士民不明於道矣。我爲王明大禹之道於民。使其念禹之功。復歸中野以事王乎。士民復致於桀曰。以薄之居濟民之賤。何必君更。薄亳同。復者。復歸於中野也。致。詣也。詣桀而請曰。以薄之居成民之賤。歸薄之志決矣。何必君更改乎。桀與其屬五百人南徙千里。止於不齊。民往奔湯於中野。不。語辭。齊。即周封太公之地。今青州也。齊曰不齊。猶王會解不令支不屠何云爾。民奔中野。湯巡不齊撫安之。桀復請湯。言君之有也。言下當有國字。國指不齊。湯曰。否。我爲君王明之。士民復重請之。桀與其屬五百人徙於魯。魯士民復奔湯。復者。復歸不齊也。重請之者。又如中野之士民請於桀也。魯少皞摯之墟。今曲阜也。魯士民奔不齊湯巡魯撫安之。桀又曰。國君之有也。吾則外人有言彼以吾道是耶。我將爲之。國。指魯。天子無外。失天下。則爲外人矣彼指士民。爲當作去。言魯國君之有也。我則外人。君雖有言明之士民肯以吾道爲是耶。我將去之。湯曰。此君王之士也。君王之民也。委之何。湯不能止桀。孔云。必欲去也。湯曰。欲從者從君。桀與其屬五百人去居南巢。湯不強人之附已。而從桀者乃仍僅此五百人也。南巢地名。漢有居巢縣。今無爲州。古巢國地。又有巢縣。古巢伯國。俱屬江南廬州府。即放桀處也。湯放桀而復薄。三千諸侯大會。河南有三亳。考括地志。南亳在隋宋州穀熟縣西南三十五里。即湯之王都。宋州漢梁國。今歸德府穀熟。今歸德府之考城縣也。北亳在隋宋州北五十里。大蒙城。即景亳。湯所受命地。大蒙。漢蒙縣。今幷入考城。西亳。在偃師。卽湯之舊都。今河南府偃師縣。復薄者。復西亳。大會於北亳。以受命。後乃都南亳也。湯退再拜。從諸侯之位。湯曰此天子位。有道者可以處之。天下非一家之有也。有道者之有也。故天下者。唯有道者理之。唯有道者紀之。唯有道者宜久處之。大會必爲壇。壇上除地爲墠。湯虛天子之位。退降墠下而再拜。讓諸侯之有道者。理者。亂之反。理之。指定天下而言也。紀者。綱之目。紀之。指治天下而言也。可以處之。信其德也。宜久處之。必於理也。湯以此讓。三千諸侯莫敢卽位。然後湯卽天子之位。孔云。三千諸侯勸之也。與諸侯誓曰。陰勝陽卽謂之變。而天弗施。雌勝雄。卽謂之亂。而人弗行。誓。戒謹也。陰勝陽。月揜日也。禽有雌雄。人有男女。雌勝雄。女陵男之異。人事違。故物異應之。言天道有常。月揜日則逆而變。故不可施。人道宜治。女陵男則逆而亂。故不可行也。故諸侯之治政。在諸侯之大夫治與從。事無不順之謂治。心無不順之謂從。言諸侯之治政。在大夫之治與從否。則爲亂政矣。蓋國家之有亂政。由於大夫之不順。不順之臣。從君之逆。因以竊君之權。君臣爲人之大倫。臣而勝君。國將滅亡。甚於陰勝陽之垂其象。雌勝雄之有其徵也。不謂之變亂得乎。其不可施行必矣。竊意成湯爲君。憂勤惕厲。志在立賢。又因桀任暴德而罔後。故誓諸侯如此。以見用人之不可不愼也。

周祝解第六十七

周國在禹貢雍州岐山之陽。漢屬扶風美陽縣。今陜西乾州武功縣五丈原。古邰國。后稷所封地。所謂周原膴膴者也。有夏棄稷弗務。不窋失官。公劉都邠。至太王遷岐。復后稷之舊都。國號爲周。後武王遂以爲有天下之號。臣下作解。設爲王訓民之辭。祝官讀之以諷王也。殷勝

國周本朝周繼殷故次之以周祝○竄張滑切

曰維哉其時告汝不聞道恐爲身災曰祝官開讀也以下解文維繫也汝指民言所繫甚大是以告汝也道理也一篇之大旨也身具天地萬物之理不聞道不明理之當然不悟理之所以然故受災也讙哉民乎朕則生汝朕則刑汝朕則經汝朕則亡汝朕則壽汝朕則名汝孔云告以善道是生之是以教之以法也經紀汝冒阜汝殺亡汝爲汝請命名汝善惡也如孔註則解文刑汝下當有朕則阜汝一句振謂讙喜說也人知道則戒讙恐懼不知道故讙也以生道告之以法度示之理其事而經之豐其財而阜之威之以死亡嚮之以壽考名之以善惡無非道也使之聞之以免災也下文遂分言之故曰文

之美而以身剝自謂智也者故不足角之美殺其牛

榮華之言後有茅凡彼濟者必不怠觀彼聖人必趣時石有玉而傷其山萬民之患在口言時之行也勤以徙不知道者福爲禍時之從也勤以行不知道者以福亡此言生汝也故者承上起下之辭後放此文華以喻言之無實也茅菅屬以況言之病也趣時向時也脫文疑是有字從遷善也從從善也言我之所以生汝者善而已矣獸以皮美而見剝故行宜善不可自賢也牛以角美而見殺故言宜善不可虛夸也彼成善者必不怠惰所以敏於行而實其言也善無一定隨時有之向時則言行無不善矣聖人所以時中也山以有玉而致傷人以有言而受患虛夸故也時而有行當勤於遷善善既可從矣當勤而行之善受福也不知道者自賢故禍且亡也朕則生汝汝當善哉○夸音敷故曰肥豕必亨甘

泉必竭。直木必伐。地出物而聖人是時。雞鳴而人爲時。觀彼萬物。且何爲求。故天有時。人以爲正。地出利而民是爭。人出謀。聖人是經。陳五刑。民乃敬。教之以禮。民不爭。被之以刑。民始聽。因其能。民乃靜。此言刑汝也。正朔也。今時憲書也。被。加也。言我之所以刑汝者。道即寓乎法也。物供人用。理有自然。出乎地。而聖人以時取之。如因雞鳴而識時。所謂法者在此矣。若無其法觀彼萬物。若者宜舍。若者宜取。不知其時。且何以爲求之之道乎。故天有時。人以爲正。是天授之以法也。地有自然之利。人有殖利之謀。聖人知民之爭。由於無法。而經之以時。不時者。有五刑陳而示之。民乃敬上命也。禮以時爲大。教之而民不爭。刑創其不時。加之而民敬聽。法之驗有如此者。我周以九職任萬民。因其能而任之。民乃靜服。總之不外乎時而已。朕則刑汝。汝當法哉。故狐有牙而不敢以噬。貆有蚤而不敢以撅。勢居小者。不能爲大。特欲正中。不貪其害。凡勢道者。不可以不大。故木之伐也。而木爲斧。賊難之起自近者。二人同術。誰昭誰暝。二虎同穴。誰死誰生。故虎之猛也。而陷於擭。人之智也。而陷於詐。葉之美也。解其柯。柯之美也。離其枝。枝之美也。拔其本。儼矢將至。不可以無盾。故澤有獸而焚其草木。大威將至。不可爲巧。焚其草木則無種。大威將至。不可以爲勇。貆音桓　撅掘同

○此言經汝也。狐。妖獸也。性疑。牙。牡齒也。噬。齧也。貆。豕屬。貪。取也。昭。明也。指有名而言。暝。幽也。指無名而

言擭柞鄂也堅地阱淺則設柞鄂於其中捕獸之機檻也儼嚴通嚴矢可畏之矢也盾干也所以扞身蔽目言我之所以經汝者以事各有所任也狐有牙而不噬貙有蚤而不撅以其小也故其勢居農工商賈之小者不能爲大人之事但欲其不邪而正不偏而中不取禍害足矣凡勢居乎道學者士也士備大人之事不可以不大也既經理之小與大皆宜慎害也伐木不外乎木害患即起乎近同學者爭名同利者爭利二人同術昭瞑不可知也二虎同穴死生不可必也於是乎有害之之計虎猛而以擭害之人智而以詐害之害之小者葉美而解其柯柯美而離其枝也害之大者枝美而拔其本也嚴矢將至不可無干以禦之禍害將至不可無道以防之至若名利既得貪殘實甚自取滅亡非人害也澤有貪殘之獸而草木焚人有貪殘之罪而殺伐至雖有巧計不能避也草木焚則獸無遺種殺伐至則人無遺種雖有勇力不能敵也朕則經汝各任其事無爲人害無自取害庶幾協於道乎

故天之生也固有

度國家之患。離之以故。地之生也固有植。國家之患。離之以謀。故時之還也無私貌。日之出也無私照。時之行也。順至無逆。爲天下者用大略。火之燀也固定上。爲天下者用牧。水之流也固走下。不善故有桴。故福之起也。惡別之。禍之起也。惡別之。故平國若之何。須國覆國事國孤國屠。皆若之何。還旋同。燀音闡。惡音汙。此言阜汝也。故事也。植立也。還轉也。貌容也。四時之容不同。有貌之者矣。燀然也。桴桄也。惡者。設爲問之之辭。令其自思也。若之何者。設爲商之之辭。令其自悟也。須急需也。覆滅也。孤無人。屠分裂也。言我之所以阜汝者。以財各有所生也。天生時而行有度。地生財而利可立。國家之所以罹患者。行事無度。而利謀不立也。財顧可不皁哉財者世之所共非一人之私也時之還也無私貌日之出也無私照財以時生四時之行順序而至無所違逆其財必皁此治天下之大略也五材各有其性不可推移火之然也其性炎上治天下者用之以養人水之流也其性潤下水溺人故不善有栰以濟之其餘木金土各有性而用不窮因其時而遂其性則財皁矣有財則多賴故福無財則多暴故禍禍福之起於何別之別之於財之有無而已乎治其國若之何非財不平也國覆亡國多事國無人助國爲人分裂其所須若之何惟財是須也有財則覆亡者存多事者靖無人者有人分裂者恢復也我所以皁汝與

故日之中也仄月之望也食威之失也陰食陽善爲國者使之有行是彼萬物必有常國君而無道以微亡故天爲蓋地爲軫善用道者終無盡地爲軫天爲蓋善用道者終無

害。天地之閒有滄熱。善用道者。終不竭。陳彼五行。必有勝。天之所覆。盡可稱。故萬物之所生也。性於從。萬物之所反也。性於同。故惡姑幽。惡姑明。惡姑陰陽。惡姑短長。惡姑剛柔。有行音杭滄音蒼。此言亡汝也。陰。指月陽指日。從順也。反歸也。古謂死人爲歸。人姑且也。言我之所以亡汝者。以道用戒也。凡人善則存。惡則亡。庶人亡身。國君亡國。一而已矣。日中必仄。月盈必食。天道如此。國家亦然。泰極必否。盛極必衰。故君威有時而失。臣脅君。月揜日也。善治國者。使君臣有列而不亂。所以存也。萬物之理。善者久存。必有常也。國君而無道。不德罔大。墜厥宗。以微亡也。欲不亡者。法天地乎。天圓象蓋。地方象軫。對待而運行不窮。交易而生成相得。善用道者。法天尊地卑之義。故君臣各行其道而無盡。法天地交泰之義。故君臣相得於道而無害。國之不亡也宜哉。國君存國。庶人存身。皆不外乎道而已。天地之開。有寒有熱。其道循環而不竭。善用道者法之。兩間陳列五行。相剋而生物。天之所覆。萬物盡可稱名。皆道之所在也。道具於性。性無不善。故萬物之生。得其道而性順也。萬物之亡。失其道而性仍同也。道原於天。天且有幽明之象。且有陰陽之氣。且有長短之數。且有剛柔之質。惡乎如此。皆道之所爲也。有道則存。無道則亡。君民一也。可無道哉。我所以亡汝與。故海之大也。而魚何爲可得。山之深也。虎豹貔貅。何爲可服。人智之邃也。奚爲可測。跂動蠉息。而奚爲可牧。玉石之堅也。奚可刻。陰陽之號也。孰使之。牝牡之合也孰交之。君子不察。福不來。故忌而不得。是生事。故欲而不得。是生詐。欲伐而不得。生斧柯。欲鳥而不得。生網羅。欲彼天下。是生爲維彼幽心。是生包維彼大心。是生雄。維彼忌心。是生勝。邃音粹。跂音祇。噦音喙。此言壽汝也。豹似虎圓文。

貔貅。摯獸。智指機變。邃。深也。機變深。故能害人。跂與蚑同。蟲行也。凡有足而行者曰跂行。動。卽行也。噦頤下毛。一曰煩也。息。喘也。跂動噦息。指馬牛羊也。曰何爲曰。奚爲。設問辭以起其思也。曰孰設疑辭以發其省也。神農作斧。庖犧作網。芒氏作羅。鳥罟謂之羅。言我之所以壽汝者。以道用嚮也。物以貪餌而中鉤繳。不知避禍之道。故不壽也。人智深邃。知道者能測之。避其害也。馬牛羊爲人所牧。以其蠢也。玉石之堅。爲人所刻。以其頑也。陰陽之稱謂。孰使之。道也。牲之交合。孰交之。道也。知道者。神明而壽。君子不察其道福何自來哉。人智之邃也。忌嫉而不得。逞生事以禍之。有欲而不得。遂生詐以求之。可不測乎。欲伐木以不得生。斧柯。欲取鳥而不得。生網羅。欲奪天下之名而利而不得。生作爲以害之。害人者。心不可明。是謂幽心故包藏。心不自小。是謂大心。故雄桀。心有所嫉。是謂忌心。故好勝。測此三心。害斯遠矣。遠害則壽。汝其察哉。

故天爲高。地爲下。察汝躬。奚爲喜怒。天爲古。地爲久。察彼萬物。名於始。左名左。右名右。視彼萬物。數爲紀。紀之行也。利而無方。行而無止。以觀人情。利有等。維彼大道。成而弗改。用彼大道。知其極。加諸事。則萬物服。

此言名汝也。溯前爲古。推後爲久。天地之道。至誠不息也。上左右。指人之於道而言。逆行曰左。順行曰右。下左右。指名言。惡者左之。善者右之也。紀。理也。言我之所以名汝者。善惡各異也。天地有高下之名。陽舒喜也。陰慘怒也。汝躬之所以爲喜怒者。道也。是道則有善名。非道則有惡名也。天地有古久之名。其中萬物或善或惡。莫不有名。察其名。自開闢之始已然矣。人逆道則名其惡而左之。人順道則名其善而右之。萬物之善惡。以數爲條理。若者善。若者惡。自可數也。條理既行。使人遷善去惡。求善名。疾惡名。其利於人也。無方所。其行於世也。無終止。以此觀人之情實。不使惡人被善名也。情實既得。從而利之。錫以五福。有等差焉。善名之鉅細不同也。其閒有大道成而弗攺變者。斯有善而無惡矣。用彼大道。以爲民極。使之以大道加諸事。則萬物皆服。

用其則必有羣。

也。此我所以名汝與。○可數所矩切

加諸物。則爲之君。舉其脩。則有理。加諸物。則爲天子。

合而論之。自生汝以及名汝。發乎言。則七者之詰含皆有準則於邦家。見諸行。則七者之設施皆有久長之綱例。脩之爲言長也。故用其則。言合乎道而人皆從。是謂有羣。以道而加諸一國之人。則爲君也。舉其脩。則行合乎道而條不紊。是謂有理。以道而加諸天下之人。則爲天子。何災之有哉。汝民可不聞道乎。我所以告汝也。

周書解義

仁和潘振芑田註　石門徐珩湘渚訂

卷十

武紀解第六十八

武、兵事。紀、條理也。此下三解疑敬王時作。左傳昭公二十二年夏四月乙丑。景王崩。王子猛立。王子朝因舊官百工之喪職秩者以作亂奔京。六月。鞏簡公敗績于京。甘平公亦敗焉。秋七月劉子單子以王居皇。鄩肸伐皇。八月。司徒醜以王師敗績于前城。百工叛。冬十月。晉籍談荀躒納王于王城。單子劉蚠以王師敗績于郊。十一月、王子猛卒。敬王即位。二十三年。六月、王子朝入于尹。尹圉誘劉佗殺之。丙戌。伐尹。單子敗。劉子還。召伯奐南宮極。以成周人戍尹。秋七月。鄩羅納子朝于莊宮。尹辛敗劉師于唐。又敗諸鄩。取西闈。攻蒯。蒯潰。二十四年。春。召簡公。南宮嚚。以甘桓公見王子朝。六月。王子朝之師攻瑕及杏。皆潰。二十六年。五月。劉師伐王城。敗績。七月。劉子以王出。王城人焚劉。晉知躒趙鞅。納王。王子朝及召氏之族。毛伯得。尹氏固。南宮嚚奉周之典籍以奔楚。十二月。王入莊宮。王師屢敗。武事無紀。不善於兵也。百官黨惡。銓選無法。不得其人也。典籍奔楚。器服無禮。莫考其制也。當時識權宜者推其紀。原其法。考其禮。論武於景王之後。故周祝次之以武紀。○肹同肸黑乙切盆音焚

幣帛之間。有巧言令色。事不成。車甲之間。有巧言令色。事不捷。克□。事而有武色。必失其德。臨權而疑。必離其災。□□不。捷。智不可。□□於不足。拚於不幾。則

始而施幾而弗免無功。幣帛所以聘問者車甲所以征伐者好其言善其色立心不直之人如齊有犂彌亂夾谷之盟隨有少師致速杞之敗是已捷勝也有武色者得勝而驕如虢公是已德謙德大禹謨禹徂征益贊于禹曰謙受益權機變也疑不決也如泓之戰楚人未濟未陳子魚請擊之而襄公不可是已施弛同解多脫文姑總詮之言文事有小人則不成武事有小人則不捷能其事而有武色必失其德臨權而不決必受其害不捷者小人之智不可當大事也有武色者以敵爲不足與戰并不識事機則始張而終弛也當幾而疑不免於災則無功也故武之捷在得人武之德在去驕武之利在行權三者武之首務也下文遂陳其紀

國有三守。卑辭重幣以服之弱國之守也。脩備以待戰敵國之守也。循山川之險而固之僻國之守也。伐服不祥。伐戰危。伐險難。故善伐

者。不伐三守。以下言紀也。服之。臣服於強國也。脩。備。脩治城郭甲兵豫爲防備也。循。順也。僻國。僻陋之國也。祥。福也。伐。服殺降也。干天怒。故不祥。伐待戰之國。彼以逸待勞。故我兵必危也。伐守險之國。彼得地之利。故我攻難勝也。三守所以不伐也。伐國有六時。五動。四順。時。謂因時而處之。動。謂搖動而試之。順。謂乘順而爲之。六五四。其數也。閒其疏。薄其疑。推其危。扶其弱。乘其衰。暴其約。此謂六時。薄音博。閒。俔也。即左傳之諜。後世之細作。蓋詐爲敵國之人。入其軍中。伺候閒隙。以反報其主。兵書所謂反閒也。疏。忽略也。閒其疏者。出其不意。攻其無備也。薄。迫也。謂迫擊之。薄其疑者。敵有虞心。莫有鬭志也。推危者。傾亡也。扶弱者兼弱也。乘衰者。取亂也。暴約者。攻昧也。約。窮約。昏庸不能自立也。此謂六時。○俔賢上聲扶之而不讓。振之而不動。數之而不服。暴之而不革。威之而不恐。未可伐也。此謂五動。弱小之國。宜扶持之。而敵國不責讓於我。能知仁也。見伐之國。宜振救之。而敵國不動兵於我。能反義也。數之以罪而不服。是無貳也。縱掠以暴之而不變。能禦寇也。觀兵以威之而不懼。能備敵也。皆未可伐也。此謂五動。立之害。毀之利。克之易。幷之能。以時伐之。此謂四順。如湯之於葛伯是已。以時伐之。謂之四順。也。立之不害。毀之不利。唯克之易。幷之不能。可伐也。立之害。毀之未利。克之難。幷之不能。可動也。此舉不順以形四順也。如楚莊王之於陳。可伐而非順也。如齊宣王之於燕。立之則不利於齊。毀之則諸侯不服。萬乘之國。克之難。幷之不能。若此者。可動而不可伐。非順也。由此觀之。必四者兼而後謂之順也。靜以待衆。力不與。爭權弗果。據德不肆國。若是而可毀也。地荒而不振。德衰而失與。無苦而危矣。此言四順之實也。言既伐而入其國。安靜以待敵國之衆。雖有兵力。不與之爭。所以觀其順與否也。如其權不果據於上而昏。德不肆陳於國而暴。若是。則可毀也。毀之利。則立之害。不待言矣。權不據。則地荒而不能振治。德不肆。則德衰而且失與國。不必以兵力苦之。而彼之國自危矣。克之易。并之能也。四順之實如此。求之以其道。

口口無不得。爲之以其事。而時無不成。有利備無患事。時至而不迎。大祿乃遷。延之不道。行事乃困。不作小口。動大殃。此言六時五動之利與反是者之害。以見其不可不有也。言伐國者。求武功。用五動之道。必進退無失。而其動無有不得。爲武事。用六時之事。必功績不敗。而其時無有不成。如此。則有利國之備。而無受患於敵國之事也。反是者。時既至矣。不迎其機而爲之。去疾不盡。而長寇讎。大祿乃遷於他人也。知難而退者，五動之道。未可伐而伐之，延進敵人，不以其道。行此武事，乃致困窮也。伐國者不可起小謀而動大殃。六時五動，可不有哉。謀有不足者三。仁廢則文謀不足，勇廢則武謀不足，備廢則事謀不足。仁，有文德者，故文謀足。勇，有武德者，故武謀足。備，如城池米粟兵革之類，有備則事豫，故事謀足。三者廢，則謀皆不足也。六時五動四順，非謀之足者不能有也。承上文反言之，以見謀之當足也。國有本，有幹，有權，有倫質，有樞體。土地，本也。人民，幹也。敵國侔交，權也。政敎順成，倫質也。君臣和口，樞體也。此言文謀之目也。本，如木之有本也。幹，如木之有幹也。侔交，均相交好也。權，權柄能左右之也。施政示敎，是謂政敎。順，順從。成，成就也。倫質，節理性也。樞，要也。國之有君臣，猶人之有體，君爲心體，臣爲身體也。土地未削，人民未散國權未傾倫質未移雖有昏亂之君國未亡也此言敵國之無樞體也為君臣計不可不和也文謀失其一矣幸而本幹權倫尚有之謀雖不足尚未亡也

國有幾失居之不可阻體之小也不果鄰家難復飾也封疆侵凌難復振也服國從失難復扶也大國之無養小國之畏事此言敵國之無本權也國有幾乎失之者居其地不可為險阻國體之小是無本也鄰家修好而已不果難復飾辭以望其交是無權也無本無權是無謀也惟其無謀故封疆侵凌而體小難復救矣服從之國從而失之難復扶矣不復救則大國不字小無愛養之心也不復扶則小國皆坐視有畏事之心也然而不亡者尚有幹有倫質有樞體乎要之雖有其謀皆不足也不幾乎失其國與

不可以本權失□家之交不可以枉繩失鄰家

之交不據直以約不虧體以陰不可虞而奪也不可策而服也不可親而侵也不可摩而測也不可求而循也施度於體不慮費事利於國不計勞此言仁者之文謀足也承上文言仁者知敵國之不足於文謀也有本有權而人民或散是失國家之交矣柱爲曲繩爲直兩不相倂則不相交國權既傾是失鄰家之交矣皆不可也宜盡心以謀之據直道以爲政數不變通以至於窮君臣不和樞體乃虧以至於陰邪非謀也仁者不然其文謀乃足矣彼敵國之失謀者我或虞詐以奪其國或用策而服其人或相親而侵其地或揣摩而測其心或有求而順其情皆不仁之謀也仁者不可惟足於文謀而已矣五者之法關於政體施之而不慮其煩費五者之利被於國中事之而不計其勤勞可謂足矣彼敵國失謀我待其斃可矣此仁者之心也失德喪服於鄰家則不

顧難矣。交體侵凌，則不顧權矣。封疆不時得其所，無爲養民矣。合同不得其位，無畏患矣。百姓屈急，無藏畜矣。擠社稷，失宗廟，離墳墓，困鬼神，殘宗族，無爲愛死矣。擠音霽。○此言武謀之所由起也。德，文德。周制九服，故謂地爲服也。爲，以也。擠，墜也。愛，吝惜也。承上文，言足於文謀以待敵變，原非有意於武也。無何敵國失謀，忘其五有，喜武功而失文德，喪地於鄰家，則不顧難矣，是無本也。鄰國侔交，卽爲一體，而侵凌之，則不顧權矣，是無權也。封疆之民，失春耕夏耘秋收之時，不得其所，無以養民矣，是無幹也。君臣相合同而不和，各失其道，不當其位，無畏患矣，是無樞體也。百姓財屈而勢急，無收藏畜聚矣，政教不成，是無倫質也。以此亡國，不自吝惜其死矣。敵國無道如此，勇者之武謀所由起乎。卑辭而不聽，□財而無枝，計戰而□足。

近告而無顧，告過而不悔，請服而不得，然後絶好于閉門，循險近，說外援，以天命無爲，是定亡矣。說音稅○此言勇者之武謀足也。枝，節也。計，數也。承上文言敵國失謀，忘其五有，不愛其死，其無道不可當也。於是勇者有武謀焉，卑辭以下之，而彼聞之不肯聽；分財以事之，而彼求之無枝節；數戰功以厭其心，而彼以爲不足，方驕武而窮兵；近告鄰邦，爲我修好，而彼不顧；告彼之過，我有辭也，而彼不悔；請服於彼，而彼不許，不可得也。武謀足矣，然後絶敵人之好，閉門不納其使，順從敵國險近之地以伐之，談說國外四鄰之援以助之。斯時弔民伐罪，名正言順，敵人委之天命，無所作爲，是定亡矣。此非勇者其能足於謀乎。

凡有事君民守社稷宗廟而先衰亡者，皆失禮也。大事不法弗可作，法而不時弗可行，時而失禮弗可長，得禮而無備。弗可成。舉物不備。而欲□大功於天下者。未之有也。此言有備而事謀足也。法。司馬法。失禮。加喪因凶之類。言凡有武事。君民者。守社稷宗廟先敵國而衰且亡。皆失軍禮之故也。事謀可不足乎。故武事不法。不可刱作。法而不得其時。不可施行。得時而失禮。當速退焉。不可久也。合法應時而得禮。不可以無備。有備。則事謀足矣。無備者。不足之謀。不可成也。舉事無備。則事謀不足。而欲立大功於天下者。未之有也。勢不求周流。舉而不幾其成。亡。薄其事。而求厚其功。亡。內無文道。外無武迹。往不復來者。有悔而求合者。亡。不難不費。而致大功。古今未有。此言仁勇之不可廢也。周流。周旋流轉。喻變通也。幾。察也。功業可見者曰迹。以物致人曰往。來。還也。悔。吝也。合。集也。言仁廢。則不仁者興。私欲錮蔽。事勢不通其變。舉行不察其成。是妄動也。故光國之亡。勇廢。則無勇者興。不知量力。薄武事而約略軍糧。是惜財也。求厚其功。功不成。糧盡而受困。故致身之亡。妄動兆亡。內無文道也。求功致亡。外無武迹也。如此之國。惟有割地往致鄰封。不復來還者。其國尚可有也。若悔吝而不與。求集其地。未有不亡者也。故事不可不難也。財不可不費也。不難不費。而招致大功。古今未有也。仁勇可廢乎哉。

據名而不辱。應行而不困。唯禮。得之而無逆。失之而無咎。唯敬。成事而不難。序功而不費。唯時。勞而有成。費而不亡。唯當。施而不攏成而有權。久之而能口。唯義。此言備不可廢也。有備。則禮可成。而諸德由禮可推也。試歷言之。持兵有名而無恥辱。應機行事而不困窮。順人心者唯禮。得敵不逆其來。失敵不追其往。重民命者唯敬。成事而不見艱難。序功而不費日月者。惟應動之時。勞力而力有成。費財而財不亡。唯用力用財之當。施武謀而不逆。成武事而有權。久之而能變通者。唯合宜之義。廢備。則禮不成。而諸德無由著矣。備顧可廢乎哉。

不知所取之量。不知所施之度。不知動靜之時。不知吉凶之事。不知困達之謀。疑此五者。未可以動大事。

此言六時以及五有之當知也。知之斯有之矣。取國有力量。指四順也。設施有法度。指五有也。當動則動。當靜則靜。指六時也。知難而退則吉。不量而進則凶。指五動也。計行則達。不行則困。指三謀也。不知則疑矣。未可以作武事也。

恃名不久。恃功不立。虛願不至。妄爲不祥。

此申首節之義也。有所恃。則名不久。功不立。見武色之不可有也。虛願者。立心不直。志願虛也。師直爲壯。曲爲老。故武事不能周至。見巧令之不可有也。妄爲者。妄有作爲。示之以權而彼不決。故受災而不祥。見臨權之不可疑也。其丁寧之意切矣。

太上敬而服。其次欲而

得其次奪而得其次爭而克其下動而上資其力。最上神武。蔽已之德以服天下。其次聖武。順人之欲而得天下。其次雄武。以兵奪其國而得之。其次勁武。以兵爭其地而克之。最下者。動兵而上資大國之力。借人以昭武也。上文既丁寧之。此又歷言武之優劣。使知所擇也。凡建國君民內事文而和外事武而義其形慎而殺其政直而公本之以禮動之以時正之以度師之以法成之以仁此之道也。凡建立其國君臨乎民。內從事於文。可否相濟而和。外從事於武。進退合宜而義。武事有刑。謹慎而能殺。文事有政。正直而無私。刑政之本。惟禮。刑政之動。惟時。正刑政者。用一定之制度。師刑政者。用已成之法律。成刑政者。用不忍人之心。凡此皆道也。道存乎紀。紀所以行道也。道可不勉哉。言此以結全篇之意。形當作刑。

銓法解第六十九

銓衡也謂衡量人才也唐六典有三銓其原蓋出於此武紀旣陳用人尤重故次之以銓法

有三不遠有三不近有三不畜敬謀祗德親同三不遠也聽讒自亂聽諛自欺近慤自惡三不近也有如忠言竭親以爲信有如同好以謀易寇有如同惡合計掬慮慮泄事敗是謂好害三不畜也遠近並去聲○遠遠疏之黜其爵收其秩也近親之謂置之於位也畜養之謂優之以祿也祗亦敬也敬嘉謀祗盛德親同姓此之謂三不遠蔽善曰讒無賢良不能自治故亂面從曰諛無違言不求自慊故欺不善爲人所惡故謂惡人爲慤近之不能自善故惡此之謂三不近竭敗也忠言敗親以爲誠信如晉之二五是已鄰國同好以謀而

變爲寇讎。如秦之杞子是已。兩手承奉爲擒。可伐之國。諸侯同惡。合羣臣而計之。定謀慮而使奉之。謀泄事敗。如齊寺人貂漏師于多魚是已。此三臣者。害親害鄰。害軍政。好其人。是好害也。故不可畜也。此之謂三不畜。銓人之法如此也。

器服解第七十

器。禮器。服。禮服。銓衡有法。得其人而忘其典。是獻足而禮無徵也。故次之

以器服至此而解畢。

明器因外有三疲二。明器。藏器也。明。神之也。因。當作茵。褥也。外。茵西也。古人東爲主位。西爲賓位。故謂西爲外也。三。指筲甕甒三器也。儀禮既夕陳明器于乘車之西。折横覆之。抗木横三縮二。加抗席三。加茵用疏布緇翦。有幅亦縮二横三。器西南上綪。茵苞二。筲三黍稷麥。甕三醯醢屑。冪用疏布甒二醴酒。冪用功布。皆木桁久之。振窆既夕禮。自有司請祖期而後柩下堂。載柳車。乃飾棺。於是陳明

器于乘車之西。乘車。魂車也。未陳明器。先陳葬器。有折焉。方鑿橫木爲之。縮三橫五。近乘車橫覆之。折之西。有抗木焉。橫三縮二。其上加抗席三。又加茵。茵用粗布。其色黑而淺。縫合兩邊幅爲袋。著用茶及綏澤。謂茅秀廉薑澤蘭也。茵形如抗木。葬器既陳。然後於茵之西邊。南上。績屈而東。陳明器焉。茵之外。裹遺奠牲之葦苞。有二。其明器有筲。有甕。幂用粗布。有甒。幂用細布。苞筲甕甒。置之。皮食之木桁中。久當作灸。柱也。謂樹之也。所謂明器在茵外。有三者。如此。疲當作披。棺飾也。棺有前後二束。又用戴繫棺前後。細著柳骨。又用披繫棺束左右。著柳車。使之固也。披二者。左右各二也。加披謂之引。所以扶持柩者。不得謂之披矣。○績音爭。桁音衡。皮音詭。灸音救。

用器服數櫝四棓禁豐一觳天韋獨。用器。亦藏器也。象生時所用之器也。服。矢服。數當作素。熟也。犢。牛子。儀禮士喪禮記。主人乘惡車。犬服。註云。喪有兵器。建于車上。笭間。服則兵服也。犬皮取其堅。此服熟牛子皮爲之。其服有四。死者與生者不同與梧當是梧字之誤也卽周之敦禁承酒尊之器豐似豆而卑所以承爵者一者梧禁豐各一也觴字音未聞依諧聲例疑當音豪葉柔皮獨犬也觴天或是盛梧禁豐之器與梧禁豐之貯於觴天猶筲蘿瓶之貯於木桁與熟犬皮爲之未可知也儀禮旣夕矢服名笮屬役器竹爲之用器弓矢耒耜兩敦兩杅槃匜與解異也○笭音靈敦音對笮音窄

食器甒适膏候屑候

屑卽屑○食器象生前所食之器卽明器也首節言明器有三求詳其物言此以實之也甒爲酒器中寬下直上銳平底五穀之滑者皆曰膏膏黍膏稷見山海經筲盛黍稷麥故名筲爲膏候與猶廞禁一名豐候也屑薑桂之屑卽蘿之所盛者候當作候蘿盛醯醢屑故名蘿爲屑候與适者茵之西明器自南緝屈而東甒适邐而旁列筲蘿之東也○

樂鉍璪參冠一

鉍音祕璪音薛○樂樂器鉍矛柄指役器而言璪宜玉類似佩器也儀禮未聞冠爲元服參冠謂閒厠乎冠列者指笠而言燕器也一者樂鉍璪參冠各一也儀禮

既夕云。有燕樂器可也。役器。甲冑干笮。燕器。杖笠翣。與解不同也。○翣色甲切

笮皆素獨二

笮。竹杠。皆用白狗皮綢之。素白也。二者。一繫銘旌。一繫功布。與。銘旌天子九尺。諸侯七尺。大夫五尺。士三尺。儀禮既夕。取銘置于重。商祝拂柩用功布。此啟殯時。祝取銘置于茵。此祖奠時。商祝執功布以御柩。此柩行時也。○綢音韜

丸弁焚菜膾五昔。

丸。赤丸也。器口小中寬者曰弁。蓋盛丸之器與之

後漢書禮儀志大儺注。方相帥百隸以赤丸播灑之。周禮夏官方相氏大喪先匱及墓入壙以戈擊四隅毆方良。焚。燒也。菜未聞其名。蓋曝乾者故可燒於墓前與。肉之腥者曰膾。內則。麋鹿魚為菹。麕為辟雞。野豕為軒。兎為宛脾。此六腥也。儀禮既夕。有魚無膾。解文有膾無魚。故此言五腥與。昔當作腊。小物全乾者。儀禮既夕亦有之。○乾音干　辟音百　軒音憲

纁裏桃枝素獨蒲簞席皆素

斧。纁淺絳色。桃枝。竹名。以桃枝為席。即吳都賦桃笙也。吳人謂簞為笙。用淺絳之布為其裏也。蒲簞蒲

席也。以白狗皮爲裏。此二席者。其純皆用白布。而刺斧文也。白與黑謂之黼。儀禮士喪禮記。有乘車道車槀車。皆魂車也。岀桃枝爲乘車之蔽。蒲簟爲道車之蔽。與槀車說見後。○純音準。

獨巾糸纘綅縞冠素紕。糸冠組武。卷組纓。紕音皮。○巾。一幅所以裹頭也。巾者。謹也。二十成人。士冠。庶人巾。當自謹修於四敎也。以犬皮爲之。用糸色之繒以爲纓。而繪畫其綅。綅。纓飾也。此生時始服之冠也。縞冠。以生絹爲冠也。素。熟絹也。紕。緣邊也。生時祥祭後所服之冠也。糸冠。以黑繒爲冠梁。廣二寸。叉以黑繒爲武。冠屬於武。其畢向內縫之。冠梁古用縮縫。周用橫縫。辟積無數。組。纓也。武。冠卷也。連屬其組於武而不垂纓。居冠屬武。此生時燕居之冠也。冠卷連組而垂其纓。此生時有事之冠。玉藻所謂有事然後綅也。士喪禮記。乘車載皮弁服。道車載朝服。與解殊。○緣音願。

象□□瑱緌紳帶。象玦。朱極。韋素。獨簟籥捍。瑱他甸切。捍同扞。○象下脫文。承上冠纓當是笄字。瑱上脫文。當是象字。蓋此是士禮也。笄係也。所以係冠使不墜也。瑱。充耳也。二者皆以象骨爲之。皮弁爵弁。皆有笄瑱也。綈當作緇。黑色。紳帶之垂者。玉藻紳長制士三尺。雜帶。士緇辟二寸。再繚四寸。玦以象骨爲之。著右手大指。所以鉤弦闓體。又謂之韘。極。放也。韜食指將指無名指。以利放弦。故大射曰朱極三。又謂之沓。謂彄沓右手三指。柔皮爲之也。素獨簟三字。當在下節次車羔冒之下。籥。似笛。生時舞所執。捍。謂拾也。射韝以韋爲之。著於左臂。蔽膚斂衣以遂弦。卽儀禮遂也。以上二節之物。未知載於何車分車載之與。一車載之與。不可得而證矣。　辟音皮闓音開韘音攝彄口平聲

次車羔冒□純載枉綫喪勤焚纓一。

凡次乎上者。皆曰次。次車指槀車與。羔冒以羔皮囊其式也。案玉藻。士齊車。鹿辟豹植。士喪禮記。乘車鹿淺幦。道車槀車不言辟。解文次車羔冒。則乘車以下之車。皆羔辟與。上節素獨簟三字。當在此節羔冒之下。槀車無文。故直以白犬皮爲簟。脫文當是素字。桃枝蒲

簟有裏。獨簟無裏。輁質。故直用素純而不斧也。柱綫喪勤。其義未聞。案士喪禮記。主人乘惡車。約綏約轡註云。約。繩也。此言繩。則吉事用絲矣。綫。絲也。豈指死者生時之所用與。柱曲而載之。或綏或轡。未可知也。又案士喪禮記。纓。轡。貝勒。縣于衡。註云。縣之者事未至也。事至。則施之馬。三車同。勤字或當作勒。馬頭絡衡也。不曰貝勒而曰喪勒。蓋死者生時之所用與見在施馬之勒異。與纓。馬鞅也。在馬膺前。如索帬。尊卑各有數。人死馬存。生人所用。故但焚其纓於墓前。焚之。陽也。故以名焚纓與。纓言焚。其餘不焚也。士喪禮記。槀車載簑笠。與解別。○齊齋同幦音覓簑蓑同

給器因名有三幾。糸。茵纁裏桃枝獨蒲席皆素布。獨巾糸象糸純。幾音祈。器即葬器。儀禮無獨巾之屬。至墓而皆供給之。故曰給器。其耤柩之茵有三。疏布為之者。幾。漆飾沂鄂也。夭謂之糸。茵地葦也。幾糸茵。皆黑色也。纁裏之桃枝席。以及獨簟蒲簟。三席純皆素布者。明抗席非上文車蔽也。士喪禮

記。柩至于壙。斂服載之。註云。斂乘車道車槀車所載之服。盡載之柩車。不空歸也。問喪。送形而往。迎精而反。服精氣所馮也。葬給獨巾。則三車之所載。多斂于柩車而歸。可知矣。糸象。黑色之象。笄。所以插巾於髮者。糸純巾上黑色之緣也。案解文與儀禮多不合。豈典籍云亡。一時難集。而姑變通之與。抑與儀禮互相詳備與。魯哀公十六年。孔子卒。十九年。敬王崩。周文於是乎觀止矣。○沂音銀蕈尋上聲

周書序　周代名也。白虎通云。王者受命。必立天下之美號。周者至也。密也。道德周密。無所不至也。書者。庶也。紀庶物也。聖賢立教。書而云法。因號曰書。序。次也。

昔在文王。商紂竝立。困于虐政。將弘道以弼無道。作度訓。殷人作教。民不知極。將明道極。以移其俗。作命訓。紂作淫亂。民散無性習常。文王惠和化服之。作常

訓。上失其道民散無紀西伯脩仁明恥示教作文酌。

上失其道民失其業□□凶年作糴匡。茲立者文事君以敬導君以仁欲與之茲立於天地間也宏道擴大其道弼輔也無道指紂也教從德作民知至善矣其所令反其所好故不知極也酒色曰淫暴虐曰亂民散謂情意乖離不相維繫無本然之性習惡爲常文王順理和情以教化服其心也無紀無條理也明恥者明不仁之可恥示教者示之以仁道之教也兩失道前失民之道後失養民之道也

文王立西距昆夷北備獫狁謀武以昭威懷作武稱武以禁暴文以綏德大聖允兼作允文武有七德□王作大武大明武小明武三篇穆王遭六荒謀救患分災作大匡□□□□□□□□□

□□□□□□□□□□□□□□□□□□作九
開文王唯庶邦之多難論典以匡謬作劉法文王卿
士諗發敎禁戒作文開維美公命于文王脩身觀天
以謀商難作保開文王訓乎武王以繁害之戒作八
繁立立於西伯之位也距拒同安定山谷之閒昆夷
舊壤安定縣屬甘肅鞏昌府獫狁葷育也漢曰匈
奴威畏同昭威懷者昭明可畏之威可懷之德也綏
德者安有德之人也大而化之之謂聖故曰大聖允
兼者信併有文德武勇也七德者禁暴戢兵保大定
功安民和衆豐財也穆王當作文王救民之患分任
其災也唯惟同思也多難如密人侵阮之類論治國
典常之道以匡正政事之差謬也卿士六卿之外更
爲都官以總六官之事也諗告也告文王也敎如司
徒十二教之類禁戒如士師五禁五戒之類禁者止

使勿爲施於未然之前戒者勅其息忽微於事爲之際也美公周公旦也稟命于文王脩身之德觀天之時謀禦商難也。差初加切文王在酆命周公謀商難作酆保文啓謀乎後嗣以脩身敬戒作大開小開二篇文王有疾告武王以民之多變作文儆文王告武王以序德之行作文傳啓開導也君德宜自重故敬之天命不可長故戒之多變多機變也序德之行次序君德之所行也文王既沒武王嗣位告周公禁五戎作柔武武王忌商周公勤天下作大小開武二篇武王評周公維道以爲寶作寶典商謀啓平周周人將興師以承之作酆謀武王將起師伐商寤有商儆作寤儆周將伐商順天革命申喻武義以訓乎民作武順武穆二篇禁五戎禁止五事之可以生兵戎者忌商者以商之暴爲戒也勤天下者勤勞王事佐王無失德也評者平也所以平理也一說評疑訊之謀承止也寤有商儆夢有商師來伐儆懼於己也申諭猶言申命重複曉諭用武之事宜以教民也武王將行大事乎商郊乃明德□衆作和寤武寤二篇武王率六州之兵車三百五十乘以滅殷作尅殷武王既尅商建三監以救其民爲之訓範□□□□□□□□作大聚□□□□□□□□□□□武王既釋箕子因俾民辟寧之以王作箕子武王秉天下論德施□而□位以官作

考德明德者。明示其德於衆臣也。建立也。三監。管叔鮮。蔡叔度。霍叔處也。立之以救殷民。恐武庚不靖以害民也。爲三叔訓告法範也。俾與也。民辟猶民法。即洪範也。武訪彝倫。箕子與民王法。安之以王道也。秉把持也。成人有德。故論之。指殷舊臣也。施施祿也。位以官者。以官職位之也。考德解題作耆德。武王命商王之諸侯。綏定厥邦。申義告之。作商誓。武王平商。維定保天室。規擬伊洛。作度邑。武王有疾。□□□□□□□□□命周公輔小子告以正要。作五權。凡有國有采地者。皆稱諸侯。以其有君道也。申義申明先王之大義也。天室。鎬京也。安定保護之。無遠離也。伊洛。河南也。規摹擬度之。將爲朝會之地也。道本乎天。故正。治切乎民。故要。武王既沒成王元年。周公忌商之孽。訓敬命。作成開。周公既誅三監乃述武王之志，建都伊洛，作作洛。周公會羣臣于閎門，以輔主之格言，作皇門。周公陳武王之言，以贊已言，戒乎成王，作大戒。孽，庶子，指紂子武庚而言。訓王敬天命也。格，法式也。陳，布也。贊，助也。周公正三統之義，作周月。辯二十四氣之應，以明天時，作時訓。周公制十二月賦政之法，作月令。周公肇制文王之謚義，以垂于後，作謚法。周公將致政成王，朝諸侯於明堂，作明堂。正，備也。定也。賦，取也。謂土地所生，以供天子也。政，政令也。成王既即政，因嘗麥以語羣臣而求助，作嘗麥。周公爲太師，告成王以五則，作本典。語，去聲。太師，三公之一。

成王訪周公以民事。周公陳六徵以觀察之。作官人。周室既寧。八方會同。各以其職來獻。欲垂法厥後。作王會。民事。民間與賢能之事。時見曰會。會無常期。王將征討不順服者。既朝。命爲壇於國外。合諸侯而發禁命事焉。殷見曰同。說見職方篇末。既朝。亦爲壇於國外。合諸侯而命其政。

周公云歿。王制將衰。穆王因祭祖不豫。詢某守位。作祭公。穆王思保位惟難。恐貽世羞。欲自警悟。作史記。王化雖弛。天命方永。四夷八蠻。攸尊王政。作職方。某當作謀。警者戒將來。悟者悔已往。弛。廢也。方永。方久而未已也。東西南北爲四夷。南方最遠。故特紀其所服之國數爾。攸。語助辭。

芮伯稽古作訓。納王于善。暨執政小臣。咸省厥躬。作芮良夫晉侯尚力侵我王略叔向聞儲幼而果賢□復王位作太子晉王者德以飾躳用爲所佩作王佩夏多罪湯將放之徵前事以戒後王也作殷祝民非后罔乂后非民罔與爲邦愼政在微作周祝略、封略。儲、副也。南齊書。太子曰東儲。位、地位。復王位、歸王地也。德有文。故言飾。微、指道。道心惟微也。王佩、殷祝、周祝、疑景王時作。說見王佩解題下。武以靖亂非直不尅作武紀積習生常不可不愼作銓法車服制度明不苟踰作器服武以安亂。非無私者不能。君臣之善惡。習慣成自然。故用人當愼始也。制、貴賤之品制。度、多少之數度。踰、僭也。三篇疑敬王時作。說見武紀解題下。周道於是乎大備總結之也。

跋

是書見劉歆七略班固藝文志千百年來未有專家孔氏之注簡略太半僅賴校本以傳於世傳之而不申其義則有解如無解矣餘莊年伯繼其家學竭慮殫精不憚十數載之勞廣成解義攜示家嚴定之珩奉父命校訂焉是註有倫有脊綜括無遺宜約宜詳折衷至當使古人著作之深心昭然若揭後之覽者既可通其章句自能識其精微而周書之事理不且與尚書並著也哉年愚姪徐珩拜跋

（清）姚東升 輯

逸周書佚文不分卷

清嘉慶道光間（1796—1850）稿本

逸周書佚文 並見六冊

逸周書實非僞作但爲就刪之帙閒有書法不大近古學者顧而不問即有殘章斷句缺失亦不甚惜觀莊子注引金版六弢司馬氏又左氏傳說文並引其句知周儒漢儒共見是書曰周書篇名知不從耆德箕子之僅存其目也今就所見摘錄其佚文如左吉光片羽共足珍焉

春取榆柳之火夏取棗杏之火季夏取桑柘之火秋取柞楢之火冬取槐檀之火 馬融論語注

命楠人 上林賦注

三日粵朏 召誥正義 以上並引月令解

朕實不明以俛伯父 說文

士分民之祘均分以祘之也 說文

（晋）孔晁 注　（清）陳逢衡 補注

逸周書補注二十二卷
卷首一卷卷末一卷（卷首——二）

清道光五年（1825）刻本

道光乙酉年栞修梅山

逸周書補注

館藏版錫山浦丞題

晴田

序

古籍之存於今也若誠若沒岌岌乎千鈞一髮矣學者不能悉心研究但知拾取浮言習爲排斥之說是豈與古爲讐哉抑亦囿於衆而不克自拔也夫以孔壁古文之炳於唐疏頒於學官尚不見容斯世剟其在七十一篇之聲沈響絕者乎吾爲此懼爰取晉孔氏所注周書補之雖學殖蕪陋無所發明幸依盧學士校刊本爲之彌縫而斟酌以求合焉庶幾區區嗜古之心稍覺慰耳竊念生平閉戶自怡不邀虛譽知我罪我皆所不計且幸家有藏書倘天假

以年總集前此攻擊古文諸家條分縷晰以昭平允之論則予今日之殷殷七十一篇實他日力挽二十五篇之先路也道光五年乙酉五月端午日江都陳逢衡識

黃序

古書之存者六籍之外葢亦無幾汲冢周書其一也其書十卷自度訓至於器服凡七十解自序其後爲一篇若書之有小序同孔晁爲之注晉太康中盜發汲郡魏安釐王冢而得之故繫之汲冢所言文王與紂之事故謂之周書劉向謂是周時誓誥號令孔子刪錄之餘班固藝文志亦有其篇目司馬遷記武王伐紂之事正與此合然則兩漢之時已在中秘非始出於汲冢也觀其屬詞成章體製絕不與百篇相似亦不類西京文字是葢戰國之世逸民處

士之所纂緝以備私藏者性命道德之幾微文武政教之要畧與夫謚法職方時訓月令無不切於脩己治人雖其間駁而不純要不失爲古書也郡太守劉公廷幹好古尤至出先世所藏命刻板學宫俾行於世上不負古人之用心下得以廣諸生之聞見其淑惠後人不既多乎至正甲午冬十一月四明後學黄玠謹志

姜序

史以事辭勝如以事而已則自周秦以逮於今體無論繁簡辭無論工拙而是非善敗興壞之端備見於史何可廢也如以辭而已則自左氏內外傳子長孟堅二書以及於范氏陳壽而下遂無足論然吾以爲皆不能當左氏左氏所紀載雖斷自東遷以後而彼其時去古未遠所稱引多三代盛時微言遺事迄今讀之若揭日月而行千載其博大精深之旨非晚世學者所及固道法所存而六藝之羽翼也等左氏而上之則無如世所稱汲冢周書者周書七

十一篇自劉歆七略班史藝文志已有之而汲冢發自晉太康二年得書七十五篇其目具在無所謂周書當仍舊名不得繫之汲冢楊用修太史論辨甚覈茲可無論其文辭淵深質古出左氏上所不必論若鄷謀世俘諸篇記武王謀伐殷與克殷俘馘甚衆往往誇誕不雅馴疑袁周戰國之士以意參入之然吾觀文傳柔武和寤大聚度邑時訓官人王會職方諸篇其陳典常垂法戒辨析幾微銓敘名物亦有非叔季之王淺陋之士所能仿彿者蓋文武周公所爲政教號令概見此書固不徒以事與辭勝而已也

邱明氏以博物君子抒藻摛辭臣素王以垂不朽千載而下論法素王者不能舍左氏故諸家訓詁犂然甚具而周書視左氏辭特深奥流俗畏難好易不復研覈孔晁一注寥寥及今亦頗多繆誤矣楊用修太史嘗序是書以傳顧未嘗一一爲參合讐校予讀之不無遺憾乃稍加參訂正其舛誤其不可以意更定者仍闕之以竢博聞之士説者謂尚書篹自孔子而此逸書者劉向以爲孔子所論之餘若不足存嗟乎是書不知當孔子删與否其指誠不得與經竝然其事則文武周公其文辭則東周以後作者不逮也

蓋不離屬辭紀事而道法猶有存者謂尚書百篇而外是書無一語足傳於經吾猶疑之安得以一二駁辭盡疑其爲孔子所詘遂置不復道哉自六藝以下文辭最質古者無如是書與周髀穆天子傳諸篇而是書深遠矣然皆殘缺漫漶不甚可讀蓋去古日遠綴文者喜爲近易故時俗之言易傳而古語日就脫誤有足歎者子既刻是書因爲敘之如此姜士昌仲文序

謝序

周書本以總名一代之書猶之商書夏書也自漢以來以所傳五十八篇目爲尚書而於尚書所載周書之外以七十一篇者稱之爲周書而别之劉向以爲孔子刪削之餘第漢志載周書七十一篇即列於尚書之後而總繫之以辭則究未嘗别之於尚書之外也至隋志始降列雜史之首以爲與穆天子傳俱汲冢書然漢志未嘗列穆傳則其非出自汲冢可知不當牽合愚嘗玩其文義與尚書周時誥誓諸篇絶異而其宏深奥衍包孕精微斷非秦漢人所

能仿佛不第克殷度邑爲龍門所引用也明堂見於禮記職方載在周官其文雖有小異要不足爲病而箕子月令想即洪範呂覽所傳之文周史所記載者也惟其闕佚旣多又頗有爲後人羼入者篇名亦大率俗儒更易必有妄爲分合之處其序次亦未確當如大匡爲荒政第四卷王在管時不當復以名篇且文內大匡中匡小匡意不可解時訓似五行傳謚法與史記正義大同殷祝雜出殷事與王會篇末成湯伊尹語皆爲不類若太子晉一篇尤爲荒誕體格亦卑弱不振不待明眼人始辨之也愚謂是書文

義酷似國語無疑周末人傳述之作其中時涉陰謀如㝠徵之嘆謀泄和㝠之記圖商多行兵用武之法豈即戰國時所稱太公陰符之謀與時益周道衰微史臣掇拾古訓以成此書始於文武而終於穆王厲王也好古之士所宜分別觀之立乎千載以下讀千載以上之書而猶執篇目之多寡以繩之豈不誤哉乾隆五十一年歲在丙午八月望日嘉善謝墉題於江陰使院

班志載周書七十一篇僅存四十五篇今其目仍有七十篇而存者乃有五十九篇較班志轉多十四篇此由

後人妄分以符七十之數實祇四十五篇未嘗亡耳且如大武以下並論攻伐之宏文氣不斷不得分爲三篇卷一之糴匡與卷二之大匡俱屬荒政辭義聯屬自是一篇蓋糴匡之文即在大匡中間如勤而不賓祈而不賓利民不淫民利不淫文義一律簡册舛錯遂分而爲二因有卿參告糴之句而妄立糴匡之名也若第四卷大匡爲監殷事篇內雖有大匡中匡小匡之名不應與前篇同其名目二者必有一誤武寤文勢亦似竟接前文非另篇也世俘與克殷事詞相屬文筆亦一類應爲

克殷一篇今中隔大匡文政大聚三篇蓋亦妄立世俘之名而分之并亂其篇次也

孔氏旣注周書而尚有不注者十餘篇豈此十餘篇爲孔氏之所未見後乃附入者耶如器服篇多闕文固不可注至若酆謀度邑武儆嘗麥官人諸篇均多名言法語何以槪置不注是可疑也

是書之刻盧抱經同年積數年校勘之功加以博雅之士薈萃所見而成之而墉適以採風莅止遂以夙昔管見參互考訂課士之餘不辭炳燭之明悉力討論謹以

質之同好汲古之士願更有以開我也丙午九月下澣

塽又識

汪序

孔子刪書斷自唐虞下終秦誓共書百篇無所謂周書七十一篇也考班史藝文志周書七十一篇劉向云周時誥誓號令也蓋孔子所論百篇之餘今之存者四十五篇矣其閒時訓明堂見諸記禮克殷度邑援自史遷是此爲周之逸書或經秦火之餘而司馬班劉所見者仍有四十五篇初不因汲冢而始有也汲冢則自晉太康二年汲郡人發魏安釐王冢得竹書數十乘其目七十五篇無所謂周書揚用修太史云宋太宗修太平御覽始列汲冢周書或

宋儒臣求汲冢七十五篇而不得卒以周書七十一篇充之愚案班志載七十一篇僅存四十五篇今之傳者其目則七十篇所存則五十九篇意逸周書七十一篇秦火亡其二十六汲冢則得書五十九厥書較備於昔故以汲冢周書名之耶抑或汲冢曾存是書偶未列其目耶是未可知先儒云六經而下求其文字近古有裨於性命道德文武政教者無踰於此書則是書不可以不傳今仍其舊名以俟廣覽博搜之君子云康熙己酉二月春分前二日星源汪士漢識

楊序

晉太康二年汲郡人不音彪準私發魏安釐王冢得竹書數十車其紀年十三篇易經二篇易繇陰陽卦二篇卦下易經一篇公孫段二篇公孫段與邵涉論易國語三篇言楚晉事名三篇似爾雅論語又似禮記師春一篇瑣語十二篇諸國夢卜妖相書也梁邱藏一篇先叙魏之世數次言邱藏金玉事繳書二篇論弋射法生封一篇帝王所封大歷二篇鄒生談天類也穆天子傳五篇圖詩一篇又雜書十九篇凡七十五篇七篇簡書折壞不識名題衛案此俱見晉書束

皙傳由紀年十三篇數至雜書十九篇共六十六篇又七篇不識名題通共七十三篇無七十五篇漆書皆科斗文字多燼簡斷札文既殘缺不復詮次武帝詔荀勗撰次之以為中經列在秘書著作郎束皙得觀竹書隨疑分釋皆有義證此晉書武帝紀荀勗及束皙傳文也又杜預春秋集解後序亦云汲冢古文七十五卷多不可訓周易及紀年最為分了周易上下篇與今正同別有陰陽而無彖象文言繫辭其紀年起自夏殷周皆三代王事無諸國別也惟特記晉國起自殤叔皆用夏正建寅之月為歲首編年相次晉滅獨記魏事至魏哀王之二十年蓋魏國

之史記也文大似春秋經又稱伊尹放太甲七年太甲潛出自桐殺伊尹乃立其子伊陟伊奮令復其父之田宅而中分之師春一卷則純集左氏傳卜筮事合此觀之汲冢所得書雖不可見而其目悉具於此曾無一語及所謂周書者也案漢藝文志有逸周書七十一篇（盧文弨曰案漢志無逸字）以今所謂汲冢周書校之止缺四篇蓋漢以來原有此書不因發冢始得也李善注文選日月遠在晉後而其所引亦稱逸周書不曰汲冢書也惟宋太宗時修太平御覽首卷引目始有汲冢周書之名蓋當時儒臣求汲冢七十五篇

而不得遂以逸周書七十一篇充之矣盧文弨曰案隋唐志已云汲冢矣晁氏公武陳氏振孫洪氏适高氏似孫黃氏震李氏燾吳氏澄周氏洪謨號通知古今者皆未暇深考盧文弨曰案李巽言已云繫之汲冢失其本矣升菴失考余故錄晉書及左傳後序文於此則此書也當復其舊名題逸周書可也嘉靖壬午八月望日楊慎書

二

顧序

邗水之陽有修絜自好之士曰陳君穆堂家世儒林受學植行插架既備寢饋其間徧涉四部尤邃三古雪鈔螢纂祁酷靡斁専室左右池亭花藥琴樽香芬勝侶過訪從容譚藝皆以君為如春之熙怡秋之曠爽也值

今天子元年開殊科有司欲選君以上大府君力辭非所敢當至再三乃止於昔人所謂為善而不近名庶乎似之

予屢游是土交君頗稔客冬曾數晨夕獲見所注逸周書廿二卷并屬為之序夫逸周書晋孔晁解疎陋無足觀近

世餘姚盧學士文弨雖集合衆家校正刊行然間一尋覽但覺尚多棘口督心闕𦾔猶鼇魚兔與康莊相錯每至窘步輒復掩卷君獨不避艱難鉤深致遠字梳句櫛旁徵博引詳哉言之凡孔解所無盧校之欠期於全得其通則將讀是書舍君之注曷由哉定本有年未遑問世造物不聽君祕而自娛迨乎今茲削氏告竟予遂操翰濡墨克完宿諾爲讀逸周書者幸彌爲逸周書幸矣又嘗見君有疏證隋經籍志一書爲例本諸深寧叟漢藝文之作加以推廣厥在補亡搜羅鴻濶排比爰帖當使百氏廢者咸起九流

散者仍聚其殆兼會前此孫穀姚之駰余蕭客章宗源等諸公所長而益其所未及爲成一家言茲事體大方遲脫槀以君富齒僅艾篤嗜罔遷日而月之優而柔之玉屑堆案此中閉戶珠光照乘他時懸門可屈指計爾牽連及焉用訊夫世之以讀是書而知君者且毋以知是書而盡君也道光乙酉嘉平月元和顧千里撰於新城雙橋巷口之思適寓齋

逸周書補注目錄

附錄

卷首

敘略

逸周書古無善本以近日餘姚盧氏抱經堂校本爲最善其所據舊本則有元劉廷幹本 名貞有四明黃玠序 明章檗本程榮本吳琯本卜世昌本何允中本胡文煥本鍾惺本其參校諸家則有元和惠氏定宇 棟 吳江沈氏果堂 彤 嘉善謝氏金圃 墉 江陰趙氏敬夫 曦明 谿瀆張氏芑田 坦 江甯嚴氏東有 長明 金壇段氏若膺 玉裁 仁和沈氏朗仲 景熊 仁和梁氏曜北 玉繩 錢塘梁氏處素 履繩 錢塘陳氏省衷 雷 而

末則自序合衆本並集諸家說校蕴世閒相傳之本莫善於此矣故一依盧氏作藍本而閒取他本參訂之

逸周書於全刻外其見於選本者則有武林陳文一溟子周文歸西吳潘基慶良耜古逸潘刻於萬歷辛亥陳刻於崇禎庚辰祗取圈評無所詮發潘刻命訓常訓武稱程典文傳武順大匡大聚皇門大戒史記職方芮良夫周祝武紀共十五篇則其自選陳刻度訓命訓武稱文傳大開武武順和寤武寤克殷（誤作陰）作雒謚法官人王會王佩共十四篇則竟陵鍾伯敬選也嘉靖閒黃佐輯六藝流別采逸

書甚多其錄於書藝者則有商誓皇門之誥祭公之顧命程典嘗麥歲典本典文酌之謨開武之謨佩玉之訓大匡之問度邑之問四方獻令其錄於禮藝者則有謚法義夏箴見文傳解商箴案所引天曰順順維生地曰固固維寧人曰信信維聽乃呂氏春秋序意篇文非逸書金版銘案所引乃大聚解卽位筴祝案所引乃克殷解中殷之末孫至受天明命一段其錄於春秋藝者則有成周王會記詩藝則轡之柔矣六語天爲蓋地爲軫六語欲伐而不得生斧柯二語而已典謨訓問硬分名目已屬穿鑿而於諸篇舊本空圍一槩删去連接成文尤非

是書命名俱以解名其篇案說文解判也博雅解說也玉篇釋也文心雕龍曰百官詢事則有關刺解諜解者釋也解釋結滯徵事以對也又古今樂錄傖歌以一句爲一解中國以一章爲一解王僧虔啟云古曰章今曰解據斯二說古人原有以一篇爲一解者求之春秋時惟管子有牧民解形勢解立政九敗解版法解明法解然皆申明前篇之意而爲解說故曰解與周書又不同

大匡第十二程典文傳大開武小開武武順和寤武寤克殷大聚度邑作雒皇門周月時訓謚法王會祭公史記職方

芮良夫王佩最爲完善而度邑皇門祭公芮良夫其尤雅
者也文酌酆保小開寶典大匡第三十七文政成開諸篇訛誤
脫落均所不免在善讀者疑以傳疑而已
糴匡大匡二第十文傳大聚等篇皆爲備荒而設可見周家
體卹民隱至意
武稱允文大武大明武小明武柔武武順武紀皆兵法也
諸篇不無戳國謀略先聲然要是周人手筆非秦漢以後
語
大開武儆銓法器服四篇俱不全之文而器服則並雜句

讀

程寤秦當作泰陰九征九開劉法文開保開八繁箕子耆德
月令十一篇皆亡盧本據藝文類聚太平御覽補程寤七
十五字據蔡邕明堂月令論及隋書牛宏傳抄呂氏十二
紀首補月令今仍從舊本

謚法解即六家之周公謚法盧本以史記正義刪改則既
失謚法解之舊觀而又非史正義之目次兩失之矣今仍
從舊

王會解孔氏注本甚略宋王伯厚舊有補注于名物多不

能詳而援引又無裁斷是篇凡七易稿其無考者猶孱缺

焉甚矣古書之難讀也

世俘一篇據漢志亦稱武成舊本乙巳陳本命新荒蜀磨

至至百韋命伐厲告以馘俘七十九字係錯簡故日月不

符今依正文干支推算時日毫無疑義

皇門作于流言初起之時嘗麥作于三叔搆禍之後二篇

文辭古奥定是西周手筆

大匡解云管叔自作殷之監作雒解云武王克殷建管叔

于東可知管叔之畔於周公無涉作雒又言三叔及殷東

徐奄及熊盈以略後又言俾中旄父宇于東可以証周公居東之東是國邑非東都也

作雒解云周公立相天子大戒解云王訪于周公明堂解云武王崩成王嗣嘗麥解云王初祈禱于宗廟本典解云王在東宮王會解云天子南面立周公在左均是周公未攝天子之證可補傳注所未及

是書舊稱周書見漢藝文志其後隋經籍志因之劉知幾史通因之經注亦多作周書至晁公武讀書志始目爲汲冢周書楊升菴辨之甚悉則當稱周書爲是今題逸周書

者從說文引稱逸周書以别于尚書故仍從盧本不改

此書相傳爲孔晁注然晉書無孔晁傳隋志周書十卷亦不云某人注晁公武讀書志始云晉孔晁注案孔氏之學隋志載梁有尚書義問三卷鄭玄王肅及晉五經博士孔晁撰又云春秋外傳國語二十卷晉五經博士孔晁注又穀梁傳五卷注謂孔君指訓而不言名余蕭客經解鉤沉目程端學春秋本義十四卷引孔晁

書之有補遺也蓋摘錄他書之引是書而爲今本所無者然往往援據失眞謬相引證訛以傳訛非徒無益茲特别

立諸書説引一門懼魚目之混珠也
周人卜年七百當戰國之際家自爲説人自爲書幾于汗牛充棟其有典章文物藉以流傳者已如吉光片羽不可多得其間小説稗官往往雜出此亦金中之沙相附而存棄之可惜然不收竟謂逸書之遺故又爲附錄一門以拾散亂于朽蠹之餘而已

集説

漢藝文志周書七十一篇周史記師古曰劉向云周時誥誓號令也蓋孔子所論百篇之餘也今之存者四十五篇

矣

周書止七十篇其一爲書序則周史氏所作也周史係戰國時人劉向以爲周時誥誓號令今案其書如羅匡大匡程典大聚皇門諸篇誠然餘則不盡如劉說也至謂是孔子所論百篇之餘則皇門祭公芮良夫諸解豈容在就删之列師古謂今之存者四十五篇則在唐時已少二十六篇今止七十一篇較之師古時反多十五篇豈束皙傳所謂雜書十九篇尚存于世後人乃拾取以補之因以有汲冢之目耶隋書

經籍志周書十卷汲冢書似仲尼刪書之餘

劉知幾史通周書與尚書相類即孔氏刊約百篇之外凡爲七十一章上自文武下終靈景其有明允篤誠典雅高義時亦有淺末恆說滓穢相參殆似後之好事者所增益也至若職方之言與周官無異時訓之說比月令多同斯百王之正書五經之別錄也

謂即孔子刊約百篇之外同師古說王子晉事最後謚當靈王之世不得至景王也訓是五經之別錄良然

晁公武讀書志汲冢周書十卷晉太康中汲郡與穆天子傳同得晉孔晁注蓋孔子刪采之餘凡七十篇

逸周書漢人已引非晉太康中始出也其誤本隋書經籍志注

容齋續筆汲冢周書今七十篇殊與尚書體不相類所載事物亦多過實其克商解云武王先入適紂所在射之三發而後下車擊之以輕呂斬之以黃鉞縣諸大白商二女既縊又射之三發擊之以輕呂斬之以元鉞縣諸小白越六日朝至於周以三首先馘入燎於周廟又用紂於南

名劍

郊夫武王之伐紂應天順人不過殺之而已紂既死何至梟戮俘馘且用之以祭乎其不然者也又言武王狩事尤爲淫侈至于擒虎二十有二貓二麋五千二百三十五犀十有三犛七百二十有一熊百五十一羆百十八豕三百五十有二貉十有八麈十有六麝五十鹿三千五百有二遂征四方凡憝國九十有九國馘磨億有十萬七千七百七十有九其多如是雖注家亦云武王以不殺爲仁無緣所馘如此蓋大言也王會篇皆大會諸侯及四夷事云唐叔荀叔周公在左太公在右堂下之右唐公虞公南面立

焉堂下之左商公夏公立焉四公者堯舜禹湯後商夏即
杞宋也又言俘商寶玉億有百萬衡案王會無俘玉事見世俘解容齋誤記
所紀四夷國名頗古奧獸畜亦奇崛以肅眞爲稷眞衡案宋孝宗諱昚故避愼爲眞
獩人爲穢人樂浪之夷爲良夷姑蔑爲姑妹東
甌爲且甌渠搜爲渠叟衡案所說諸字皆通用字高句麗爲高夷所敘
獩人前兒若獼猴立行聲似小兒良夷在子幣身人首脂
其腹炙之藿則鳴揚州禺禺魚人鹿衡案人上脫發字青丘狐九
尾東南夷白民乘黃乘黃者似騏背有兩角東越海蛤海
陽盌車大蟹西南戎曰央林以酋耳酋耳者身若虎豹渠

叟以䶂犬䶂犬者露犬也能飛食虎豹區陽戎以鼈封鼈封者若彘前後有首蜀人以文翰文翰者若皐雞康民以桴苡其實如李食之宜子北狄州靡費費其形人身枝踵自笑笑則上脣翕其目食人都郭生生若黃狗人面能言奇榦善芳頭若雄雞佩之令人不眯正東高夷嗛羊嗛羊者羊而四角西方之戎曰獨鹿邛邛距虛犬戎文馬而赤鬣縞身目若黃金名古皇之乘白州北（衛案北字誤當作比下同）閭北閭者其華若羽以其木爲車終行不敗篇末引伊尹朝獻商書云湯問伊尹使爲四方獻令伊尹請令正東以魚皮

之鞞鰂醬蛟瞂利劍正南以珠璣玳瑁象齒文犀正西以
丹青白旄江歷龍角正北以橐駝騊駼駃騠良弓為獻湯
曰善凡此皆無所質信姑錄之以貽博雅者唐太宗時遠
方諸國來朝貢者甚衆服裝詭異顏師古請圖以示後作
王會圖蓋取諸此漢書所引天子不取反受其咎毋為權
首將受其咎以為逸周書此亦無之然則非全書也

非全書甚然卜世三十卜年七百逸書豈特七十篇
哉克殷亦周之野史故太史公取入周紀

李燾曰隋唐經籍藝文志皆稱此書得於晉太康中汲郡

魏安釐王冢孔晁注解或稱十卷或稱八卷大抵不殊案此則晉以前初未有此也然劉向班固所錄並著周書七十一篇且謂孔子删削之餘而司馬遷記武王克殷事盡與此合豈西漢世已得入中秘其後稍隱學者不道及盜發冢乃幸復出耶篇目比漢但闕一爾必班劉司馬所見者也繫之汲冢失其本矣

汲冢無周書升菴辨之甚詳孔晁晉書無傳隋志周書十卷亦不云孔晁注以爲晁注者自晁公武始其注頗多疏略

陳振孫曰晉太康中汲郡發魏安釐王塚所得竹簡書此其一也凡七十篇敘一篇在其末今京口刊本以序散在諸篇蓋以倣孔安國尚書相傳以爲孔子删書之餘未必然也文體與古文不類似戰國後人依倣爲之

案皇門時訓嘗麥王會祭公職方芮良夫王佩周祝諸解豈戰國以後人所能道

丁黼曰夫子定書爲百篇矣孟子於武成取其二三策謂血流漂杵等語近於誇也今所謂汲冢周書者類多誇詡之辭且雜以詭譎之說此豈文武周公之事而孔孟之所

取哉然其間畏天敬民尊賢尚德古先聖王之格言遺制尚多有之至於時訓明堂記禮者之所采錄克殷度邑司馬遷之所援據是蓋有不可盡廢者晉狼瞫曰周志有之勇則害上不登於明堂其語今見之篇中此吾夫子未定之書也漢蕭何云周書云天予不取返受其咎則夫子既定之後而書無此語意者其在逸篇乎其後班固藝文志書凡九家有周書七十一篇劉向云周時誥誓號令蓋孔子所論百篇之餘也以兩漢諸人之所纂記推之則非始出於汲冢也明矣惜乎後世不復貴重文字日就舛訛予

始得本於李與嚴家脫誤爲甚繼得陳正卿本用相參校修補頗多其間尚有不可句讀脫文衍字亦有不容强解者姑且刻之俟求善本更加增削庶使流傳以爲近古之書云嘉定十五年夏四月

商周鼎革之際其事蓋亦難言矣非經筆削安得盡醇今所傳尚書五十八篇可謂皆古先聖王之格言然尚不免僞古文之攻丁氏此刻實爲逸書大幸

劉克莊曰汲冢書十卷七十篇與藝文志周書七十一篇合但少一篇晁子止謂其紀錄失實李仁甫謂書多駁辭

案中間所載武王征四方馘億有十萬七千七百七十有九俘三億萬二百三十暴於秦皇漢武矣狩擒虎二十有二云云紂圍雖大安得熊羆如是之衆又謂凡俘商寶玉億有百萬荒唐夸誕不近人情非止於駭而已

案書大傳成王時千七百七十三諸侯來會當武王時會孟津者八百國其餘九百七十三國均未從周則謂當牧野既事之後絕無一逆命梗化之國吾不信也至於擒虎二十有二云云合以孟子沛澤多而禽獸至之語正是紂從禽無厭之證而俘商寶玉亦

猶之俘玉三䏶耳總見紂之失德非武王愛寶也

王應麟困學紀聞漢藝文志周書七十一篇劉向云周時
誓誥號令葢孔子所論百篇之餘隋書志繫之汲冢然汲
冢得竹簡書在晉咸寧五年而兩漢已有周書矣太史公
引克殷度邑鄭康成注周禮云周書王會備焉注儀禮云
周書北唐以閭許叔重說文引逸周書文翰若翬雉又引
豲有爪而不敢以撅馬融注論語引周書月令皆在漢世
杜元凱解左傳時汲冢書未出也千里百縣䜌之柔矣皆
以周書爲據則此書非始出於汲冢也案三、晳傳太康二年汲郡得竹書七十五篇其目不言周書紀云咸寧五年左傳後序云太康元年當考　左傳正義引王隱晉書云竹書七十五卷六十八卷有名題七卷不可名題其目錄亦無周書然則繫周書於汲冢其誤明矣

案晉書束皙傳由紀年十三篇數至雜書十九篇止六十六卷有名題

黃震曰汲冢周書七十篇自度訓至小開解凡二十三篇皆載文王遇紂事多類兵書而文澀難曉自文儆至五權二十三篇載文王薨武王繼之伐商事其文間有明白者

或類周誥自成開解至王會十三篇載武王崩周公相成王事閒亦有明白者多類周誥自是有祭公解史記解穆王警戒之書也職方氏繼之與今周禮之職方氏相類芮良夫解訓王暨政臣之書也王佩解亦相類自周祝解至銓法解不知其所指終之以器服解而器服之名多不可句

周初文澀難曉自是古文簡奧然亦有脫誤處不可强爲解也王佩與周祝類與芮良夫不類

方孝孺曰汲冢周書十卷七十解或謂晉太康中出於汲

郡魏安釐王冢故曰汲冢以論載周事故曰周書宋李燾以漢司馬遷劉向嘗稱之謂晉時始出者非也此固是矣劉向謂其書爲周書即孔子删定之餘者則非也何者其事有可疑也略舉其大者言之武王之伐殷誅其君弔其民而已其世俘篇乃曰馘魔億有十萬七千七百七十有九俘人三億萬有二百三十夫殺人之多若是雖楚漢之際亂賊之暴不若是之酷而謂武王有是乎所誅以億萬計天下尚有人乎周公之用人不求備於一人其官人篇乃曰醉之以酒以觀其恭縱之以色以觀其常臨之以利

以觀其不貪盜之以樂以觀其不荒以詐術陷人而責人以正雖戰國之世縱橫權數之徒所不爲曾謂周公而以此取人乎王者之師禁亂除暴以仁義爲本其大武篇則曰春違其農夏食其穀秋取其刈冬凍其葆不仁孰甚焉其大明篇則曰委以淫樂賂以美女不義孰甚焉此後世稍有良心者所不忍爲曾謂王者之用兵乃若是乎其爲文王之言曰利維生痛痛維生樂樂維生禮禮維生義義維生仁此稍知道者所不言曾謂文王大聖人而爲是言乎其文傳篇曰有十年之積者王有三年之積者霸霸之

名起於衰世周初未嘗有之謂王者不以道德而在乎積
殺之多是商鞅之徒所不言而以爲文王之言可乎其他
若是者甚衆及載武王伐商之事往往謬誕與書不合由
此觀之決非周書謂孔子删定之餘者非也其中若謚法
周月時訓職方之篇文與爾雅月令問有合者竊意漢初
書亡隱士縉紳之流所僞著以爲周書而司馬遷不察故
引而用之劉向因以爲古書耳其中芮良夫篇最雅馴其
曰后除民害不惟民害害民非后惟其讐民至億兆后一
而已孫不敵衆后其危哉嗚呼君子之言三復其篇爲之

出游

司馬遷劉向何如人若漢初隱士所爲二公豈不能

辨

周洪謨曰汲冢周書文體淺露詞意迂疎無百篇渾厚沈雄氣象劉向謂是周時誓誥號令孔子刪録之餘愚則以爲文武之道未墜於地賢者識其大者不賢者識其小者蓋周東遷之後史官隨王室以東而西土逸民私爲此書以識周先王之事固非當時左右史之所記者也其最害理者如武王伐商之日紂既自燔武王乃射之而擊以輕

呂斬以黃鉞懸諸大白之旗二女既縊王又射之而擊以輕呂斬以元鉞懸諸小白之旗又以先馘入燎於周廟夫商之與周非世讎也武王奉行天罰爲民除暴其前徒有倒戈之勢其士女有元黃之迎而其君又以自燔矣乃擊其尸梟其首以燔於廟雖伍員報仇於楚不如是之慘也而謂武王爲之乎昔司馬遷之作周紀不取泰誓武成之言而乃有取乎其說亦可謂陋矣孟子於武成惟取二三策耳使其見此則將何如取之哉又王會篇言成周之會四夷貢獻異物甚多夫西旅貢獒未爲奇也而召公猶以

爲非所當受今乃殫四表八荒珍怪之產畢集於庭而是時召公猶在乃無一言以及之乎至於篇末又謂成湯命伊尹爲四方獻令使夷戎蠻貊悉以方物致貢此何理也學者以其先秦古書而備觀覽可也若取之以實先王之事則不可也

黃鉞事誠可疑王會記四夷貢獻自是當時實錄如必執旅獒以獻疑則越裳白雉肅慎楛矢皆不足信耶

郭棐曰古書自六籍外傳者益少矣劉向班固所錄則有

周書七十篇晉太康中盜發汲郡魏安釐王冢得之所謂皆文武周公及穆宣幽靈之事度訓篇曰天生民而制其度度小大以正權輕重以極明本末以立中武稱篇曰美男破老美女破舌淫圖破國淫巧破時淫樂破正淫言破義大開武篇曰其惟天命王其敬命祭公篇曰汝無以小謀敗大作汝無以嬖御士疾大夫卿士汝無以家相亂王室而莫卹其外尚皆以時中乂萬國芮良夫篇曰民歸於德德則民戴否則民讐民至億兆后一而已寡不勝衆后其危哉王佩篇曰王者所佩在德德在利民不過在敬敬字

誤案今本作數慤二字施予在平心不幸在不聞過禍在受諫基在愛民固在親賢至哉斯數言者即壁中書奚加焉謚法解則周公之所制時訓明堂乃禮記所采王會解博於鳥獸草木之名史記解明於治亂興亡之迹卓有可觀他篇盇多誇詡詭譎如利維生痛痛維生哀哀維生禮禮維生義義維生仁則非文王之謨也射之三發擊之輕呂斬之黃鉞懸之太白則非武王之烈也六則四守五示三極則非周公之訓也春違其農秋伐其穡夏取其麥冬寒其衣服則非司馬之法也世俘解言凡憝國九十有九馘魔億有

十萬七千七百七十有九俘人三億萬有二百三十則戚

秦之暴不酷於此也宫人解言設之謀以觀其智示之難

以觀其勇煩之事以觀其治臨之利以觀其不貪濫之樂

以觀其不荒醉之酒以觀其恭從之色以觀其常則儀衍

之詐不深於此也又奚謬盭若是故或謂戰國時纂輯出

逸民隱士之手然闇其云智勇害上不登於明堂則晉狼

瞫稱之綿綿不絶蔓蔓若何毫末不掇將成斧柯則蘇秦

引之夷羊在牧蜚鴻滿野則史周紀引之其書似出春秋

戰國之前抑周之野史與未可知也謂爲周之誥誓號令

未經孔子刪定之餘則吾不敢信也

輕呂黄鉞之事世俘官人等篇斷爲周之野史其論

亦公

胡應麟曰逸周書七十篇漢時僅存四十五篇今周書十

卷共七十篇之目並存而缺程寤秦陰九政九開劉法文

開保開八繁箕子耆德月令十一篇之文所存五十九篇

并後序一篇共六十篇蓋非完書也

漢時周書不缺故藝文志直云周書七十篇其云存

四十五篇者乃顔師古語胡氏誤會

集說　六

又曰周書多論紀綱制度敘事之文極少克殷數篇外惟王會職方二篇皆典則有法而王會雜以怪誕之文職方敘述嚴整過王會其規模體制足以置之夏商也

職方乃周官之文穆王抄出以資循覽故較王會嚴整

又曰汲冢周書所載克殷度邑等篇采於史遷時訓明堂等篇錄於禮記蓋或仲尼删削之餘戰國文士綴遺亡益以縱橫夸誕而成此書漢藝文志七十一篇注引劉向云今存四十五篇則當時脫佚幾半若子長所采蓋存於四

十五篇之中者而其餘篇至汲冢之發而復完也

此謂漢人止見四十五篇而其餘篇出汲冢亦調停之說案漢志注所云今之存者乃顏氏語

又曰周書卷首十數篇後序皆以爲文王作而本解絶無明據且語與書體不合蓋戰國纂集此書者所攙入之冠於篇首也至大武武稱等篇尤爲乖謬近於孫吳變詐矣考周書終太子晉實當靈王之世其爲周末策士之言毋疑也

周書卷首十數篇大與子類或出齊子手太武武稱

等篇則太公兵法近之其言亦不盡出於變詐閱者參之

劉大謨曰若度訓命訓常訓文酌允文大武等解而謚謂之周書可乎若和寤武寤商誓度邑職訓明堂等解而遽謂之非周書可乎六經而下求其文字近古而有裨於性命道德文武政教者恐無以踰於此

總是周書但有醇不醇耳六經而下文字近古洵無過此矣劉氏可謂知言

臧琳經義雜記曰漢書藝文志周書七十一篇周史記顏

師古曰劉向云周時誥誓號令也蓋孔子所論百篇之餘也今之存者四十五篇矣案自蓋孔子所論以下皆師古語今本闕十一篇猶存六十篇較之唐本反多十五篇可異也其中酆保大開小開文儆商誓度邑武儆五權周月時訓明堂嘗麥本典官人武紀銓法器服書序十八篇無注蓋亡闕之餘後人掇拾他書補之故止存其本文若周月時訓明堂官人職方等篇爲采摭他書其跡顯然又令人不能不致疑其文理精醇堪與典謨並列者莫過祭公史記芮良夫玉佩數篇識者辨之

今之存者四十五篇是師古語蓋孔子所論百篇之餘仍是劉向語李燾丁黼王應麟諸人所説皆同臧氏以爲皆師古語誤矣王佩篇名以王者所佩在德一語考之當作王佩爲是蓋古玉字作王易與王混也

又曰晉孔氏所注者非汲冢書宋王伯厚明楊用修已辨之矣但漢志止言周書隋志周書下附注云汲冢書唐志竟標汲冢周書其相沿致誤之由尚未明也案郭忠恕汗簡略敘引晉史公云咸寧中汲郡人盜魏安釐王冢得竹

書十餘萬言寫春秋經傳易經論語夏書周書於是始有汲冢周書之號矣晉書束皙傳云紀年十三篇記夏以來其中與經傳大異則夏年多殷益干啟位啟殺之太甲殺伊尹文丁殺季歷未嘗言有夏書又云雜書十九篇周食田法周書論楚事周穆王美人盛姬死事亦止言雜書中有周書論楚事及周穆王盛姬事未嘗言別有周書也晉史公誤述汲冢之書以爲有周書隋志又誤會晉史公所述汲冢周書而以班志所載之周書當之誤遂不可解矣且束皙傳云太康二年杜氏左傳後序云太康元年三月

吳寇始平予解甲休兵修成春秋釋例及經傳集解始訖

會汲郡有發冢者則發汲冢事雖不言二年爲太康二年

可知而晉史公云咸寧中與束傳杜序皆不合又束傳云

言楚晉事名三篇似禮記又似爾雅論語未嘗言有論語

也而晉史又言有論語何不懂文理若此稱爲晉史公似

卽當時史官不應誤會至此郭氏之言未知何本大抵出

於傳聞之誤當更考之庶釋然也

汲冢發於咸寧五年冬明年太康改元三月吳平預

始得知又二年始見其書此說閻氏百詩最得見隙

學紀聞生
閻若璩曰今汲冢周書漢志正名周書班固以爲周史記顏師古云葢孔子所論百篇之餘六朝人亦謂之尚書逸篇觀南史劉顯傳可見傳云任昉嘗得一篇缺簡文字零落諸人無能識者顯一見曰是古文尚書所刪逸篇昉檢周書果如其說

此以葢孔子所論百篇之餘爲小顏語與臧氏同六朝所云尚書逸篇兼有虞書夏書商書在內不專指周書

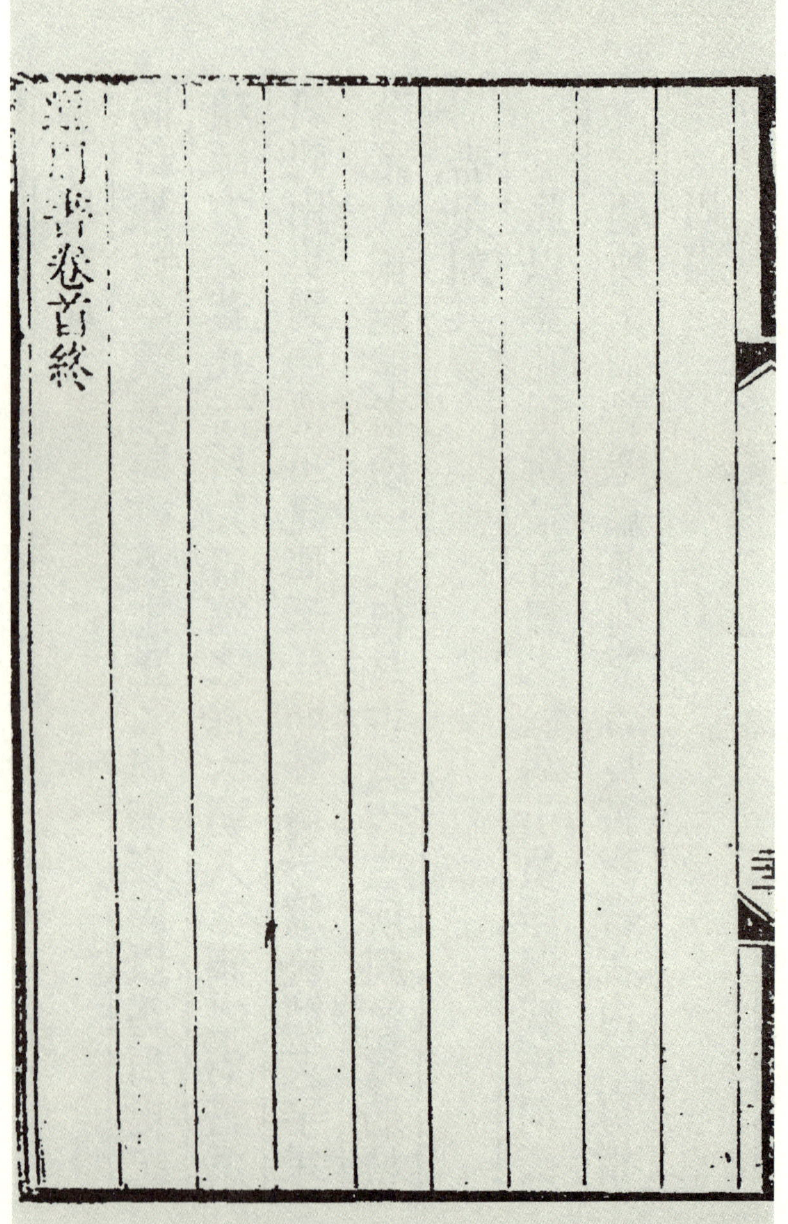

[illegible]門書卷首終

逸周書卷一

晉孔晁注　江都陳逢衡補注

度訓解第一

天行有度而四象正皇極有度而萬民順紂失度故以亡文秉度故日昌度也者所以整齊萬物之具也斯篇命名立義與大學絜矩之說相符故於好惡特詳言之

天生民而制其度

孔注聖人爲制法度

補注度者自然之矩矱而聖人裁成之詩曰天生烝民有物有則度也放勲曰勞之來之匡之直之輔之翼之使自得之又從而振德之制其度也

度小大以正權輕重以極明本末以立中

孔注制法度所以立中正

補注正直也極至也言於事物之大小輕重無一不權度乎當然之理以歸於正直至善之區也中者無過不及之稱本末猶兩端

立中以補損補損以知足

孔注損益以中爲制故知足也

補注立中以補損則愚不肖不畫於自修補損以知足則賢智不騖於高遠

□爵以明等極空方疑是制字

孔注極中也貴賤之等尊卑之中也

補注孟子曰天子一位公一位侯一位伯一位子男同一位凡五等君一位卿一位大夫一位上士一位中士一位下士一位凡六等傳曰天有十日人有十等禮含文嘉曰殷爵三等周爵五等荀子王制篇曰

先王惡其亂也故制禮義以分之使有富貴貧賤之等然則等也者所以明冠履辨天澤也極至也謂等級之所至不敢踰也

極以正民正中外以成命

孔注內外正則大命成也

補注極以正民詩所謂立我烝民莫匪爾極也正中外以成命與下句正上下以順政俱從正民說下命令也命令出維行則命成矣

正上下以順政

孔注順其政教

補注自邦畿以迄荒裔則統乎中外矣自天子以至於庶人則統乎上下矣成命則雲行雨施品物流行而無弗亨順政則自上下下其道大光而無弗屆

政以内□□□自邇彌與自遠遠邇備極終也□微補在□□分微在明

孔注知精□□□□微分理有明故

明王是以敬微而順分分次以知和知和以知樂知樂以知哀知哀以知慧内外以知人分去聲樂音洛

孔注慧者甚明所以知人

補注敬微慎獨之學順分循理之事循理則君明臣良父慈子孝夫義婦順兄友弟恭無一不出於自然矣故曰分次以知和和則發榮條達暢於四支有不知手之舞之足之蹈之者故曰知和以知樂樂者情之逸也人喜則斯陶陶斯詠詠斯猶猶斯舞舞斯慍慍斯戚戚斯嘆嘆斯辟辟斯踊矣故曰知樂以知哀哀則操心危慮患深而恒能見禍於未然審機於當局故曰知哀以知慧知慧則內明象坎外明象離而

知愚賢否如燭照數計而龜卜矣故曰內外以知人

凡民生而有好有惡小得其所好則喜大得其所好則樂小遭其所惡則憂大遭其所惡則哀好惡俱去聲下同樂音洛

孔注言其性之自然

凡民之所好惡生物是好死物是惡

補注生物如飲食衣服之類死物如鈇鉞刀鋸之類左昭二十五年傳生好物也死惡物也好物樂也惡物哀也

民至有好而不讓不從其所好必犯法無以事上

孔注不讓則爭爭則必犯法矣

民至有惡而不讓不去其所惡必犯法無以事上

補注民至有好而不讓欲生也民至有惡而不讓惡死也大學曰民之所好好之民之所惡惡之若不從其所好不去其所惡是謂拂人之性矣故犯法而無以事上

徧行於此尚有頑民而況曰不去其所惡而從其所好民能居乎

孔注徧謂兼行好惡也能居乎言不能居也

補注言好惡俱從民欲尙有務民雜處其間況不去民之所惡而僅從其所好則是逆道以干百姓之譽矣民詎能遂其好而安宅乎大學平天下章言絜矩之道反覆推明所惡與此意同

若不口力何以求之

孔注言力爭也

力爭則力政力政則無讓無讓則無禮無禮雖得所好民樂乎若不樂乃所惡也樂音洛大戴用兵篇諸侯力征注引民樂乎作民皆樂之乎

孔注爭則不樂注補在民樂乎下

補注政征通此言欲民之樂當先力去其所惡而化以禮讓若不樂則民生不遂而爭奪起是乃所惡也

凡民不忍好惡不能分次分去聲下同

孔注忍爲持久堅以次第盧文弨曰爲疑當作謂堅字句以疑當作次

補注不能分次言無度也沈濤曰廣雅釋言忍耐也古能與耐通不忍好惡猶言不能好惡耳

不次則奪奪則戰戰則何以養老幼句何以救痛疾死喪句何以胥役也

孔注胥相也

補注不次則無等而爭鬬之事必起故上無以惡下下無以事上也

明王起以極等以斷好惡教民次分

補注極等以斷好惡則好惡不偏教民以度則次明而分定舊本正文教民次分下有揚舉二小字注下空闕二三處依卜本作揚舉力竟四字改作大字正文並注云力竟疑力競之訛競盛也強也優爲下三事則揚舉之也衡案力竟見下猶之力爭力政耳此處不當有力竟二字揚舉亦係他處小注傳寫之誤今並刪去

任壯養老長幼有報長上聲下同

孔注壯者任之老者養之幼者長之使相報此謂力

竟也末五字疑誤或曰當在和之以懷衆下

補注報如報政之報

民是以胥役也

補注任之養之長之則有以養老幼有以救痛疾死喪矣民知有等則有以胥役矣

夫力竟非衆不劬衆非和不衆

孔注和之以懷衆

補注力竟謂力足以相抗敵故非衆不劬師克在和衆乃無敵故非和不衆

和非中不立中非禮不愼禮非樂不履

補注致和必以中爲本故非中不立教中必以禮爲防故非禮不愼愼順通禮者天秩天敘之自然然必出於懽欣鼓舞而後可行故非樂不履

明王是以無樂非人無哀非人樂音洛

孔注言明王所樂所哀無非人也

補注孟子樂以天下憂以天下與此義同

人是以衆

補注無樂非人無哀非人則天下皆與我和矣衆非

和不衆故曰人是以衆

人衆賞多罰少政之美也罰多賞少政之惡也罰多則困賞多則乏乏困無醜教乃不至

孔注醜謂所厚

補注書順之曰罰困不可多賞亦不可多所以聖主授受惟厥中耳周文歸曰醜衆也言不得衆心也盧文弨曰孔注所厚下疑脫所薄二字衡校醜無訓厚薄者當訓作恥庶與前後文義相貫蓋罰多則束縛其手足故困賞多則淫泆其心志故乏困乏則民無

適從而其性失故無恥教乃不至上之責也

是故明王明醜以長子孫（明王舊作民主盧文弨曰道疑當作明王今從之）

補注醜恥也明恥則教化行教化行則民無背畔之心故有以長子孫

子孫習服鳥獸仁德

孔注歸其仁德

補注言子孫習其制度而好惡哀樂通於天下則雖鳥獸亦歸仁德矣而況此受中之民乎

土宜天時百物行治

孔注土之所宜天時所生皆行其物

補注土宜剛柔燥濕之性天時陰陽寒暑之序百物飛潛動植之倫行治則天地位萬物育矣

治之初廢初哉

補注盧文弨曰廢字無考趙曦明曰疑即下文屬字之訛沈濤曰案屬初義亦不順或當爲㢘字之誤

治化則順是故無順非屬

孔注明醜以使之所以成順者也

補注治化則順以有等也屬猶夕惕若厲之厲無順

非厲言凡一切治化之順皆猶厲精圖治而出也
長幼成而生曰順極
孔注言使小人大人皆成其事上之心而生其義順之至也
補注言長幼皆遂其生成之性則無往而不合於度矣故曰順極

命訓解第二

紂不知命而曰我生不有命在天故大命以傾文王受天之命日以小心昭事故聿懷多福天者命之宰

也禍福所從出也文滋欲翼紂之一悟故作是篇以

警之

天生民而成大命

孔注賢愚自然之性命也

補注言生殺之大命皆成於天即下文禍福是也

命司德正之以禍福

孔注司主也以德爲主有德正以福無德正以禍

補注命天命也司德天神如司命司中之類

立明王以順之

孔注順天作政

補注書曰惟辟奉天惟聖時憲順謂順命立者天所立也

曰大命有常小命日成成則敬有常則廣廣以敬命則度至於極

孔注日成日進也如有常則其人法度至中正也

補注大命有常作君作師由天付也小命日成積德累功當自致也成則敬本諸身也有常則廣保天下也度至於極謂止於至善也

夫司德司義而賜之福祿福祿在人能無懲乎若懲而悔過則度近於極

孔注懲止也以德居身深術息其義深字疑衍術息當作行習一形訛一聲誤也

補注謝墉曰悔過即所以召福懲其不德不義即福祿在人矣注文義殊晦衡案司命益年司祿益食司金益富皆視其人之所受而加焉故曰在人言福祿雖賜於天而實準乎人若能懲而悔過以求合乎德義則福祿至矣司義猶司德

夫或司不義而降之禍在人能無懲乎若懲而悔過則度至於極

補注言人有悖逆之事則災及其身是以君子恐懼修省無已時也

夫民生而醜不明無以明之能無醜乎若有醜而競行不醜則度至於極

孔注不謂醜者若道上爲君

補注盧文弨曰無以明之民不能自明也在上者能無醜乎謂旌別淑慝也舉直錯枉能使枉者直斯所

謂兢行不醜也是則止於至善矣下無以穀之無以畏之皆謂民能無勸乎能無恐乎皆謂君衛柔醜恥也戰國策齊策皆有語醜大誹注醜恥也呂覽節喪篇無此之醜注醜恥也又慎人篇慕君子之所醜也注醜恥也猶言民生而爲氣稟所拘物欲所蔽舉凡可恥之事無以滌其舊染而明之則必自陷於罪矣在上者能無激發其耻乎若人皆知有耻而至於無耻可恥則兢行不恥矣故民協於度

夫民生而樂生無以穀之能無勸乎若勸之以忠則度至於極樂音洛

孔注穀善也謂忠信也

補注言民雖樂生而無以自淑則在上者當導之以德而民協於中矣勸勉也中心曰忠

夫民生而惡死無以畏之能無恐乎若恐而承教則度至於極惡去聲

孔注以死亡恐民使奉上易教也

補注言民雖惡死而猶不免於犯法則在上者當齊之以禮而民知從欲矣

六極既通六間其樂間去聲

孔注六中之道通則六間塞矣

補注六極旣通猶堯典所謂光被四表格於上下也荀子儒效曰宇中六指謂之極楊倞注六指上下四方也盡六指之遠則爲六極間謂間隙如天傾西北地缺東南之類塞實也王者上蟠下際放諸四海而太和充滿無少欠缺故曰六間具塞易所謂彌綸天地之道是也

通道道天以正人正人莫如有極道天莫如無極

孔注道謂言說之也

補注楊慎曰汲冢周書曰正人莫如有極道天莫如無極道言也謂會其有極歸其有極也道天無極謂生物不測悠久無疆也然則無極之名不始周子矣案周子無極極太極遞說是一義此無極有極對說又一義楊說誤趙曦明曰道即通道之道注訓言非是盧文弨曰天道遠人道邇此即民可使由之不可使知之衡案通道道字作實理講道天道字作術講正人莫如有極通道也通道者達道也道天莫如無極通天也通天者達乎天德也有極者懸象著明禮樂刑政之謂無極者神明變通

羣龍無首之謂有極固所以正人道天無極亦所以
正人故曰通道通天以正人
道天有極則不威不威則不昭正人無極則不信不信則
不衍
孔注政教不明
補注道天有極則不威不威則不昭故不測者聖人
之權正人無極則不信不信則不行故盡一者聖人
之法
明王昭天信人以度功地以利之使信人畏天則度至於

極

補注無極以昭天有極以信人以度謂有常也有常則廣故能功地以利之而爵賞及辟公矣使謂使令有土之君信人則令行畏天則奉法故度至於極

夫天道三人道三天有命有禍有福人有醜有紼絻有斧鉞以人之醜當天之命以紼絻當天之福以斧鉞當天之禍六方三述其極一也不知則不存

孔注言相方以立教一者善之謂也不行善不知故也

補注紼綖與黻冕通醜恥也以人之醜當天之命者
民知恥則能習於善故命亦從而善焉民無恥則必
習於惡故命亦從而惡焉惠迪從逆惟人自召非有
私也六方天道三人道三也三逑以人之醜當天之
命以紼綖當天之福以斧鉞當天之禍也天人合一
感應不殊故曰其極一也不知指六方三逑不存謂
天之大命不集於身盧文弨曰逑與術同

極命則民墮民墮則曠命曠命以誡其上則殆於亂

孔注此下六極謂行之極其道殆近

補注天命憑乎人事人事臻則天命集極者竟也窮也極命則一切總付諸天而人事無所持權故曰極命則民墮民墮則曠命民既曠命而反以天命有在告誠其上則事事無備焉得不亂墨子非命曰王公大人若信有命則必怠乎聽獄治政矣卿大夫必怠乎治官府矣農乎必怠乎耕稼樹藝矣婦人必怠乎紡績織絍矣此之謂也

極福則民祿民祿則干善干善則不行

孔注不行善也

補注福祿所以勸善若富及淫人是爲極福極福則民生惟知有祿而以干善爲務矣干通作奸僞也謂本無善可福祿而僞爲善以弋取也

極禍則民鬼民鬼則淫祭淫祭則罷家罷音疲

孔注罷弊其財冀無禍也

補注殺戮所以止姦若刑及正人是爲極禍極禍則民無所措手足惟專意祈禳以冀免禍矣故至於淫祭而罷家

極醜則民叛民叛則傷人傷人則不義

孔注民不堪行則叛義也

補注沈濤曰醜謂愧厲之愧厲太過民不堪行故叛也衡案極醜則民無自新之路必至逆行而不顧語所謂惡不仁之人疾之已甚亂也傷人謂用刑不義

謂輕重不得其宜

極賞則民賈其上賈其上則民無讓無讓則不順

孔注賈賣以功求其賞也

補注有功則賞進賢則賞是故周官有賞田若賞不以道是爲極賞則民必多方悦君而以市心交於上

矣故曰貫其上無讓則爭爲能循分而順乎

極罰則民多詐多詐則不忠不忠則無報

孔注上過其禮不報□終

補注用罰不當是爲極罰習爲巧避故多詐詐則不忠故無以報上

凡此六者政之殆也明王是故昭命以命之曰大命世小命身盧文弨曰按大戴禮本命篇注引周書大命世小命身

孔注違大命則世受罰犯小命則罰身

補注前云立明王以順之曰大命有常小命日成蓋

天以命命王者之意此明王昭命以命之曰大命世小命身是王者承天命以申命之蓋謂以人之醜當天之命以紼絻當天之福以斧鉞當天之禍也大命世小命身兼禍福兩層言人當强於爲善已隱寓不可極命意在内孔注誤

福莫大於于善禍莫大於淫祭醜莫大於傷人賞莫大於貢上罰莫大於貪詐此節舊本多誤今從盧說改正

孔注言此六者最大

補注此言極福極禍極醜極賞極罰之害其不言極

命者上已言大命世小命身故不復言也盧文弨曰所謂六者兼命而言也其語意非以干善爲福淫祭爲禍所謂莫大正中言極之害大耳

古之明王奉此六者以牧萬民民用而不失

孔注不失其義

補注言操此六方三術之用而不至于極命極福極禍極醜極賞極罰也用而不失則無民墮民祿民鬼民叛民買民詐之虞

撫之以惠和之以均斂之以哀娛之以樂慎之以禮教之

以藝震之以政動之以事勸之以賞畏之以罰臨之以忠

行之以權樂音洛下同

孔注以權行之

補注此俱牧萬民之事撫之以惠則民知恩和之以

均則民循分斂之以哀則民有節娛之以樂則民情

悦愼之以禮則民志定教之以藝則民皆有用震之

以政則民不敢玩動之以事則民興功勸之以賞則

民向善畏之以罰則民有懲臨之以忠則民不敢欺

行之以權則民無不化

權不法忠不忠罰不服賞不從勞事不震政不成

孔注言行權當有如此時 盧文弨曰時字疑誤

補注權不法權宜之事非可以爲常法也忠不忠忠於內者必作於外也罰有必行故不期於民之服如子產之謗鄭尾是也賞以德禮爲先故不從勞如晉文公之於壺叔三賞而後及趙襄子之於高赫無大功而賞居首是也事以謹小而立故不震政以積久而報故不倖其成

禁不淫禮有時樂不滿哀不至均不壹惠不忍人凡此物

攘之屬也

孔注物事

補注藝無取乎技巧故不淫禮以適用爲貴故有時樂不滿者情不可極也哀不至者喪惟其稱也均有等差故不壹惠以愛爲主故不忍人末句未詳

惠而不忍人人不勝害害不如死

孔注害則死口而猶不如口

補注首句不字衍惠而忍人者假仁義以濟其凶也故惡害甚於惡死

均一則不和哀至則匱樂滿則荒禮無時則不貴藝淫則害於才政成則不長事震則寡功

孔注不長言淺近也

補注親親尊賢必有等差均一則無辨故不和哀至則費財故匱樂滿則無節故荒禮無時則用非其宜故不貴藝淫則相習爲無用故害於才政期於速成則苟且故不長不長猶不達也震矜其事則志滿而驕故鮮功凌曙曰均一則不和如昭二十年傳齊侯與晏子論和同若琴瑟之專壹誰能聽之事震則寡

功如僖九年公羊傳葵邱之會桓公震而矜之叛者九國是也

以賞從勞勞而不至以法從中則賞賞不必中以權從法則行行不必以知權盧文弨曰以法從中以下數句有脫誤以上文推之賞之下當言罰言忠然後終於權也趙曦明曰當作以法從賞賞不必中以權從法法則必行行以知權衡案二說以意改更非也

補法以賞從勞則有虛冒之嫌故不至以法從中奉法者也從中則事有定格故賞以雄之賞不必中用賞者也謂有非常之功則有非常之賞故不必有定格也以權從法制法者也制法能因時變通故行行

不必以知權如萬物之受鑄於洪鈞而不自知其所
以然也
權以知微微以知始始以知終
孔注言事勢之相權物理之相致如此也
補注人所不見之地曰微權以知微精義入神之謂
微以知始者知至至之也始以知終者知終終之也
上文行不必以知權指民說此知微知始知終指牧
民者說所謂道天莫如無極也
逸周書卷一終

逸周書卷二

晉孔晁注　　　　江都陳逢衡補注

常訓解第三

四徵六極八政九德俱政治之要所謂常訓也人有常順順在可變是以聖人不專責之民而民無弗治古者此民今亦此民無二性也故曰政維今法維古前篇言命此篇專言性故其道在因

天有常性人有常順順在可變性在不改

孔注學能故可變自然故不改

補注天有常性天命之謂性也人有常順率性之謂道也順在可變可以爲善可以爲不善也性在不改生之謂性也

不改可因因在好惡好惡生變變習生常常則生醜醜命生德好惡俱去聲

孔注雖有天性可因其好惡以變之明醜所以命之則德生矣

補注不改可因如其性以治之也因在好惡者董子保位權曰聖人之治國也因天地之性情孔竅之所

利務致民命有所好有所好然後可得而勸也故設賞以勸之有所好必有所惡有所惡然後可得而畏也故設法以畏之既有所勸又有所畏然後可得而制之此之謂也好惡生變則民俗移變習生常則人道立常則生醜則善惡分醜命者天有命人有醜也生德則人有常順能復其性矣

明王於是立政以正之立舊作生民生而有習有常以習爲常以常爲愼民若生於中習常爲常左昭十六年傳習實爲常惠棟左傳補注五引周書曰習實爲常口美惡一也衡案今本俱作習常爲常而無下五字惠氏並未注明某篇疑誤

孔注習常爲常如性自然故若生於中也

補注有習者明善之功有常者自然之體以習爲常則困知勉行以復其初也慎順也以常爲慎人有常順也

夫習民乃常爲自血氣始

孔注性本所有而幼小習之若自其血氣生之始也

補注大戴保傅篇孔子曰少成若天性習慣之爲常盧辯注引周書曰習之爲常自血氣始案習之爲常即上文習常爲常也血氣知覺運動所托與生俱來

者也

明王自血氣耳目之習以明之醜

孔注示之以好惡也

補注血氣易動耳目易染因其粗乃易知從其欲乃易行以明之醜則民知愧恥矣

醜明乃樂義樂義乃至上上賢而不窮樂音洛

孔注窮謂不肖之人

補注民知醜則能慕義能慕義則能向上能向上則能尊賢不窮謂不失其性

哀樂不淫民知其至而至於子孫民乃有古古者因民以

順民樂音洛

孔注皆有經遠之規謂之有古父教子子教孫故曰

因也

補注哀樂不淫則民習於正矣民知其至至猶度至

於極之至至於子孫則家有教矣古謂高曾之矩矱

因謂因其好惡順則利而導之不拂其性也

夫民群居而無選爲政以始之始之以古終之以古

孔注言政必敬始慎終選行也

補注羣居而無選則無貴賤之等無賢否之別爲政謂爲選政董子官制象天云聖人爲一選君子爲一選善人爲一選正人爲一選此以德行爲選者也又云三公爲一選三卿爲一選三大夫爲一選三士爲一選此以爵位爲選者也始之以古繼自今立政也

行古志今政之至也政維今法維古𩑈負以疑疑意以兩

終之以古鑒成憲以無德也

平兩以參參伍以權權數以多多難以允允德以慎慎微以始而敬句終乃不困盧文弨曰左傳襄二十五年引慎始而敬終終以不困又中論法象

篇亦引

孔注重明終始之義

補注行古者因也志今者損益也改之至也猶云蔑以加矣夏尚忠商尚質周尚文政維今也行夏時乘殷輅服周冕法維古也須負指民之失其性者以疑疑如罪疑從輕之疑卜堯年曰前云順在可變疑者尚望其改變也疑意揣測之義以兩謂事以相比而可否見也平兩權衡之義以參謂理以得中而是非定也參伍錯雜之義以權謂用以審量而輕重適也

權之數則以多一致而百慮也多而難則以允執一以應萬也允德以以慎履信思乎順也慎微猶云慎獨以始而敬則事有基而可久故終乃不困

困在岔誘在王民乃苟苟乃不明哀樂不時四徵不顯六極不服八政不順九德有姦九姦不遷萬物不至（岔蒲悶切樂音洛下同）

孔注言以岔導民政之弊

補注困在岔殽政總總若風草之象岔塵涵貌誘在王民之無良導自上也王卽指紂苟如論語無所苟

之苟常訓序所謂紂作淫亂民散無性是也無性則志氣昏故不明哀樂不時猶傳所謂哀樂而樂哀皆喪心也四徵不顯則性情乖六極不服則生殺悖八政不順則倫紀壞九德有爽爽謂作僞遷改也九爽不改則萬物何由至於善乎

夫禮非剋不承非樂不竟民是乏生□好惡有空方疑在好惡有下

補注此疑度訓解脫簡之文非剋不承非樂不竟與非衆不克非樂不履句法相似而此有脫文

四徵喜樂憂哀動之以則發之以文成之以民行之以化

孔注以中道化之也

補注動之以則不踰閑也發之以文謂品節之也成之以民作於上而應於下也行之以化措諸近而播諸遠也

六極命醜福賞禍罰六極不羸

孔注羸謂無常

補注六極已見命訓解廣雅羸過也孔注誤

八政和平八政夫妻父子兄弟君臣八政不逆九德純恪

補注首句與上末句接言六極不羸然後八政和平

也夫扶也妻齊也父矩也子孳也兄況也弟悌也君羣也臣堅也此綱常倫紀所繫故曰政不逆則人道順軌而九德於以純恪矣純恪完備也

九德忠信敬剛柔和固貞順順言曰政順政曰遂遂僞曰姦姦物在目姦聲在耳（二姦字汪士漢本作監）耳目有疑疑言有樞樞動有和和意無等（二和字俱當作私）

孔注等謂差等

補注忠無私也信慤也敬肅也剛彊斷也柔安也不剛不柔曰和固堅也貞正也順理也君子名之必可

言言之必可行故順言曰正遂成也順政曰遂終竟

其政也遂僞曰姦姦即上文九姦九姦與九德相背

而外竊其似故曰僞姦物令人目盲姦聲令人耳聾

故耳目有疑耳目疑則失所守而其辭支矣言爲樞

機故曰疑言有樞樞動有和和當作私耳目皦則私

意起也無等則無度此與下萬民無法句相承說下

言上無等則下無法也

萬民無法□□在赦空方疑重無法二字□在復古空方疑是治字古者明

王奉法以明幽幽王奉幽以廢法奉則一人也而績功不

同明王是以敬微而順分分去聲

孔注所行相反故也

補注明王奉法厥類惟彰幽王奉幽乃與暗行奉法則治奉幽則亂故績功不同荀子王霸篇云王道治明不治幽主能治明則幽者化又正論篇云主道利明不利幽主道明則下安主道幽則下危此奉法奉幽之義也敬微順分見度訓解

文酌解第四

此篇文義甚晦篇中五大十二來當與大匡程典大

聚等篇參看然與序所謂明示教迥不合

民生而有欲有惡有樂有哀有德有則則有九聚德有五寶哀有四忍樂有三豐惡有二咎欲有一極惡去聲樂音洛

孔注廣演其義也

補注欲惡根於天性哀樂動於人情有德有則即大雅有物有則好是懿德之義

極有七事咎有三尼豐有三頻忍有四教寶有五大聚有九酌案九聚九酌五寶五大四忍四教三豐三頻數目俱承接說下惟二咎三尼一極七事數目各異而七事後又申論一校注有脫誤

孔注又敷陳也

九酌一取允移人二宗傑以親三發滯以正民四貸官以屬五人口必禮六往來取此七商賈易資八農人美利九□寵可勤趙曦明曰正民疑當作振民取此疑取比言求其相稱也

孔注此言所酌爲政之事英傑人當親之也

補注取允移人明信也宗傑以親尚賢也發滯以正民救荒也貸官以屬分任也往來取此便民也商賈易資通商也農人美利勸農也如是則民樂就矣故九酌與九聚因也

五大一大知率謀二大武劔勇三大工賦事四大商行賄五大農假貸

孔注率謀言爲謀之帥假貸恤貧振施者也

補注大知富於才故資之以率謀大武富於力故資之以劒勇大工富於藝巧故資之以賦事大商富於財故資之以行賄大農富於粟故資之以假貸古者大農大工大商謂之三寶見六韜六守又加以大知大武則虎門不乏坐論之才兔罝亦備干城之選所寶惟賢是其證矣故五大亦謂之五寶

四教一守之以信二因親就年三取戚免梏四樂生身復樂音洛

孔注就年尊長年也戚近也免梏無患也

補注守之以信教以忠因親就年教以孝取戚免梏教以保身樂生身復教以俟命四者必忍乃有濟故四教與四忍通

三頻一頻綠質瀆盧文弨曰瀆字依宋本俗閒本作瀆二陰福靈極三留身散眞

孔注頻數也散失也

三尼一除戎咎醜二申親考疏三假時權要

孔注尼是也咎罪也考成也時是也

補注尼無訓是者是乃定字之訛尼定也見爾雅釋詁除戎咎醜則禍亂定矣申親考疏則厚薄定矣假時權要則尊卑定矣除去也醜如執訊獲醜獲其羣醜之醜中升也考校也假嘉通案三尼本於二咎其數不符或曰前二咎當作三咎蓋戎醜不覇親疏不明權要不尊三者皆不能無咎也

七事一騰咎信志二援拔瀆謀三聚疑沮事四騰屬威衆

五處寬身降六陵塞勝備七錄兵兔戎盧文弨曰卜本戎作戍錢大昕曰說文米部粲字下引逸周書疑沮事闕四字讀者多不能解今檢文酌篇有聚疑沮事句乃悟許氏所見本云粲疑沮事後人轉寫脫粲字妄於句尾添一闕字而二徐不能是正也粲與聚義雖相近然許氏所見當是古本魏晉人不識古字故多誤改衛宋玉篇十二粲所除切說文曰衆盛也段玉裁曰聚古讀如驟與粲音近粲疑沮事猶云蓄疑敗謀也

孔注騰勝也錄謂不備兵不字疑衍

補注騰答道勝則不疚也故信志信讀若伸援拔薦賢也潰通也潰謀則謀必成聚疑沮事貴能斷也騰威者德足以服臣下也故威衆處寬身降不迫戚不

矜驕也陵塞勝備固四境備不虞也錄兵料兵也足兵故免戎

一極惟事昌道開蓄代

孔注言事事皆以忠政行之則吉昌之道開行而征伐之道蓄之也此本不可解而孔氏妄爲解之鑿矣趙曦明謂忠政當作中正然正文無此二字案中正見寶典解忠正見大戒解

伐有三穆七信一幹二御三安十二來

孔注言征伐之道必有此事可也

補注文酌其猶允文乎故亦及征伐之事足國足兵

須預於平日戰國董安于治晉陽得此意

三穆一絕靈破城二筮奇昌爲三龜從兆凶兆盧本作惟

孔注絕靈不淫祀也不正而卜雖從而凶

補注惠士奇曰三穆卽所謂穆卜衡梭穆者深遠之義絕如絕地天通之絕靈謂神靈破城猶所謂思之思之鬼神通之也筮蓍也奇如奇偶之奇昌大也爲動也言筮蓍之法必視陽神爲用而後可動龜卜也兆朕兆也卜從兆凶者卜必斷以理審以義謀於未事之先而後可獲吉若龜從而卿士庶民俱逆則違

不可也靜則吉動則凶故不可從

七信一仁之慎散二智之完巧三勇之精富四族之寡賄五商之淺貧六農之少積七貴之爭寵

孔注七者所宜信明之也

補注仁慎散則吝生惠下之道宜信智完巧則詐出應事之道宜信勇精富則技窮厲武之道宜信族寡賄則恩薄親親之道宜信商淺貧則利虧恤商之道宜信農少積則稼傷勸農之道宜信貴爭寵則亂生馭貴之道宜信信謂有成法無疑政也

一幹勝權與疑有缺字

孔注言有權無不與

補注謝墉曰注謬幹謂骨幹勝讀平聲權與始基也立基能勝之也趙曦明曰權與言當先立勝算於其始

二御一樹惠不懕二既用茲憂盧文弨曰懕字無考注亦難曉衡案懕疑㦑之訛

孔注懕饜也以爲已饜也既盡

補注此言御下之道樹惠用恩俱當審愼

三安一定弃安谿二貢賞得布三刑罪布財

補注定居安帑貨賂諸物邸舍之稅周禮謂之廛布貢貰得布取給於府也周禮謂之邦布刑罪布財金作贖刑也周禮謂之罰布三者既定則國阜而民安

十二來一弓二矢歸射

孔注射當可用

補注此以下言內府所儲各有統也周禮司弓矢在夏官言弓矢凡一切角幹金符之類皆屬歸射則澤宮造士春田振旅胥有以試其藝矣奚慶恩曰來如來白工之來

三輪四輿歸御

孔注言御可用

補注攷工有輪人輿人言輪輿凡一切輻轂輨轄之類皆屬歸御則巾車馭僕得以範我馳驅矣

五鮑六魚歸醬

孔注積以爲資

補注薨曰鮑鱻曰魚周禮天官䱷人掌之言鮑魚凡一切鱐互乾腊之類皆屬醬藏也

七陶八冶歸鑪

孔注言竈善則陶冶良也

補注陶摶埴之工冶攻金之工俱見攷工言陶冶凡一切合土范金之類皆屬梓金土皆以火成故歸竈

九柯十匠歸林

孔注林當作材匠以爲用

補注柯匠卽攷工攻木之工言柯匠凡一切斧斤繩墨之類皆屬歸林者山有木工則度之也

十一竹十二葦歸時

孔注取之以時所以來人也

補注竹葦器用所資周禮太宰九職所謂虞衡作山澤之材是也歸時者竹取於夏葦取於秋言竹葦凡一切園圃草木之類皆屬

三穆七信一幹二御三安十二來伐道咸布物無不落落物取配維有永究

孔注落始也類也究終也趙曦明曰落如左傳落實取材之落不當訓始

急哉急哉後失時

糴匡解第五

此篇專爲荒歉立法而首由成年敘起豐殺各當補

凶禮以濟天道之窮也

成年穀足賓祭以盛舊本年祭二字倶重文今從盧說刪

孔注言賓客宗廟足而不奢也盧文弨曰不奢何本作不儉詁以盛似尤切與記所云祭豐年不奢不必強合

補注書曰百穀用成禮曰萬寶告成所謂成年也故足穀賓大賓客秋官有三饗三食三燕之禮儀禮有公食饋食聘燕諸儀皆所以待賓也祭則禘郊祖宗報以及時舉月享之類以盛言禮備也成年物力豐美故賓祭俱從其厚

大馴鍾絕服美義淫

孔注大馴後落淫過

補注謝墉曰大馴鍾絕注亦難曉義當闕疑服美義淫謂禮之盛也注訓淫爲過凡義之所當爲者皆可過盛淫如聲淫及商之淫與周書服美於人迥異衡梭此與下樂惟鍾鼓不服美樂無鍾鼓凡美禁二條緊對而語有脫誤

阜畜約制餘子務藝

孔注阜廢別名畜則馬約制不常秩餘衆也藝樹也

盧文弨曰秣舊譌秩今從趙改秣馬食穀也

補注皐蓄約御使有定數餘子庶子也謂官吏之衆子左昭二十八魏戊餘子杜注卿之庶子爲餘子李兆洛曰藝六藝也食貨志餘子亦在於序室衡案卽周官宮正所謂會其什五而教之道藝是也鄭司農曰藝謂禮樂射御書數朱保曰餘子務藝餘子務穡成年儉年之所有事餘子倅遲大荒之所有事務藝務穡事同一例孔注是也

宮室城廓脩爲備供有嘉溁於是日滿盧文弨曰廓與郭同

孔注嘉善也謂黃蒜之屬滿也

補注成年國有餘財民有餘力故得以治宮室城郭

備完善也嘉菜旨蓄也於是日滿則民食無不足矣

年儉穀不足賓祭以中盛

孔注有黍稷無稻粱

補注年儉微歉之歲以中盛則牲醴不能如成年之

備沈濤曰盛字疑衍以盛以中以薄文義甚明中謂

酌豐儉之中

樂唯鍾鼓不服美

孔注外有祭服內無文飾盧文弨曰內外二字疑衍

補注樂唯鍾鼓不備樂也如弛懸之類不服美猶所謂朝中無采衣也

三牧五庫補攝

孔注事物相兼不物設也

補注盧文弨曰案三牧當謂戎馬田馬駑馬三物之牧也月令季春令百工審五庫之量金鐵一也皮革筋一也角齒一也羽箭幹一也脂膠丹漆一也衡案補攝者闕則補之物可兼用者則攝之不必物物皆

具備也
凡美不修餘子務穡於是糺秩
孔注糺之令有事秩
補注凡美不修則百工之費減餘子務穡則倉廩之蓄多說文秩積也詩曰積之秩秩糺則課其程不使懈怠也李兆洛曰糺秩省百官之秩祿義見墨子
年饑則物而不賓舉祭以薄
孔注用下牲也
補注年饑比年儉又歉矣爾雅穀不熟爲飢穀梁襄

十四年傳二穀不升謂之飢勤而不賓荅止脩勞問之禮而無燕飲之事也舉祭以薄則並中盛不能矣樂無鍾鼓凡美禁畜不阜（舊作蓄不阜華今從盧說改）車不雕攻兵備不制民利不淫

孔注攻治

補注凡美禁則工巧之物俱不粥於市蓋欲使之務本齊不阜華遊牧於野令其蕃息也車不雕攻盧文弨曰爾雅攻善也謂功緻也衡案即大臣之車不雕飾省工也兵備不制武備則修而用之不另制也民

利不淫知有節也

征當商旅以救窮之閭隨鄉不鬻熟

孔注鬻賣

補注征當商旅借外財以紓內困也故窮乏得以少助閭隨鄉者因其土俗詢其利害謀所以安之也不鬻熟熟精熟也食粗糲則去者少惜穀也謝墉曰鬻熟則啟奢惰故禁之

分助有匡以綏無者於是救困

補注助補助也分助則力贍匡救也綏安也無者謂

窮乏之也於是救困在國則有鋦涖賑恤之議在民則有解衣推食之情而民之無食者可以不轉於溝壑矣

大荒有禱無祭盧文弨曰穀梁襄二十四年傳鬼神禱而不祀范甯引周書大荒有禱無祀卽此

孔注饑饉師旅爲大荒也

補注大荒五穀俱不收禱謂祈請白虎通引禮曰五穀不收不備三牲故無祭

國不稱樂企不滿壑刑罰不脩舍用振穹

孔注不滿壑不于治地舍用常以振民也盧文弨曰鍾伯敬本

地作也因疑于治或十治之訛

補注國不稱樂如湯大旱禁絃歌之類企不滿徵求詳刑罰不脩刑用輕典之謂蓋饑渴所致或有不得已而遭刑者此仁人所當恤也舍用振穹惠自上也

盧文弨曰舍與釋同穹與窮同

君親巡方卿參告糴餘子倅運開口同食民不藏糧曰有匡咨方疑是闕字閒闕同食卿大臣解開闕通糧之義

孔注倅副也盡行此事名曰有匡也

補注君親巡方恐窮黎無告有司不以上達也卿參

告糴如春秋莊二十八年臧孫辰告糴於齊是也市穀曰糴參卽周禮大宰設其參之參謂卿三人也告糴以卿參者重其事也餘子倅運移民移粟之義民不藏糧曰有匡者鄉里自爲賙䘏有無可以相通也

盧文弨曰左傳振廩同食此亦當然

俾民畜唯牛羊於民大疾疫殺一人無赦

孔注雖有凶疾疫而相殺者不赦也

補注牛羊食草易長故俾民畜之助民食也於民大疾疫殺一人無赦者防奸民乘亂且不欲多株連也

男守疆戎禁不出五庫不膳喪禮無度祭以薄資

孔注戎事自守而已不征伐也喪儉也而速喪祭用

盧文弨曰注訛脫難曉
衡案下喪字當作葬

補注男守疆防外盜也戎兵也戎禁不出恐開邊釁也五庫見上膳與繕通補也喪禮無度喪取盡哀能斂能葬而已不必盡制也祭以薄資謂節用也祭審察也或曰察祭通書大傳祭之爲言察也資與齊同粢也粢一名稷上文有禱無祭指天地山川此謂祭其先亦通衡案楊本察作祭

禮無樂宮不帷嫁娶不以時賓旅設位有賜

孔注不以時秋冬也媒氏會□□合之賓旅隨位賜之不饗燕也衡案空圍疑是萬民二字

補注禮無樂凡一切吉軍賓嘉也宮不帷則幕人之事俱從省嫁娶不以時盧文弨曰媒氏司男女之無夫家者而會之蓋荒政十二多昏亦其一也衡校禮以義起古者霜降娶女冰泮殺內故歸妻有未泮之咏焉不以時則不拘此義矣蓋男有家女有室過此恐有失時之懼此聖人之權也賓旅過客也位謂班

次設位有賜謂隨其爵秩之尊卑以贍勞而已

逸周書卷二終